Knaur.

Knaur.

Im Knaur Taschenbuch Verlag ist bereits folgendes Buch von Sabriye Tenberken erschienen:
Mein Weg führt nach Tibet. Die blinden Kinder von Lhasa

Über die Autorin:
Sabriye Tenberken, geboren 1970 in Köln, erblindete im Alter von zwölf Jahren. Sie hat Tibetologie, Soziologie und Philosophie studiert und kümmert sich seit 1998 zusammen mit ihrem Lebensgefährten Paul Kronenberg um das von ihnen gegründete Blindenzentrum in Lhasa, den Aufbau eines weiteren Zentrums im südindischen Kerala und die weltweite Arbeit für Blinde mit ihrer Organisation *»Braille ohne Grenzen«*. Im Jahr 2000 erschien ihr Bestseller *»Mein Weg führt nach Tibet«*. Sabriye Tenberken wurde für ihr Engagement u. a. mit dem »Charity-Bambi« der Burda-Verlagsgruppe, mit dem »Hero Award« des Time Magazine für Europa und Asien und dem Bundesverdienstorden ausgezeichnet sowie, ebenso wie Paul Kronenberg, von der holländischen Königin zum »Ritter von Oranje« geschlagen.

Sabriye Tenberken

Mein siebtes Jahr

Die blinden Kinder von Tibet

Knaur Taschenbuch Verlag

Mehr Informationen unter:
www.blinden-zentrum-tibet.de
www.braillewithoutborders.org/GERMAN/index.html

Spendenkonto:
Förderkreis Blinden-Zentrum Tibet – Braille ohne Grenzen e.V.
Sparkasse KölnBonn, Konto 13 80 61 95, BLZ 370 501 98
IBAN: DE 02 3705 0198 0013 8061 95
SWIFT-BIC: COLSD33
Stichwort »Braille ohne Grenzen«

Besuchen Sie uns im Internet:
www.knaur.de

Vollständige Taschenbuchausgabe März 2008 Knaur Taschenbuch
Ein Unternehmen der Droemerschen Verlagsanstalt
Th. Knaur Nachf. GmbH & Co. KG, München

Umschlaggestaltung: ZERO Werbeagentur, München
Umschlagabbildungen und innen: Paul Kronenberg
Satz: Adobe InDesign im Verlag
Druck und Bindung: Nørhaven A/S
Printed in Denmark
ISBN 978-3-426-78025-1

2 4 5 3

Für Paul

A U T O N O M E
Yar
Namling (Dachung)
Tsurpu
Farm
C
Lazze (Kyila)
Shigatse
Tingri
Lhagpa Ri
Mt. Everest
B H U T A
N E P A L

0km
100km
200km
Trekkingtour im Mai 2004
Ritt zur Trainingsfarm, Juli 2004
Die Tour zum Lhagpa Ri, September/Oktober 2004
R E G I O N T I B E T
Luding (Tashi-Passang) ca. 750 km →
en
Gompo (Bungzo)
SA
Medrogonkar
(Tendsin)
Lokha (Gyendsen)
I N D I E N

1

We must be strong and carry on 'cause we know, we don't belong on this mountain! Wir müssen stark sein und dürfen nicht aufgeben, denn wir wissen, dass wir auf diesem Berg nichts verloren haben.«

Wie wahr gesungen, denke ich und folge der Melodie, die, mal kräftig, mal übertönt vom pfeifenden Wind, irgendwo weit vor mir über die Felsen zu tanzen scheint. Ich dagegen spüre mit jeder Bewegung, jedem Atemzug die bleierne Trägheit, die mich in dieser unwirtlichen Welt auf etwa 6400 Metern über dem Meeresspiegel ergriffen hat. Jeder Schritt ist eine Qual. Ein Schritt, zwei, drei schwere Atemzüge, Herzklopfen und bohrende Kopfschmerzen. Ein weiterer Schritt, kurze Pause, Luft holen und wieder weiter. Dazu die klirrende Kälte. Nase, Lippen und Wangen sind taub, und ich spüre meine Finger, meine Arme und Beine nicht mehr. Geräusche dringen nur gedämpft, wie in Watte verpackt, zu mir durch. Alle meine Sinne nehmen die Außenwelt nur verzögert wahr, und ich kann nur in Zeitlupentempo reagieren.

»We don't belong! We don't belong!«, höre ich die krächzenden Jungenstimmen, die sich erstaunlich schnell von mir wegbewegen. Ich selbst aber schleppe mich nur mühsam über die Moräne. Es gibt keinen Weg, keine ausgetretenen Pfade, keine flachen Felsplateaus, auf denen ich, ohne aus dem Gleichgewicht zu geraten, für einen kurzen Augenblick stehen bleiben und Luft holen könnte. Hier ist nur Geröll, das bei jedem Schritt, bei jeder Bewegung wegzurutschen droht. Mit den Stiefelspitzen teste ich die Stabilität der glattgeschliffenen kopfgroßen Trittsteine, mit zwei Trekkingstöcken halte ich die Balance.

Die Bewegung ist Routine: Auf den Stock der linken Hand gestützt, suche ich mit dem rechten vor mir nach einer trittsicheren Stelle. Dann ein Schritt mit dem rechten Fuß, und das Gewicht verlagert sich nach rechts, der linke Stock löst sich aus seiner sicheren Position und sucht einen Halt für den linken Fuß.

Der Stock stößt tief in eine Felsspalte. Ich ziehe ihn heraus und mache einen neuen Versuch. Sobald ich wieder Halt gefunden habe, verlagere ich mein Gewicht erneut auf die linke Seite. Auf diese Weise, Stock links, Stock rechts, Tritt um Tritt, taste ich mich vorwärts. Wie ein Vierfüßler suche ich meinen Weg, immer darauf bedacht, das Terrain nach Fußfallen, Felsspalten und rutschigen Eiskrusten abzusuchen. Es sind nicht einmal hundert Meter, die meinen Zielort von unserem Lager trennen. Doch mir scheint es, als schleppte ich mich seit Stunden durch den tosenden Sturm.

Endlich höre ich die Stimmen dicht vor mir. Geschützt vor dem Wind, der gnadenlos und mit ohrenbetäubendem Getöse über die Bergflanken peitscht, haben sich die anderen in einer Felsmulde versammelt. Auf vereisten Steinbrocken, vor Kälte bibbernd, sitzen sie dichtgedrängt im Halbkreis um ein kleines Feuer herum. Wacholdergeschwängerter Rauch steigt mir in die Nase, ein atemberaubender Duft, der in der fast geruchlosen, lebensfeindlichen Welt hier oben fremd, ja, aufdringlich wirkt.

Kami-Tendsin, einer der Bergführer, ein Sherpa aus Nepal, reicht dampfenden Tee mit einem Schuss Rum. Dann beginnt er mit der heiligen Zeremonie. Seine Stimme bekommt beim Murmeln der tibetischen Gebete eine unvertraut tiefe Färbung. Erst spricht er leise, man hört nur ein Raunen unverständlicher Laute. Dann erhebt sich seine Stimme, und tibetische Worte prasseln wie Steinschläge auf uns nieder. Es sind Hilferufe an die Götter und Dämonen, die hier im eisigen Schatten der höchsten Bergmassive das Sagen haben und über unser Wohl und unsere sichere Rückkehr bestimmen.

Von Seiten meiner Teamgefährten vernehme ich verlegenes Hüsteln. Denn wir »Injis«, wie die Tibeter uns Ausländer nennen, fühlen uns befangen angesichts dieser flehenden Bittgesänge an Gottheiten und Bergdämonen. Was haben sie damit zu tun, dass wir uns in diese Lage gebracht haben? Auch ich gehöre zu den Ungläubigen und versuche mich an die Hoffnung zu klammern, dass mir irgendwo, tief in meinem Hirn eingefroren, ein letzter Rest Vernunft geblieben ist. Kommt mir bloß nicht mit Göttern, denke ich wütend, ich brauche nur einen klaren Kopf und ein bisschen Verstand.

Und doch, es gelingt Kami-Tendsin allmählich, meine Aufmerksamkeit zu fesseln. Sachte legt sich mit seinem rhythmischen Singsang ein geheimnisvoller Zauber über unsere kleine Runde. Beschwingt von den anschwellenden Bittgesängen, die sich im aufheulenden Wind verlieren, verfällt jeder von uns in seine eigene Andacht, und ich spüre, wie sich die Welt um uns herum und auch in mir verändert. Gedanken lösen sich aus der Starre und beginnen in meinem nach Sauerstoff hungernden Hirn zu mahlen. Allmählich legt sich der Wind. Eine wunderliche Wärme strömt durch meine Glieder, all die Körperteile wiedererweckend, die in den vergangenen Tagen und Nächten nicht mehr zu mir zu gehören schienen. Ist es der heiße Rum, die besänftigte Götterwelt oder die Sonne, die jetzt behutsam ihre Fühler durch die Wolkendecke streckt? Eine seltsame Wachheit und Geistesgegenwart, wie ich sie seit Beginn dieser Reise nicht mehr verspürt habe, stellt sich ein. Vernebelte Gefühle formen sich zu einer ungetrübten Einsicht – und die Einsicht zu einem klaren Entschluss: Wir müssen uns lösen von den fixen Ideen, den fremdbestimmten Zielen, den Konflikten, die uns in den letzten Tagen den Verstand verdreht haben! Wir müssen uns auf unseren Zusammenhalt besinnen, nur so werden wir, wenn die Götter oder die Umstände es zulassen, das Abenteuer unversehrt überstehen.

2

Am 26. Mai 2001 brachte die *New York Times* eine sensationelle Nachricht:

> *Zwei Amerikaner bezwangen gestern den Gipfel des Mount Everest und sind damit der erste blinde Bergsteiger und der älteste Mann, die die Spitze des höchsten Berges der Erde erreichen. Der blinde Bergsteiger, Erik Weihenmayer, 32, aus Golden, Colorado, and Sherman Bull, 64, aus New Canaan, Connecticut, erreichten den Gipfel um 10 Uhr vormittags, wie das nepalesische Tourismusministerium mitteilte.*

Die Nachricht vom blinden Bergsteiger, der – nur einige hundert Kilometer von uns entfernt – den höchsten Berg der Erde bezwungen hatte, kam für Paul und mich nicht ganz überraschend. Wir hatten schon Jahre zuvor von den ehrgeizigen Plänen des Amerikaners Erik Weihenmayer gehört und dann im Internet die Vorbereitungen seines Everest-Abenteuers verfolgt.

Unsere Schüler waren fasziniert, dass es einen Menschen gab, der blind war wie sie und es geschafft hatte, den Mount Everest zu bezwingen. Ich erzählte ihnen alles, was ich von Erik und seiner Geschichte in Erfahrung bringen konnte. Es war eine Geschichte, die in vielen Punkten meiner eigenen und in mancherlei Hinsicht auch den Erfahrungen der meisten unserer tibetischen blinden Kinder ähnelte.

Erik und ich waren beide als Kinder hochgradig sehgeschädigt gewesen, bevor wir im gleichen Alter, mit etwa zwölf Jahren, erblindeten. Er durchlebte in recht ähnlicher Weise wie ich die typischen Phasen – Scham, Selbstmitleid, Wut über das Unvermeidliche bis schließlich hin zu der Erkenntnis, dass Blindheit etwas ist, das unwiderruflich zu einem gehört und nur mit Humor und Selbstbewusstsein auch anderen Menschen als Selbstverständlichkeit nahegebracht werden kann.

In seiner Autobiographie erzählt er eindrucksvoll, wie er in der Zeit, als seine Sehkraft stetig abnahm, mit seinem Schicksal haderte – nicht aus Angst vor der völligen Erblindung, sondern aus Furcht, von den Sehenden ins Abseits gedrängt zu werden. Mit allen Kräften wehrte er sich gegen spezielle Blindentechniken, die sein Leben erleichtern sollten. So weigerte er sich zunächst, die Brailleschrift zu erlernen. Auch mit Blindenstöcken wollte er nichts zu tun haben. Er lehnte alle Hilfsmittel ab, um nicht aufzufallen, ohne zu ahnen, dass er so nur noch mehr von der Hilfe anderer abhängig wurde. Erst später begriff er, dass all diese Techniken wie Stocktraining oder Brailleschrift wichtige Mittel zur Selbständigkeit sind. Er lernte seine Blindheit zu akzeptieren und sie schließlich auch nicht mehr als Hindernis zu empfinden.

Nach seinem sensationellen Gipfelerfolg wurde Erik in den Vereinigten Staaten als Star gefeiert. Und auch unsere Kinder waren begeistert, denn sie erfuhren durch seine Geschichte, dass sie nicht allein waren mit ihren Schwierigkeiten. Für sie machte es keinen großen Unterschied, ob man als blindes Kind in Tibet, Deutschland oder in Amerika aufwächst.

Ich schrieb Erik einen langen Brief. Ich erzählte von den Kindern und ihren Erfahrungen in einer Kultur, in der Blinde an den Rand der Gesellschaft gedrängt werden. Ich berichtete von ihrem täglichen Kampf gegen Ausgrenzung und Diskriminierung. Ich schilderte ihm die Grundsätze unserer Schule, die Kinder zur Selbständigkeit zu erziehen und sie in die Lage zu versetzen, ihre eigenen Grenzen zu finden und gegebenenfalls zu überwinden. Sein Erfolg sei ein wichtiger Ansporn für diese Kinder. Und ich lud ihn ein, bei einer seiner zukünftigen Bergtouren im Himalaja unser Zentrum in Lhasa zu besuchen.

Erik antwortete umgehend und entwarf gleich großartige Pläne. »Ich wollte mehr als einen einfachen Besuch«, erklärte er später in einem der vielen Interviews, »ich wollte nicht nur in einem Klassenzimmer sitzen und mit den Kindern Erfahrungen austauschen. Ich wollte mit ihnen etwas Einzigartiges, ja Großes unternehmen, ein Zeichen setzen für die Menschen in Tibet und in aller Welt!« An dieser Stelle holte er dann gerne schwärmerisch aus: »Wow, vielleicht eine grandiose Trekkingtour. Vielleicht ein Gipfel, bezwungen von Kindern, die ihr Leben lang wie Aussätzige behandelt wurden! Mann, das wäre ein Symbol!«

Es war dieser Traum, der die »Climbing-blind«-Expedition ins Rollen brachte, und es war seine Idee, mit seinem Everest-Team nach Tibet zu kommen, um einige unserer Schüler, meinen Freund und Partner Paul und mich auf eine Bergtour zu führen.

Finanziert werden sollte die Tour mit Sponsorengeldern, und es dauerte zwei Jahre, bis der notwendige Betrag zusammengekommen war. Ein bekannter amerikanischer Kletterausrüster stellte Outdoor-Kleidung, Schuhe, Schlafsäcke und Zelte zur Verfügung. Allmählich wuchs das öffentliche Interesse, und das Unternehmen entwickelte eine solche Eigendynamik, dass sich Erik gezwungen sah, ein den Erwartungen entsprechendes Reiseziel zu verkünden.

So wuchs sich das vergleichsweise bescheidene Vorhaben einer kleinen Klettertour zu dem ehrgeizigen Projekt »Lhagpa Ri« aus.

Der Lhagpa Ri befindet sich nordöstlich des Mount Everest und ist über einen Felsgrat mit dem höchsten Berg der Erde verbunden. Seine Flanke wird von den Everest-Besteigern als Ausgangspunkt für die letzte Gipfeletappe genutzt. Doch der Lhagpa Ri hat auch einen eigenen viel bestiegenen Gipfel von 7045 Metern Höhe über dem Meeresspiegel. Und diesen Gipfel, erklärte Erik, wolle er mit uns und den Kindern bezwingen.

Dieser Einfall löste bei Eriks Teamgefährten, bei den Sponsoren und Medien Begeisterung aus. Denn sein Vorhaben war nicht nur symbolträchtig, sondern auch in hohem Maße öffentlichkeitswirksam, und so wurde gleich eine mächtige PR-Maschinerie in Gang gesetzt. Eine professionelle Webseite wurde eingerichtet, um Eriks Mission und die Teilnehmer der Expedition vorzustellen. Über Satellitentelefon sollten täglich Lageberichte um die Welt gesandt werden. Eine sportbegeisterte Radiojournalistin wurde als Bergführerin gewonnen, und auch eine Reporterin der *New York Times* wollte sich Eriks Everestteam anschließen, um die Aktion aus nächster Nähe zu beobachten. Film und Fernsehen durften auch nicht fehlen. *NBC* und *CNN* planten aktuelle Berichterstattungen, und ein namhaftes Filmproduzenten-Duo, Steven Haft und Sybil Robson, begeisterte sich für die Idee, das Lhagpa-Ri-Abenteuer zu begleiten. Eriks Traum sollte dokumentiert und als Kinofilm öffentlich gemacht werden. Und so engagierten die Produzenten neben einem bergerfahrenen Kamerateam die britische Regisseurin Lucy Walker, eine junge Filmemacherin, die sich mit ihrem Dokumentarfilm »Devils Playground« über Teenager der Amish-Sekte bereits einen Namen gemacht hatte.

3

Das Abenteuer begann im Frühsommer des siebten Jahres unseres Tibetaufenthaltes. Auf einem kurzen Probetreck wollte Erik unsere sechs ausgewählten Schüler, Paul und mich auf die große Lhagpa-Ri-Tour im Herbst 2004 vorbereiten. Doch bevor wir Erik und seine Teamgefährten am Flughafen von Lhasa willkommen heißen konnten, stellte sich als Vorhut das Filmteam mit Sybil, der Produzentin, und Lucy, der Regisseurin, ein. Sie kamen mit zwei erfahrenen Kameramännern und teurem Gerät, um Paul und mich und vor allem die Jugendlichen in Gesprächen und Interviews, die zum Teil auch im Film zu sehen sein sollten, auf die Ankunft Eriks und seiner Crew einzustimmen.

Lucy beschrieb uns den Ablauf der Dreharbeiten und erklärte uns kurzerhand zu Hauptdarstellern des Films. Ja, wir sollten in einem Film mitspielen, der nach Hollywoods ganz eigener Realitätsvorstellung ausgebrütet zu sein schien. Und bald dämmerte uns, was man vorhatte. Offenbar erträumte man sich die Story ungefähr so: Erik Weihenmayer, blind, aber ein Kletterhüne und dazu ein Weltstar, reist in die rauhen Berge, auf das Dach der Welt, und bringt Licht in die Dunkelheit der blinden Kinder Tibets. Er nimmt sie an die Hand und erstürmt mit ihnen gewaltige Gipfel, um ihnen Mut zu machen und Selbstvertrauen zu vermitteln.

Schon beim ersten Gespräch kollidierte der Filmtraum jedoch mit der Wirklichkeit. Die sechs Schüler jedenfalls schrieben ihre eigene Story und hatten von der Begegnung mit dem berühmten Bergsteiger ganz andere Vorstellungen.

Zum ersten Kennenlernen traf man sich auf der sonnigen Dachterrasse unserer Schule. Lucy, als Dokumentarfilmerin bestens vertraut mit der Jugend, zeigte sich leutselig und humorig. »Hey Guys, what's up?«, bellte sie, »Your school looks really cool!«

Ich weiß nicht, ob es daran lag, dass sie Lucys Englisch nur schlecht verstanden, unsere Schüler hielten sich jedenfalls zunächst auffallend zurück und überließen es Lucy, das Gespräch in Gang zu bringen.

Es muss ihr wohl bald bewusst geworden sein, dass es sich hier nicht um amerikanische Teenager handelte, denn sie schlug nun einen sanfteren Ton an und versuchte, sich auch in ihrer Wortwahl an die tibetischen Jugendlichen anzupassen.

Lucy stellte sich zunächst einmal vor. Sie sei 34 Jahre alt, frisch verlobt mit einem britischen Politiker, und sie sei auf einem Auge blind. Sie könne sich also sehr gut in uns alle hineinversetzen.

Abwartendes Schweigen auf Seiten der Jugendlichen.

»Fangen wir also an!«, sagte Lucy munter. »Wie fühlt ihr euch?«

»Ooch, mir geht's gut, danke. Und dir?« Tendsin bemühte sich, höflich zu sein.

»Nun ja, auch gut«, meinte Lucy schnell, »aber ich will natürlich wissen, was ihr empfindet, so innerlich spürt, wenn ihr daran denkt, dass Erik nach Tibet kommen wird.«

»Kare sa? Was will sie?«, wandte sich Bungzo etwas ungeduldig an die neben ihr sitzende Kyila.

»Hago ma sung, keine Ahnung«, raunte Kyila zurück.

Ich versuchte, mir meine Erheiterung nicht anmerken zu lassen. Tibeter sprechen meist nur ungern über ihre eigenen Gefühle. Lucys Interview-Strategie – »Was fühlst du, das ich nicht fühl?« – lief bei den Jugendlichen jedenfalls ins Leere.

Es war wieder Tendsin, der es behutsam mit einem Hilfsangebot versuchte. »Du meinst vielleicht, ob wir uns freuen?«

Tendsin, 16 Jahre alt, war einer der ersten Schüler, die wir für das Kletterabenteuer ausgewählt hatten. Wir achteten darauf, dass die jungen Bergsteiger sowohl sportlich und mobil als auch verlässlich waren und nicht herumalberten, wenn es unpassend war. Wir mussten auf sie zählen können, besonders in schwierigen Situationen, wenn es darauf ankam, sich auf die genaue Handhabung der Kletterhilfen zu konzentrieren und auf die Kommandos der Bergführer zu hören. Tendsin gehörte zu den ersten Kindern der Schule. Wir kannten ihn gut, schätzten seine schnelle Auffassungsgabe und seine solidarische Haltung gegenüber schwächeren und besonders auch neuen Schülerinnen und Schülern. Und genau mit dieser höflichen Fürsorge begegnete er Lucy.

»Oh ja«, sagte er freundlich, »natürlich empfinden wir Freude!«

»Schön«, sagte Lucy munter, »Freude ist ein schönes Gefühl. Aber empfindet Ihr vielleicht auch Angst vor der Begegnung mit Erik?«

Die Schüler fingen an zu lachen.

»Angst? Warum sollen wir denn Angst haben?«, amüsierte sich Gyendsen.

Als Gyendsen von Eriks Everest-Erfolg erfuhr, war der damals 14-jährige Junge wie kein anderer von der Tatsache fasziniert, dass ein Blinder das scheinbar Unmögliche möglich gemacht hatte. Bis dahin hatte er versucht, sich vor der Welt der Sehenden zu verstecken. Wie Erik weigerte sich auch Gyendsen zunächst, den Blindenstock als Hilfsmittel einzusetzen. Er wollte am weißen Stock nicht als Blinder erkannt werden. Doch seit Eriks sensationeller Tat wandelte sich seine Einstellung zur Blindheit, ja, er entwickelte sogar einen gewissen Stolz. Bald unternahm er auf eigene Faust kleinere Streifzüge durch die Stadt, bei denen er nicht selten von Passanten beschimpft wurde. »Wir dürfen uns von niemandem einschüchtern lassen«, verkündete er später vor einer Klasse jüngerer Schüler. »Wir müssen ihnen zeigen, wozu wir in der Lage sind.«

Jetzt, mit seinen 17 Jahren, ist er ein sportlicher und couragierter Junge, ohne jede Angst vor der Außenwelt. Und Angst vor Erik, der ihm durch seine Geschichte so viel Mut gemacht hatte – das klang in seinen Ohren fast absurd.

»Ja, also … nun«, versuchte Lucy eine Erklärung, »Erik ist doch ein Weltstar. Er ist doch berühmt!«

»Na und?«, entgegnete die 15-jährige Bungzo schnippisch.

Bungzo war im Gegensatz zu Gyendsen nicht sofort für die Bergtour zu begeistern gewesen. Sich wochenlang körperlichen Strapazen auszusetzen, behagte ihr gar nicht. Sie war immer schon eine hervorragende Schülerin, der die guten Noten in den Schoß fielen, scheute aber jegliche »überflüssige« Anstrengung. Und so war auch die Tatsache, dass man sich auf das Kletterabenteuer durch sportliche Betätigung vorbereiten musste, ein gewichtiges Gegenargument. Sie empfand das ermüdende Treppenlaufen und die schweißtreibenden »Jumping-Jack-Übungen«, bei denen man wie ein Hampelmann Arme und Beine von sich wirft, als vollkommen unnötig und überlegte lange, ob sie uns nicht für unseren »Sonntagsspaziergang«, wie sie es motzig nannte, einen Korb geben sollte. Erst einige Wochen vor der Anreise Lucys hatte sie sich für das Abenteuer entschieden. »Ich komme mit«, erklärte sie. »Wenn ich in die Berge gehe, dann werde ich stark und gesund! Und außerdem kann ich später meinen Enkeln erzählen, wo ich überall gewesen bin.«

Lucy spürte wohl das Ressentiment bei Bungzo und einigen anderen Schülern und versuchte nun, das Ganze von einer anderen Seite her aufzuziehen.

»Was glaubt ihr, wie Erik euer Leben verändern wird?«

Ratloses Schweigen.

Doch wenn Lucy einmal angebissen hatte, ließ sie so schnell nicht wieder locker: »Was kann er euch wohl für die Zukunft mitgeben?«

Wieder keine Antwort.

»Also, ehm, was könnt ihr von ihm lernen?«

»Ich hoffe, ich lerne klettern«, meinte Gyendsen, praktisch, wie er ist.

»Ja, sehr gut! Und was noch?«

»Vielleicht Englisch?«, versuchte es Bungzo so zögernd wie bei einem Ratespiel, um die richtige Antwort auszuprobieren.

»Englisch, natürlich, aber überlegt doch mal, was könnte an der Begegnung mit Erik für euch noch gut und wichtig sein?«

»Alles ist gut«, mischte sich nun Dachung ins Gespräch ein. Seine Englischkenntnisse waren noch nicht gut genug, um sich an dem ganzen Frage-und-Antwort-Spiel zu beteiligen. Und um das Palaver abzukürzen, sagte er nur: »Alles ist gut, klettern ist gut, Englisch ist gut.«

Dachung, ein pfiffiger kleiner Kerl, braucht nicht viele Worte, um gut durchs Leben zu kommen. Seine Überlebensstrategien sind Humor und eine erstaunliche Lässigkeit, mit der er allem Unbequemen und Garstigen in der Welt begegnet. Er war mit seinen 14 Jahren der jüngste und kleinste Teilnehmer, aber er war auch ein ausgesprochen zäher Bursche. Schmerzen oder Anstrengungen schienen ihm nicht viel auszumachen. Ja, Dachung war voller Zuversicht, mit den anderen Schritt halten zu können. »Berge besteigen«, hatte er seinem Vater erklärt, der sich besorgt erkundigt hatte, ob er denn einer solchen Anstrengung gewachsen sei, »das kann jeder. Man muss doch einfach nur einen Fuß vor den anderen setzen. Wenn ich dann mal müde werde, setze ich mich auf einen Stein und ruhe mich aus. Und wenn ich immer noch müde bin, kommt ein Pferd und trägt mich hoch!«

Mit dem gleichen unerschütterlichen Optimismus beschied er Lucy nun: »Klettern ist gut, und Englisch ist gut!«

»Ja, natürlich! Das ist ja auch alles gut«, meinte Lucy, die mit ihrer jugendgemäßen Interviewtechnik bald am Ende war.

Kyila, die bisher ungewöhnlich still zugehört hatte, schaltete sich nun in die Unterhaltung ein. Ihr Englisch ist von allen Teenagern das gewandteste. Wenn sie sich nicht gerade über irgendetwas lustig macht, hat ihre Stimme eine ernste und sehr entschiedene Färbung. »Es ist für uns wichtig, auch Blinde aus anderen Ländern kennenzulernen. Woanders, in Deutschland oder in Amerika, scheint es für blinde Menschen einfacher zu sein, eine gute Ausbildung zu erhalten und in der Gesellschaft akzeptiert zu werden.«

Kyila war über unser Angebot, den blinden Amerikaner bei einer Klettertour zu begleiten, überglücklich, und sie war zunächst die Einzige, die sich mit Feuereifer in die notwendigen sportlichen Vorbereitungen stürzte.

Frühmorgens – sie wohnte mit ihren 19 Jahren schon länger nicht mehr in der Schule – kam sie ins Zentrum und begann eifrig mit dem Treppentraining. Paul und ich erwachten jedes Mal von dem schnell aufeinanderfolgenden »Trab, trab, trab« im vorderen Hof. Das Geräusch verdeutlichte uns warnend, dass die körperliche Herausforderung unseres Kletterabenteuers näher rückte und wir beide bei unserem mangelhaften sportlichen Ehrgeiz weit hinter die engagierte Kyila zurückfallen würden. Wenn sie etwas in Angriff nahm, tat sie es immer mit großer Entschiedenheit.

»Wir wollen sehr viel mehr lernen! Von den Ideen, Möglichkeiten und Erfahrungen blinder Ausländer können wir hier in Tibet sehr profitieren!«

»Oh ja, das ist ein guter Beitrag«, rief Lucy entzückt, doch ihr war es noch nicht genug, und so bohrte sie weiter: »Und was werdet ihr noch lernen?«

Ich saß während des Gesprächs neben unseren Schülern und wusste genau, was Lucy gerne hören wollte: Sie würden von Erik lernen, genau so stark und mutig zu sein wie er, vor nichts zurückzuschrecken und ein Leben in Selbstbestimmung und Würde zu führen. Ich fragte mich nur, ob sie das nicht schon längst gelernt hatten. Hatte die große Lebensveränderung nicht schon vor

Jahren, mit dem Eintritt in die Schule, stattgefunden? Diese Schüler freuten sich auf Erik, nicht weil er ihnen Selbstvertrauen vermitteln konnte, sondern weil er wie sie selbst Grenzen durchbrochen hatte. Er war ein Mitstreiter gegen Ignoranz und Diskriminierung und hatte es geschafft, sich durch seine Leistungen weltweit Gehör zu verschaffen.

Das Gespräch mit Lucy versandete nun endgültig. Die Schüler reagierten nicht mehr auf die wiederholten Fragen und zogen sich ganz ins Schweigen zurück. Und Lucy sollte noch einige Zeit benötigen, um das Eis zu brechen und einen kleinen Einblick in die Gedankenwelt und in die Lebenserfahrungen dieser Jugendlichen zu gewinnen.

4

Während sich fünf Schüler an dem Gespräch zwar zögerlich, aber doch entgegenkommend beteiligt hatten, machte der sechste unter ihnen keinerlei Anstalten, irgendetwas über sich und seine Gefühle preiszugeben. Es handelte sich um Tashi-Passang, von uns allen meist Tashi genannt, einen großgewachsenen Jungen, der 1999, ein Jahr nachdem wir mit den ersten blinden Kindern unsere Schule eröffnet hatten, zu uns gestoßen war.

Unsere Wahl für die Bergtour fiel aus zweierlei Gründen auch auf den zurückhaltenden Jungen. Tashi hatte ein Jahr zuvor zusammen mit Gyendsen eine erste Einführung ins Felsklettern erhalten. Das Tibetan Mountain Institute hatte in Zusammenarbeit mit einem französischen Bergsteigerteam die beiden Jugendlichen zu einem Wochenend-Kletterkurs eingeladen, und Paul begleitete sie zu den recht steilen Felsmassiven, die sich im Norden Lhasas, hinter dem berühmten Kloster Serra, erstrecken und sich wunderbar für Kletterübungen eignen. Dort wurden Gyendsen und Tashi mit speziellem Schuhwerk ausgerüstet, in Gurten festgezurrt und schließlich mittels kräftiger Karabinerhaken angeseilt. Sie bekamen eine kurze Einweisung, und dann ging es auch schon los.

Paul war beeindruckt, wie sich die beiden ohne Zögern an den glatten Felsvorsprüngen und scharfen Rillen hochzogen. Als hätten sie Saugnäpfe an Händen und Füßen, steuerten sie in rasanter Geschwindigkeit auf den zwanzig Meter höher gelegenen Felsgrat zu.

»Stopp! Da geht's nicht weiter!«, rief Paul in die Höhe, als sie Anstalten machten, über den Grat hinauszuklettern. Sie ruhten sich eine Weile in schwindelnder Höhe aus, ließen die Beine lässig über dem Abgrund baumeln und wurden dann äußerst behutsam wieder abgeseilt. Das Abseilen, so die Profi-Bergsteiger, versetze Anfänger häufig in Panik und verursache bei ihnen Schwindelanfälle. Nicht so bei Gyendsen und Tashi. Auf halber Höhe riefen sie: »Schneller!« Die Seilführer gehorchten, und die beiden schrien vor Begeisterung, als sie in wilder Fahrt wieder hinabsausten.

Sicher unten angekommen, schwärmte Gyendsen: »Abseilen ist wie Fliegen! Und Klettern ist so etwas wie – nun, als würde man krabbeln!«

»Und mit den Händen«, erklärte Tashi, »fühlt man den Weg voraus. Für die Füße gibt es keine Überraschungen. Es ist so, als könne man sehen!«

Doch es war nicht nur Tashis Begeisterung für das Felsklettern, die uns bewog, den Jungen für die kommende Bergtour vorzuschlagen. Es gab noch einen anderen, wichtigeren Grund.

Wir waren Tashi-Passang im Frühjahr 1999 begegnet, an einem der ersten warmen Tage, die auf eine lange Kältezeit folgten. Es war unser erster Winter in Tibet gewesen, ein Winter, in dem wir die Existenz unserer Zehen und Fingerspitzen vergaßen, ein Winter, in dem wir begriffen, warum Tibeter sich während dieser Jahreszeit nur äußerst ungern waschen oder die Kleidung wechseln. Zentralheizung gibt es bis heute nicht, und daher beginnt der Tag erst spät, denn alle versammeln sich zunächst in den sonnigen Innenhöfen und lassen die von der eisigen Nacht gelähmten Glieder in der wärmenden Morgensonne auftauen.

Aber auch wenn Paul und ich den tibetischen Winter verfluchten, so hatten wir doch immerhin ein Dach über dem Kopf und waren in der Lage, uns inwendig mit Suppen und heißen Getränken zu wärmen.

Daran mussten wir denken, wenn wir auf dem Barkhor, der berühmten Pilgerstraße im Zentrum von Lhasa, Kindern begegneten, die selbst bei diesen unmenschlichen Temperaturen auf der

Straße lebten. Wir fragten uns dann, wo diese Kinder schliefen, was sie aßen und tranken und wie sie überleben konnten.

Tashi war ein solches Straßenkind, und auch er hatte diesen Winter ohne ein Zuhause verbracht. Man hatte uns schon des Öfteren von einem blinden Betteljungen erzählt, der ganz allein auf dem Barkhor herumstreunte und sich mit Betteln und Stehlen durchs Leben schlug. Paul hatte schon länger nach dem Jungen Ausschau gehalten und sich bei Garküchen-Besitzern, Händlern und anderen Straßenkindern nach ihm erkundigt, aber bislang vergeblich. Doch dann bekamen wir einen Anruf.

»Ich habe gehört, dass ihr nach dem blinden Jungen sucht«, sagte eine freundliche Stimme. »Er ist hier bei mir, er ist sauber und satt und kann nun in die Schule gehen.«

Ich machte mich mit Nordon, unserer damaligen Mitarbeiterin, sofort auf den Weg. Der Junge war auf dem Anwesen einer stadtbekannten Adelsfamilie untergebracht. Die Tochter des Hauses hatte ihn unter einem Marktstand liegen sehen, wo er sich zum Schutz gegen die Kälte in eine Plastikplane eingerollt hatte. Ihre Mutter nahm ihn liebevoll auf, kleidete ihn neu ein und päppelte ihn mit viel Brei aus Tsampa, geröstetem Gerstenmehl, und Buttertee hoch.

Tashi saß bei unserer ersten Begegnung im Innenhof des Anwesens. Der hochaufgeschossene Junge war, wie Nordon mir beschrieb, äußerst mager, fast ausgezehrt. Er saß auf den Stufen einer Steintreppe und redete nur, wenn er gefragt wurde.

Er hatte bereits von unserer Schule gehört, wollte sich aber seine Freiheit zunächst nicht nehmen lassen. Wir versuchten ihm den Schulbesuch schmackhaft zu machen, indem wir ihm erzählten, dass er bei uns unter anderem Chinesisch lernen könne. Doch es stellte sich heraus, dass er bereits fließend Chinesisch sprach. Wir waren baff. Wo hatte der Junge die Sprache bloß gelernt?

Die Pflegemutter klärte uns auf. Um auf der Straße überleben zu können, muss man die Sprache der han-chinesischen Händler und Restaurantbesitzer sprechen. Sie erzählte uns voller Empörung, was sie über den Jungen und seine Geschichte in Erfahrung gebracht hatte. Er stammte aus dem Osten Tibets, und sein Vater hatte ihn in Lhasa ausgesetzt und an seiner statt ein sehendes Straßenkind mit nach Hause genommen.

Tashi war zu Beginn recht schwierig. Auffällig war das Misstrauen, mit dem er seiner Umwelt begegnete. In den ersten Wochen weigerte er sich, in einem Bett zu schlafen. Wie er es in seinem Überlebenskampf auf der Straße gelernt hatte, war er immer darauf bedacht, sein Eigentum, besonders einen kleinen Kassettenrekorder, den er von seiner Pflegefamilie geschenkt bekommen hatte, vor den anderen Kindern der Schule zu verstecken. Einige von ihnen wollten nicht mit einem Betteljungen spielen und mit ihm in einer Klasse sitzen. Und so gab es manche Prügeleien, bei denen er sich aber aufgrund seiner Größe und Kraft behaupten konnte.

Tashi fühlte sich unglücklich und hatte die Schule und die garstigen Klassenkameraden wohl kräftig satt. Eines Tages war er verschwunden. Norbu und Tendsin bemerkten es zuerst. Sie machten sich gleich auf die Suche, fanden ihn und versuchten ihn zu überreden, wieder zurückzukommen: In der Schule sei es doch viel wärmer als auf dem Bakhor, und ein Bett sei auch viel gemütlicher als die Straße.

Er kam zurück, und Norbu und Tendsin wurden seine besten Freunde.

Tashi entwickelte sich über die Jahre zu einem guten Schüler. Wegen seiner ausgezeichneten Chinesisch-Kenntnisse ernannten wir ihn nach einiger Zeit zum Hilfslehrer, und von da an unterrichtete er die Anfänger eigenständig in chinesischer Brailleschrift. Nach dem Schulabschluss entschied er sich wie Tendsin, Kyila und einige andere Schüler für eine Ausbildung zum medizinischen Masseur und Physiotherapeuten, denn er wollte so bald wie möglich seinen Lebensunterhalt selbst bestreiten.

In den letzten Jahren hat Tashi eine unvergleichliche Entwicklung durchgemacht, hat sich von dem verwilderten Straßenkind zu einem verantwortungsvollen Jugendlichen gewandelt. Während seiner physiotherapeutischen Ausbildung übernahm er zusammen mit Tendsin den Sport- und Gymnastikunterricht der jüngsten Schüler, und die beiden genossen die Bewunderung der Kleinen, denn nun galten sie als Lehrer und Vorbilder.

Obwohl er allmählich gelernt hatte, anderen zu vertrauen, sprach er nie über seine Herkunft und sein Leben als Straßenkind. Auch sein genaues Alter hielt er geheim. Es galt in der Schule das stille Übereinkommen, dass niemand, nicht einmal seine besten Freunde, auch nicht seine Vertrauenspersonen wie Anila – unsere Hausmutter – und Paul, an seine Vergangenheit rühren durften. Und erst die Ereignisse des siebten Jahres, ausgelöst durch das Filmteam, das sich in den folgenden Monaten mit der Lebensgeschichte jedes der sechs Jugendlichen befasste, sollten uns alle über sein früheres Leben aufklären.

Paul hatte von Anfang an ein sehr lebhaftes und kameradschaftliches Verhältnis zu den Kindern. Obwohl er kaum Tibetisch sprach, fand er rascher Zugang zu den Kindern als manch einheimischer Mitarbeiter. Mit Tashi jedoch verband ihn eine ganz besondere Freundschaft. Paul machte ihm Mut, wenn er vor neuen Aufgaben zurückschreckte, und tröstete ihn, wenn er sich nach einem Streit mit anderen Kindern von der Welt verlassen fühlte. Paul glaubte immer an Tashis Durchsetzungskraft und seelische Stärke, das Leben mit all seinen Hindernissen, die ihm noch begegnen würden, zu meistern. Und daher war es ihm ein besonderes Anliegen, den Jungen auf die Bergtour mitzunehmen.

Ich hatte anfangs Bedenken. Tashi hatte in seiner Kindheit unter mangelnder Ernährung gelitten und war nicht so ausdauernd wie seine viel sportlicheren Kameraden. Ich fragte mich, ob er mit den anderen Jugendlichen in den Bergen würde Schritt halten können. Doch schließlich unterstützte ich Pauls Anliegen, denn es ging uns bei dieser Unternehmung um sehr viel mehr als nur um körperliche Leistung.

»Tashi war nie ein Glückskind«, begründete Paul in einem der Interviews für den Film seine Entscheidung, »er musste immer kämpfen, nichts ist ihm in den Schoß gefallen. Dieser Junge hat sich das Abenteuer mit Erik verdient, mehr als alle anderen Kinder!«

5

Paul ist Techniker von Beruf und stammt aus Venray, einer Kleinstadt im Süden der Niederlande. Er war 1997 zum ersten Mal in Tibet. Er wusste nicht viel über das Land und seine Geschichte. So reiste er als Rucksacktourist ohne Vorurteile, aber auch ohne Illusionen durchs Land, bestaunte die klassischen Bauwerke wie auch die architektonischen Stilblüten der Moderne und begegnete den Menschen und ihren Traditionen, ihrer Kultur und ihren Eigenarten mit vorbehaltloser Offenheit.

»Ich bin kein Buddhist, und ich war niemals auf der Suche nach irgendeiner Träumerei«, erklärte er Lucy, die ihn nach seinen Motiven für seine erste Tibetreise befragte. »Ich glaube, bei all dem trüben Wetter, das ich bei meinen Reisen durch China erlebte, sehnte ich mich ganz einfach nach blauem Himmel und gutgelaunten Menschen.«

Der Mythos Tibet hatte für Paul keine Bedeutung. Und da er keine großen Erwartungen an ein geheimnisvoll verzaubertes Shangrila hatte, war er von allem, was ihm auf seiner Tour begegnete, gleichermaßen fasziniert.

Paul beschrieb seine ersten Eindrücke: Er bewunderte die Tempel mit ihren goldblitzenden Statuen, kunstvollen Wandmalereien und den buntgekleideten Pilgern, die im Innern ihre heiligen Runden drehen. Er lauschte den Gesängen der Nonnen, die meist in kleinen Gruppen die Straßen säumen und silberne Gebetsglocken schwingen. Er genoss die abendlichen Spaziergänge durch Lhasas verwinkelte, von Weihrauchschwaden vernebelte Altstadtgassen und setzte sich gern an die kleinen, von chinesischen Moslems betriebenen Straßenstände, um sorglos die dargebotenen Leckereien zu kosten. Von dort aus beobachtete er dann das lebhafte Treiben auf dem Barkhor, die rotznasigen Straßenkinder, die in Tempeleingängen und unter Marktständen auf kauflustige Touristen lauern, die verzückten Mönche und wild dreinblickenden Khampas, die Seite an Seite auf Plätzen und offenen Höfen Snooker spielen, und die Gebetsmühlen drehenden Molas und Polas (Großmütter und Großväter, so werden in Tibet die alten Leute genannt), die auf Steinbänken oder Holzstühlen sitzen und aus kleinen hölzernen Schalen gesalzenen Buttertee schlürfen.

Anders als die typischen Tibet-Touristen, die sich über den modernen Tibet-Pop, über bunt blinkende Buddhastatuen und batteriebetriebene Gebetsmühlen erregen, amüsiert sich Paul über die kleinen Spielereien der Neuzeit, die auch vor den Toren Lhasas nicht haltmachen.

»Was wollt ihr denn?«, entgegnet Paul den murrenden Reisenden. »Die meisten Menschen haben doch einen Riesenspaß an all diesem Kitsch!«

Und in der Tat stoßen die missbilligenden Blicke und warnenden Worte der Langnasen bei einem Großteil der tibetischen Bevölkerung auf Unverständnis, denn man ist stolz auf den Fortschritt! Auf Coca-Cola und Karaoke, auf moderne Handys und schnelle Autos. Ja, man ist entzückt von den quietschbunten Errungenschaften der Moderne und begeistert von Lhasas Prachtstraße, der glanzvollen Millennium-Allee, die geschmückt ist mit mantramurmelnden Obelisken, chansonsingenden Fliegenpilzen und glitzernden Plastikpalmen, die im Dämmerlicht rhythmisch in Blau-, Gelb- und Rottönen erglühen.

All diese flimmernden und lärmenden Innovationen werden als Zeichen verstanden, die in eine glanzvolle Zukunft weisen und Tibet in Expressgeschwindigkeit ins neue Jahrtausend zu befördern versprechen.

Paul diskutiert oft leidenschaftlich mit enttäuschten Tibet-Touristen, die mit romantischen Erwartungen anreisen und zu ihrem Entsetzen eine moderne Gesellschaft mit Fast-Food-Restaurants und Internetcafés vorfinden.

»Haben wir denn ein Recht auf ein Traum-Tibet«, fragt Paul in aller Unschuld, »auf eine Kultur, die nur unsere Wünsche bedient und sich niemals weiterentwickelt? Bietet die Bereitschaft zur Modernisierung nicht auch wunderbare Chancen?«

Seit wir uns in jenem Sommer 1997 in Lhasa begegneten, hat Paul trotz vieler Enttäuschungen nie seinen Optimismus verloren. Von Beginn an mochte ich diese Offenheit, diesen unerschütterlichen Glauben an die Menschen und ihr Potenzial. Er hatte ein Vertrauen in die Zukunft, ohne das wir den Kampf um den Aufbau und Erhalt der ersten Blindenschule Tibets vielleicht nicht bestanden hätten.

Paul und ich hatten uns im Banak Shol, einer der vielen Herbergen für Rucksacktouristen im Zentrum der Altstadt Lhasas, kennengelernt und bei einigen ausgedehnten Frühstücksessionen auf der sonnigen Dachterrasse der Herberge auch allmählich angefreundet.

»Es war nicht gerade Liebe auf den ersten Blick – das ist bei Sabriye ja auch nicht so einfach«, lacht er vergnügt, »aber wir erkannten schon bald, dass wir uns in vielerlei Hinsicht recht ähnlich sind. Wir haben das gleiche Tempo und die gleiche Einstellung zu Menschen und ihren Möglichkeiten.«

Wie Paul war auch ich im Sommer 1997 auf eigene Faust durch die Autonome Region Tibet gereist. Doch mich trieb nicht allein die Reiselust, ich hatte einen Plan, der von langer Hand vorbereitet war.

Die Idee, nach Tibet zu gehen, war bereits entstanden, als ich die zehnte Klasse meines Marburger Gymnasiums besuchte. Den Anstoß gab die Anregung eines unserer Lehrer, Zukunftspläne zu entwerfen. Ich hatte mir bis dahin noch nicht so viele Gedanken über ein Leben nach dem Abitur gemacht, und so entwarf ich aus dem Stegreif eine Zukunftsvision, die andere belächelten und als Träumerei abtaten. Die Scherze meiner Klassenkameraden bewirkten nur, dass ich umso hartnäckiger meine Pläne auszuarbeiten begann: Ich wollte raus aus Deutschland, es war mir alles zu eng, zu fertig.

Ich mochte mir nicht vorstellen, wie man mir einen Platz zuwies, an dem ich brav zu bleiben hatte. Ich wollte Sprachen lernen, reisen und darüber schreiben, und ich wollte irgendwo weit weg etwas Neues, etwas ganz Eigenes auf die Beine stellen. Und aus diesen Wünschen formte sich schließlich ein Interesse für die Entwicklungshilfe in Afrika oder Asien.

Mein Deutsch- und Philosophielehrer war einer der Ersten, die meine Ideen ernst nahmen. Und er gab mir den Rat, mich bei etablierten Hilfsorganisationen zu erkundigen, welches Studium sich für die Entwicklungshilfe eigne.

»Was wollen Sie denn im Außendienst?«, fragte mich eine Angestellte des Roten Kreuzes überrascht. »Wir könnten Sie doch als – nun ja, Entschuldigung –, als Nicht-Sehende gar nicht einsetzen. Und überhaupt, wer soll Sie denn da im Ausland versichern!?«

»Ich gebe Ihnen einen Rat«, meinte eine überforderte Berufsberaterin, die ich nach deutlichen Absagen unterschiedlicher Hilfsorganisationen konsultierte. »Lassen Sie sich als Telefonistin ausbilden. Eine karitative Organisation wie das Rote Kreuz könnte Sie sicher sinnvoll in der Telefonzentrale einsetzen.«

Eines wurde mir schnell bewusst: Auf konventionellem Weg würde ich mir meinen Zukunftstraum vom abenteuerlichen Leben im Ausland nicht erfüllen können. Ich musste die Sache selbst in die Hand nehmen, musste die Sprache eines bestimmten Kulturkreises studieren, um dann mit dem entsprechenden Hintergrundwissen ein eigenes Projekt auf die Beine stellen zu können. Und nach dem Besuch einer interessanten Ausstellung zur Geschichte und Kultur Tibets schien mir gerade diese Region Abenteuer und Herausforderung zu versprechen. So entschied ich mich für das Studium der Zentralasienwissenschaften, mit Schwerpunkt Tibetologie.

Im Studium ging es dann unter anderem um die Übersetzung von klassischen tibetischen Texten. Um sie lesen zu können, benutzte ich ein kleines Gerät mit eingebauter Kamera, das Optakon, das schwarz auf weiß gedruckte Zeichen in Impulse umwandelt und sie mittels winziger Nadeln auf den Zeigefinger der linken Hand projiziert. Zum Aufschreiben von Vokabeln und Übungssätzen entwickelte ich gleich zu Beginn eine spezielle Blindenschrift, die einerseits auf dem Sechs-Punkte-System der Brailleschrift basiert, andererseits aber nach den Regeln der tibetischen Silbenschrift aufgebaut ist.

In Tibet selbst gab es eine solche Schrift nicht, obwohl Sehschädigung und Blindheit auf dem Hochplateau vergleichsweise häufig vorkommen. Ursachen sind in der hohen UV-Strahlung sowie in Mangelernährung und nicht rechtzeitig behandelten Infektionen zu suchen. Schulen für Blinde existierten auch nicht, und die meisten blinden Menschen hatten und haben keinen Zugang zu Ausbildung und Berufstätigkeit. So beschloss ich, mich mit meiner tibetischen Brailleschrift im Gepäck aufzumachen, um herauszufinden, was ich mit meinen Erfahrungen für Blinde in Tibet tun konnte.

Auf mehreren Ausflügen durch die Autonome Region mit Bussen oder Geländewagen und zu Pferd bekam ich einen Einblick in die Lebensumstände blinder Menschen und war erschüttert über das, was mir auf meinen Reisen begegnete. So traf ich in einem entlegenen Dorf auf ein vierjähriges blindes Mädchen, das, Tag für Tag ans Bett gefesselt, nie laufen gelernt hatte.

»Was soll ich denn tun?«, sagte die Mutter verzweifelt, die wohl meine Entrüstung bemerkt hatte. »Ich bin von morgens bis abends auf dem Feld und habe Angst, dass meinem Kind etwas zustößt.«

In anderen Dörfern gab es blinde Jugendliche, die vor den

Nachbarn versteckt wurden und in dunklen Hütten vor sich hin vegetierten, aber auch Kinder, die von ihren Eltern zum Betteln auf die Straße geschickt wurden.

Ich erlebte eine Gesellschaft, die, teils aus Angst und Unwissenheit, teils aus falsch verstandenen religiösen Motiven heraus ihre blinden Mitmenschen isoliert. Schon damals bekam ich einen Eindruck davon, was es bedeutet, als blindes Kind in einer Kultur aufzuwachsen, in der Sehschädigung als Strafe für Missetaten eines vergangenen Lebens gilt, in der blinde Menschen als Dämonen gefürchtet und als Familienschande ausgegrenzt, vernachlässigt oder verbannt werden.

Angesichts solcher traditionell verfestigten Verhaltensmuster überkam mich ein Gefühl von Machtlosigkeit. »Sharra, blinder Tölpel!«, hörte ich die Menschen rufen, wenn sie einem Blinden begegnen. Und mir war damals schon klar, es würde mir niemals gelingen, die Menschen nur durch gutes Zureden davon zu überzeugen, ihre blinden Mitmenschen zu respektieren und ihnen ein gleichberechtigtes Leben zu ermöglichen.

Wirkliche Integration, das wusste ich aus eigener Erfahrung, kommt nicht durch außenstehende Fürsprecher zustande. Es ist der Blinde selbst, der bereit sein muss, sich aus eigener Kraft, mit Selbstbewusstsein und ohne Scham den Sehenden zu stellen. Er muss sagen können: »Nun gut, ich bin blind, aber ihr habt kein Recht, mich ins Abseits zu drängen.« – »Ja, ich bin blind, aber hindert mich nicht daran, mich mit all meinen Fähigkeiten und Ideen an eurem Leben zu beteiligen!« Ich kam zu dem Schluss: Man kann den Kindern nur zu Selbstvertrauen verhelfen, wenn man sie übergangsweise aus ihrer gewohnten Umgebung herausholt. Auch ich habe als Kind erfahren, wie sich mein Bewusstsein erst durch den radikalen Wechsel meines Umfelds verändern konnte. Ich besuchte mit fortschreitender Erblindung ein Internat für Blinde und Sehgeschädigte in Marburg.

Aus diesen Überlegungen heraus formte sich der Plan einer

Internatsschule für blinde Kinder. Sie sollten für eine kurze, aber intensive Lernphase aus ihrem gewohnten Umfeld heraustreten, um die Brailleschrift und andere Techniken zu erlernen, mit denen sie ihre Sehschädigung würden kompensieren können. Dann sollten sie in der Lage sein, sich selbst zu integrieren.

Mit all diesen Ideen und Plänen wollte ich bei der zuständigen Behörde in Lhasa vorsprechen und traf zunächst auf einen pflichtbewussten Türsteher. Der aber dachte nicht daran, mir den Weg zu den verantwortlichen Beamten freizumachen. In ganz China gehören diese Türsteher zur ersten großen Hürde, wenn es darum geht, Behördengänge zu erledigen. An ihnen vorbeizukommen, bedarf es normalerweise guter Beziehungen oder besonders einleuchtender Gründe.

»Ich will eine Schule gründen«, bemühte ich mich, mit begrenztem Wortschatz jonglierend, mein Anliegen zu erklären. »In dieser Schule werde ich Blinden Lesen und Schreiben beibringen.«

»Ah lä!«, entgegnete der überrumpelte Türsteher zögernd. Doch dann entschloss er sich schließlich, mich als kuriosen Unterhaltungsfaktor in den trüben Büroalltag einzulassen, und schon bald saß ich bei grünem Tee und gerösteten Sonnenblumenkernen vor einem Komitee älterer Herren, die nicht ganz ohne Interesse meinen in höchst umständlichem Chinesisch vorgetragenen Plänen lauschten.

»That's very interesting!«, antwortete einer der Beamten nach kurzem Schweigen in perfektem Englisch. Belustigung schwang in seiner Stimme mit. »Nur … wer sagt uns denn, dass gerade du ein solches Vorhaben durchführen kannst?«

Ich fühlte mich kalt erwischt, denn ich hatte tatsächlich keinerlei Erfahrung im Aufbau einer Schule und noch dazu in einem mir bislang noch sehr fremden Land. Meine tibetischen und chinesischen Sprachkenntnisse waren rudimentär. Darüber hinaus hatte ich weder eine pädagogische Ausbildung, noch verfügte ich über die finanziellen Mittel, um ein solches Unternehmen zu realisieren. Und doch glaubte ich an die Idee und an mein Durchsetzungsvermögen und wollte keine Zweifel aufkommen lassen. »Ich studiere Zentralasienwissenschaften und habe eine tibetische Blindenschrift entwickelt. Und«, ich zögerte, doch dann entschloss ich mich, meinen, wie mir schien, größten Trumpf auszuspielen, »ich bin selbst blind.«

Ein halbes Jahr verging, bis ich vom Auswärtigen Amt der Autonomen Region Tibet eine Einladung erhielt, mein Vorhaben in die Tat umzusetzen. Der Leiter eines Waisenheimes, das sich am Stadtrand von Lhasa befand, hatte versprochen, meiner Schule Unterschlupf zu gewähren, und über einen deutschen Entwicklungshilfe-Verein erhielt ich vom Bundesministerium für Entwicklung und Zusammenarbeit eine Startfinanzierung.

Der Weg war also frei für ein neues Leben, und so verabschiedete ich mich von meiner Heimatstadt Bonn, meinen Freunden und meiner Familie.

Knapp eine Woche vor meinem Umzug nach Tibet telefonierte ich mit Paul – er arbeitete inzwischen wieder in den Niederlanden –, eigentlich nur, um mich zu verabschieden. Doch Paul, den ich sonst als beredten Spaßvogel kannte, sagte lange nichts, und ich wurde schon ungeduldig. »Du musst nicht gleich weinen, aber du kannst mir wenigstens eine gute Reise wünschen!«

Nach kurzer Pause erklärte er: »Ich komme mit.«

Gleich am nächsten Tag kündigte er seinen Job, und fünf Tage später saßen wir im Flugzeug und flogen einer ungewissen und aufregenden Zukunft entgegen.

6

Der erste persönliche Kontakt mit Erik Weihenmayer war rhythmischer Art. Erik stand im Flughafen von Lhasa hinter einer Glasscheibe und machte Klopfzeichen mit seinem Blindenstock, die von unseren Jugendlichen umgehend erwidert wurden. Das war so etwas wie das Äquivalent zum Augenkontakt, nur sehr viel unterhaltsamer für die Umwelt, denn schon bald wurden die Klopfer auf beiden Seiten der Trennwand von neugierigen Reisenden umringt.

Im Mai 2004, ein halbes Jahr vor der großen Expedition, war Erik für ein paar Wochen nach Tibet gekommen, um unsere sportliche Leistungsfähigkeit auf einer kurzen Bergtour zu testen. Begleitet wurde er von sieben professionellen Bergsteigern, die je einen unserer Schüler sowie mich unter ihre Fittiche nehmen sollten.

Die meisten von ihnen kannte Erik schon viele Jahre lang, sie gehörten zu seinen wichtigsten Lehrmeistern und organisierten medienwirksame Touren für ihren blinden Bergsteigerkumpan. Diesmal aber war Erik der Expeditionsleiter.

Wie Paul mir und den Schülern beschrieb, kam er bald stockschwingend und mit breitem, jungenhaftem Grinsen hinter der Trennwand hervor, im Gefolge seine Begleiter, die sich mit schwankenden Gepäckwagen abmühten, auf denen Dutzende von Reisetaschen und Rucksäcken aufgetürmt lagen. Ohne genau zu unterscheiden, wer nun zu Eriks Crew gehörte, warfen sich die Schüler ins Getümmel und begrüßten unter großem Hallo die umstehenden Reisenden, indem sie ihnen Katags, weiße Glücksschals, um den Hals wickelten.

Der Erste, der mir im Begrüßungstaumel entgegenkam, war

Ed Weihenmayer, Eriks Vater, der ihn auf einigen seiner Touren begleitete. Auch an diesem Probetreck sollte er teilnehmen. Ich hatte schon viel von Ed gehört. Er war früher Soldat bei den US-Marines gewesen. Nach Eriks großem Erfolg auf dem Everest war er dessen Geschäftspartner und Manager geworden.

Ein bisschen hatte ich ihn mir wie die männliche Variante einer ehrgeizigen Eisprinzessinnen-Mutter vorgestellt. Doch er machte einen äußerst umgänglichen Eindruck und wirkte keinesfalls wie ein Soldat, der seinen Sohn mit militärischem Eifer auf die Gipfel treibt. In einem Interview beschrieb er die Zusammenarbeit mit seinem Sohn so: »Ich hätte seine Pläne boykottieren und versuchen können, ihn vor allen Gefahren zu bewahren. Stattdessen habe ich mich dazu entschieden, sein Partner zu sein.«

Ed erzählte mir später viel von Eriks Kindheit und dessen Mutter, die bei einem Autounfall ums Leben gekommen war. Als Erik Halbwaise wurde, sei er noch sehr jung gewesen, ein lebenslustiger und ehrgeiziger Teenager, der seine Erblindung gerade zu bewältigen begann.

Eriks Mutter, so Ed, sei immer für ihn da gewesen und habe sich stets um seine Ausbildung und seine Zukunft gesorgt. »Und vielleicht«, meinte er nachdenklich, »hat sie sich manchmal auch ein bisschen zu viel gesorgt …«

Ob er sich bei Eriks gefährlichen Abenteuern auch selbst Sorgen mache? Ja, natürlich, die üblichen Ängste, die man als Vater so erlebe. Aber er kenne Eriks Stärken und wisse ganz sicher, dass er kein leichtsinniger Draufgänger sei.

In der Tat erschien uns Erik vom ersten Augenblick an als sehr verlässlich und verantwortungsbewusst, wach und mit viel Sinn für Humor. Wir alle genossen seine Späße und seine Kameradschaftlichkeit. Er wurde schnell ein Freund. Von Berührungsangst oder gar scheuer Hochachtung der Jugendlichen vor dem berühmten Kletterstar – keine Spur.

»Am Tag, als wir Erik zum ersten Mal trafen«, erzählte

Tendsin später, »war ich überrascht. Da hatte ich mir vorher gedacht, dass ein Mensch, der blind ist und einen hohen Berg besteigt, so groß sein muss, dass es ihm nichts ausmacht, wenn er über einen Felsbrocken stolpert oder aus Versehen in einen Fluss tritt. Doch dann war er gar nicht viel größer als wir. Und er war auch sonst ganz einfach normal.«

Ja, Erik war für unsere Schüler vollkommen normal. Er unterschied sich von ihnen nicht darin, wie er mit seiner Blindheit umging. Er konnte sich über sich selbst lustig machen und erzählte gern Anekdoten, die die absurden Seiten im Leben eines Blinden aufzeigen. »Manchmal bezahle ich die Rechnung im Restaurant mit einem Hundert-Dollar-Schein, und mein Vater bekommt das Wechselgeld zurück. Kein Wunder, dass er immer reicher wird. Und irgendwann glaube ich noch, dass alles, was ich kaufe, exakt hundert Dollar kostet.«

Ein anderes Mal erzählte er von einem Rendezvous. Freunde hatten ihm gesagt, dass seine Glasaugen dann besonders attraktiv leuchteten, wenn er sie gut poliert hatte. Das tat er dann auch noch schnell vor der Wohnungstür der Angebeteten, da fiel ihm plötzlich ein Glasauge aus den Händen. Amüsiert schilderte Erik, wie er voller Scham die ahnungslose Frau seiner Träume bitten musste, nach seinem Glasauge Ausschau zu halten.

Nach ein paar Tagen, die Amerikaner hatten sich inzwischen weitgehend akklimatisiert, machten wir uns auch schon auf den Weg. Die ausgewählte Route begann beim Kloster Tsurpu. In vier Tagesmärschen sollte es über einen hohen Pass bis Yangpachen gehen, einer kleinen Stadt an der Nordroute nach Shigatse. »It's a really cool trek«, erklärte Jeff, einer der Bergführer, ein langjähriger Freund und Kletterpartner Eriks.

Jeff hatte sich über die schönsten Bergtouren Tibets schlaugemacht und Paul, mich und die sechs Jugendlichen über den Verlauf der Trekkingtour aufgeklärt. »Die Strecke ist eigentlich kein Problem«, meinte er aufmunternd, »aber sie ist anstrengend und eignet sich, um eure Kondition zu testen. Und wenn ihr euch bei diesem Test gut schlagt, dann …«, er schnippte enthusiastisch mit den Fingern, »Leute, dann schaffen wir im Herbst den Gipfel!«

Dank eines großzügigen amerikanischen Sponsors waren wir alle mit den feinsten Kletteraccessoires ausgestattet worden – wasserfesten Hosen, Daunenjacken, hochwertigen Wanderschuhen und Bergstiefeln. Hinzu kamen Steigeisen, Eispickel, Seile, Klettergurte, Rucksäcke und vieles mehr. »Ja, wenn wir etwas anpacken«, so Erik, »dann muss es auch professionell sein.«

Vor Antritt des viertägigen Testtrecks hatten Erik und seine Begleiter uns über die Gefahren aufgeklärt. Die Wanderroute selbst stelle kein Risiko dar. Ganz anders die starke UV-Strahlung, vor der man sich mit dunklen Gletscherbrillen und viel Sonnencreme schützen müsse. Besonders gefährlich seien die Höhen über 5000 Meter – auch für Tibeter, die meist auf 3000 bis 4500 Metern leben. Wichtig sei eine allmähliche Akklimatisierung. Beim Aufstieg sollten pro Tag nie mehr als 300 Höhenmeter bewältigt werden. Darüber hinaus müssten sich ausnahmslos alle an klare Verhaltensregeln halten. Entscheidend sei die ständige Flüssigkeitszufuhr, da der Körper bei der trockenen Höhenluft und den großen Anstrengungen viel Wasser verliere. Bei den kleinsten Anzeichen von Höhenkrankheit müsse umgehend reagiert werden. Dann sei es erforderlich, in der folgenden Nacht ein wenig tiefer zu zelten oder – wenn keine Besserung festzustellen sei – die Expedition ganz abzubrechen.

Wenn all diese überlebenswichtigen Sicherheitsregeln beachtet würden, dann könne eigentlich nichts schiefgehen.

Jeff hatte bei seinen vielen Bergabenteuern Erfahrungen mit der Diagnose und Behandlung der Höhenkrankheit gesammelt und sah sich in der Lage, die medizinische Betreuung von rund dreißig Teilnehmern, das Filmteam und die Yaktreiber eingeschlossen, zu übernehmen. Er klärte die Schüler über die Symptome der akuten Höhenkrankheit auf und ermahnte sie eindringlich, alle Anzeichen wie Kopfschmerzen und Übelkeit sofort zu melden. »Ihr müsst ehrlich sein!«, redete er den Jugendlichen ins Gewissen. »Nur wenn wir wissen, was mit euch los ist, können wir euch helfen.«

Wir waren also gewarnt. Doch auch erfahrene Bergsteiger werden höhenkrank. Das erfuhren wir schon am zweiten Tag, auf etwa 5200 Metern Höhe. Es war nach einem langen Wandertag. Wir trafen ausgepumpt in dem von den Yaktreibern vorbereiteten Zeltlager ein. Da hörten wir, wie eine zunächst ruhige Unterhaltung plötzlich in eine lautstarke Auseinandersetzung umschlug. Neugierig geworden, näherten wir uns der Gruppe.

Eine der amerikanischen Bergführerinnen marschierte erbost auf und ab. »Ich bin nicht krank und ich werde nicht absteigen!«, rief sie zornig.

Jeff hatte alle Mühe, sich in ruhigem Ton Gehör zu verschaffen. »Versteh doch nur«, sagte er geduldig, »wir befinden uns hier auf weit über 5000 Metern Höhe, und du hast einen Sauerstoffgehalt von 46, das ist alarmierend!«

Einer der Kameramänner besaß ein Oxymeter, ein kleines Gerät, das über den Zeigefinger den Sauerstoffgehalt im Blut feststellt. Vom Sportsgeist angesteckt, machten wir allabendlich einen etwas sinnlosen kleinen Wettkampf. Derjenige mit dem höchsten Sauerstoffgehalt war in unseren Augen der Akklimatisierteste und Gesündeste von uns allen.

»Blödsinn«, meinte Jeff. »Wichtig ist nur, dass der Wert nicht zu schnell sinkt.«

Nun war der Sauerstoffgehalt bei der Amerikanerin aber in kurzer Zeit abgefallen, und Jeff war alarmiert. Er bemühte sich, die aufgebrachte Bergführerin zum Rückzug zu bewegen.

Doch das war vergebens. »Ich habe keine Höhenprobleme, und ich werde mich keinen Schritt von hier wegbewegen!«

Darauf Jeff: »Niedriger Sauerstoffgehalt, blaue Lippen, Halsstarrigkeit und Aggressivität, das sind doch die typischen Symptome!«

»Ich bin nicht aggressiv«, fauchte sie, »ich bin nicht krank! Und ich werde euch den Gefallen nicht tun, wieder abzusteigen!«

Jetzt wurde auch Jeff wütend: »Ich habe hier die medizinische Verantwortung. Mit Höhenkrankheit darf man nicht spaßen. Im schlimmsten Fall gehst du heute Nacht dabei drauf!«

»Du kannst mich nicht zwingen, niemand kann mich zwingen!« Und während sie blass und blaugeädert fortfuhr, die Umstehenden zu beschimpfen, führte sie Turnübungen und kleine Tänzchen vor, um ihre Leistungsfähigkeit unter Beweis zu stellen.

Ratlos und beklommen beobachteten wir die Szene, und ich hörte, wie sich unsere Schüler leise über das wunderliche Verhalten der Erwachsenen unterhielten.

Jeff war in einer vertrackten Lage. Er hatte es mit einer erwachsenen Sportlerin zu tun, die sich als Bergführerin freiwillig der Expedition angeschlossen hatte. Sie hatte Erfahrung und handelte in Eigenverantwortung. Deshalb konnte er ihr keine Weisungen erteilen. Wie lebensgefährlich eine Übernachtung auf gleicher Höhe bei akuter Höhenkrankheit ist, war uns allen bewusst.

»Du musst heute Nacht ein paar hundert Meter tiefer zelten. Du musst dich erholen, um dich und die Expedition zu schützen. Morgen schließt du wieder zu uns auf.«

Die Bergführerin schwieg trotzig.

Es war Lucy, die uns alle aus der misslichen Lage befreite. »Mir geht es nicht gut, ich habe Kopfschmerzen und möchte heute Nacht etwas tiefer zelten. Aber ich brauche jemanden zur Begleitung.« Dankbar atmeten wir auf, als beide schließlich ihre Sachen packten und in der Abenddämmerung verschwanden.

»Dass aber eines klar ist«, rief uns die Bergführerin zum Abschied zu, »ich bin nicht krank, ich begleite sie nur!«

Am nächsten Tag war ich an der Reihe. Der Tagesmarsch sollte sechs Stunden dauern, doch aus den sechs Stunden wurden zwölf. Es war Frühsommer, und doch hatte es angefangen zu schneien. Der knietiefe Schnee hinderte uns, zügig voranzukommen. Brennende Sonne und eiskalter, schneidender Wind in Verbindung mit Schnee und Eishagel wechselten sich ab. Meine Wasserflasche hatte ein Leck, ich hatte nichts mehr zu trinken. Ich spürte, wie die Höhe, die Sonne und der Schnee mich langsam auszehrten. Kurz vor einem hohen Pass auf etwa 5800 Metern, nachdem wir bereits einen halben Tag lang durch Schneewehen gestapft und über Steinbrocken geschlittert waren, knickten meine Beine unter mir weg. Ich war dehydriert und vollkommen erschöpft und konnte nun meinerseits den Schülern einen dramatischen Zusammenbruch demonstrieren.

Die drohende Wolkenformation kündigte einen kräftigen Schneesturm samt Gewitter an, und so bemühten sich die anderen, mich zum Weitergehen zu überreden. Ich versuchte, mich aufzurappeln, um mich mit meinen letzten Reserven über den Pass zu schleppen, doch ich sackte wieder in den Schnee zurück und wünschte nichts mehr, als einfach in Ruhe gelassen zu werden.

»Draufhalten! Immer mit der Kamera draufhalten!«, keuchte Lucy, als sie mich und meinen jämmerlichen Zustand entdeckte. Mich packte die Wut. Das ging zu weit! Meine Empörung brachte mich schlagartig wieder in die Senkrechte, und ich schlug die Paparazzi mit einigen harten Schneebällen in die Flucht.

»Friends, young team members! Ihr seid stark und fit, ihr seid richtige Sportler, das hätte ich mir nicht träumen lassen!« Mit diesen Worten eröffnete Erik das Abschiedsfest nach dieser ersten Wanderung. »Ich werde euch in den Himalaja führen. Ich werde der Welt zeigen, dass auch ihr Großes erreichen könnt.«

In einem *NBC*-Interview hatte er die Expedition »Climbing blind« zum zweiten Teil seiner Everest-Besteigung erklärt. Sie sollte beweisen, dass auch Blinde, die aus weniger privilegierten Verhältnissen kommen als er selbst, Großes erreichen können.

Alle hatten sich auf der Dachterrasse der Schule versammelt, neben den Expeditionsteilnehmern und dem Filmteam auch alle Lehrer und Hauseltern der Schule sowie die größeren und kleineren blinden Kinder, die neugierig zwischen den amerikanischen Bergsteigern herumwuselten und ohne Scheu tanzten und sangen und ihre eigenen Reden schwangen.

Ja, es wurde getanzt, getrunken und gesungen. Jeder musste ein Lied zum Besten geben, und während die Injis sich zunächst beklommen zierten, kämpften sogar die Kleinsten unter den Kindern darum, ihr gesamtes Repertoire an tibetischen Liedern, chinesischen Popsongs und Hindi-Schnulzen zum Besten zu geben.

Der Höhepunkt des Festes war ein Song, gesungen von Gyurmi, einem zehnjährigen Jungen mit aufkeimenden Starallüren. Er stellte sich in die Mitte der Runde und wartete, bis es ganz still um ihn wurde. Und erst als er sich der Aufmerksamkeit aller sicher war, begann er mit seinem Lied, erst leise, fast dramatisch gehaucht: »Imagine me and you, I do I think about you day and night ...« Es war ein Oldie der Turtles, einer der Songs, die ich den Kindern an den Abenden vorspielte, an denen wir über die Welt draußen sprachen, über die Kultur der Injis, ihre Geschichten und ihre Musik.

»I should call you up, invest a dime, and you say you belong to me, so very fine ...« Und plötzlich brach es aus dem kleinen schmächtigen Jungen heraus, sodass die starken Kerle erschrocken zusammenfuhren und die Hunde der Nachbarschaft protestierend aufheulten: »I can't see me lovin' nobody but you for all my life! When you're with me, baby the skies'll be blue for all my life!« Nun sprangen die Bergsteiger von ihren Sitzbänken, tanzten, klatschten und grölten: »We're happy together! So happy together! How is the weather, we're happy together!«

Und als das Fest zu Ende war, hörten wir sie noch durch die verlassenen Gassen der Altstadt johlen: »We're happy together, we're happy together ...«

Dann war es still um uns.

»Was bedeutet das alles?«, fragte Paul in die schweigende Runde, die auf der Dachterrasse zurückgeblieben war. Alles war in den vergangenen Tagen und Wochen so schnell an uns vorbeigerast, dass wir jetzt dasaßen, verwirrt und abgekämpft, als erwachten wir langsam aus einem aufregenden Traum. »Wir müssen uns fragen, worum es eigentlich geht.«

Diese Frage hatten Paul und ich uns wieder und wieder bei allen Aktionen gestellt, die wir in den vergangenen sieben Jahren unternommen hatten. Es war uns wichtig, stets kritisch zu überprüfen, ob die vielen Einfälle, die wir beim Aufbau unseres Blindenzentrums hatten, nicht nur gutgemeinte, aber letztendlich sinnentleerte Ideen waren.

Was waren die Erwartungen hinsichtlich dieser Aktion?

Die Bergsteiger interessierten sich für die sportliche Leistung. Erik verfolgte seinen Traum. Die Jugendlichen erhofften sich eine dauerhafte Freundschaft mit den Injis.

»Und was erwartet ihr?«, schaltete sich Sybil in die Unterhaltung ein. Bisher hatte sie sich meist zurückgehalten und das Geschehen aus dem Hintergrund beobachtet.

Ich dachte nach: »Es geht uns nicht so sehr darum, dass unsere Schüler große Sportler werden. Nein, ich denke an etwas anderes, fast Entgegengesetztes …« Ich zögerte, und Paul setzte meinen Gedanken fort. »Vielleicht können sie erfahren, dass sie sich nicht alles im Leben allein erkämpfen müssen. Sie können erfahren, was es heißt, ein Ziel gemeinsam zu erreichen.«

Am nächsten Tag waren Erik und seine Kumpane, von Hamburgern und Hotdogs schwärmend, abgereist. Zurück blieben Lucy, Sybil und die Kameramänner. Sie ahnten, dass es hier nicht nur um eine Bergbesteigung ging. Und vielleicht war das der Moment, in dem sich ihr Interesse an dem Unternehmen verlagerte.

7

Der Sommer des siebten Jahres war lang und voll aufregender Ereignisse, ein Sommer, der die kleine Wanderung und das für den Herbst geplante Bergabenteuer fast vergessen ließ – wenn da nicht das Filmteam gewesen wäre. Die Ankündigung, einen Großteil der Sommermonate mit uns zu verbringen, löste bei Paul und mir zunächst ein gewisses Unbehagen aus. Neben der Aktion »Climbing blind« gab es noch viele andere kleinere und größere Projekte. So wollten wir unseren langjährigen Traum, den Aufbau einer Trainingsfarm für blinde Erwachsene, realisieren. Dafür mussten Gebäude gebaut, Äcker bestellt und Tiere angeschafft werden. Und uns grauste bei der Vorstellung, dass Lucy uns mit ihren bohrenden Fragen und surrenden Kameras auf Schritt und Tritt verfolgen würde. Zudem befürchteten wir, dass man die Schüler gegen ihren Willen weiteren »Verhören« aussetzte. Uns wäre es lieber gewesen, wenn sie wieder in ihren gewohnten Alltag zurückgefunden hätten und zur Ruhe gekommen wären, um sich von den Anstrengungen des frühsommerlichen Abenteuers zu erholen.

Die Filmemacher ließen sich allerdings nicht von ihrem Vorhaben abbringen und gingen mit Engagement ans Werk. Sie organisierten Touren zu den Heimatdörfern unserer Schüler und bereiteten Interviews mit Eltern und Geschwistern vor, um die Vorgeschichte jedes Einzelnen zu rekonstruieren.

Ihr journalistischer Eifer, den wir aus Taktgründen anfangs zu bremsen versuchten, hatte tatsächlich Erfolg. Wir beobachteten mit Staunen, wie die Jugendlichen, die Lucy bis dahin stets mit höflicher Zurückhaltung begegnet waren, langsam zugänglich wurden. In stundenlangen Interviews legte Lucy bei unseren

Schülern Stück für Stück traurige, schmerzhafte, aber auch gute Erinnerungen frei. Wie aus einem tiefen Winterschlaf erwachend, zeigten sie mehr und mehr Interesse und beteiligten sich, zunächst noch zaghaft, dann aber immer lebhafter an der Entdeckung ihrer eigenen Geschichte.

Wie wir wieder und wieder erfahren haben, spricht man in Tibet nicht gerne über persönliche Befindlichkeiten. Im Gegensatz zu uns »Westlern« reden Tibeter nur selten über unangenehme Erinnerungen oder seelische Verletzungen. Daher mochten Paul und ich nicht insistieren, wollten den blinden Kindern nicht zu nahetreten. Wir wollten ihnen die Möglichkeit geben, selbst zu entscheiden, wann sie uns Zugang zu ihrer Welt gewähren mochten. Alles, was wir bisher über die früheren Lebensumstände unserer Schüler wussten, hatten wir uns aus bruchstückhaften Episoden, die sie hin und wieder aus freien Stücken preisgaben, und aus vereinzelten Begegnungen mit Familienangehörigen zusammengereimt.

Lucy führte ihre Interviews zum Großteil in tibetischer Sprache, und dazu bediente sie sich lokaler Reisebegleiter als Dolmetscher, was die Sache nicht gerade vereinfachte. Die tibetische Umgangssprache ist äußerst komplex. Es ist daher selbst für einen professionellen Dolmetscher schwierig, mündliche Aussagen korrekt wiederzugeben. Darüber hinaus haben viele Dörfer und Regionen ihren eigenen Dialekt, der sich vom Lhasa-Dialekt in Wortschatz und Grammatik erheblich unterscheidet. An unserer Schule existiert folglich eine für Außenstehende recht verwirrende Sprachmischung, was Lucys so genannte Dolmetscher oftmals in die Irre leitete. Die gelegentlich ungeschickten Übersetzungsversuche nahmen dann oft einen äußerst absurden Verlauf.

Und wenn sie schließlich alle so richtig aneinander vorbeiredeten, hatte ich manchmal den Verdacht, die Schüler seien nicht ganz unschuldig an der allgemeinen Konfusion. Ja, einige von ihnen schienen es zu Beginn regelrecht darauf anzulegen, sei es aus Übermut oder Unlust, sich in wirrem Unsinn zu ergehen. Besonders Bungzo schien heimliches Vergnügen daran zu finden, die Übersetzer in wunderliche Aussagen zu verstricken.

Doch dann wurde ich Zeuge, wie bei allen sechs Jugendlichen eine Bereitschaft entstand, sich mit Lucys Fragen ernsthaft auseinanderzusetzen. Und mit dem jetzt aufkeimenden Interesse an ihren eigenen Interviews legten sie ihre Hemmungen ab, auch über ihre persönlichen Ansichten zu sprechen.

Angeregt durch all die neuen Eindrücke, die wir dank des Filmteams erwarben, setzte ich später mit einigen der Schüler die Gespräche – ebenfalls meist auf Tibetisch – fort. Dabei beteiligte sich auch eine tibetische Freundin, die noch nichts über die Vorgeschichte der Kinder wusste. Wir beide waren erstaunt, was plötzlich aus ihnen herausbrach. Ich hatte keine Ahnung gehabt, welche erschütternden Lebensgeschichten sie zu erzählen hatten.

Eines der ersten Kinder, die im Sommer 1998 zu uns in die Schule nach Lhasa kamen, war Tendsin.

Tendsin stammt aus Chushu, einem kleinen Distrikt in der Nähe von Lhasa. Er lebte zusammen mit seinem kleinen, nicht blinden Bruder und mit seiner Mutter, einer mittellosen Bäuerin, die auf die Mithilfe ihrer beiden Söhne im Haus, auf dem Feld und beim Hüten der Tiere in den Bergen angewiesen war. Als Tendsin ins schulfähige Alter kam, wollte ihn keine Schule aufnehmen. Stattdessen beteiligte er sich an der Arbeit im Dorf, wobei ihm die Bauern durchaus einige Verantwortung übertrugen. Er half beim Bestellen und Bewässern der Felder, bei der Ernte und bei der Fütterung und Pflege der Haustiere. Und er hütete Yaks und Schafe in den Bergen. Wie ihm das gelang, beschrieb er in einer Dokumentarsendung, die von dem Fernsehsender arte ausgestrahlt wurde: »Meist erkenne ich die Kühe an ihren Glockentönen. Unsere Kühe haben Glocken, die hell klingen. Die Kühe der anderen bimmeln dunkel. Auf diese Weise erkenne ich unsere Herde sofort. Manchmal habe ich allerdings meinen kleinen Bruder mit auf die Weide genommen, weil ich Angst hatte, die Kühe doch zu verlieren. Das hätte dann zu Hause Ärger gegeben.«

Mit einem Ast, der fast doppelt so lang war wie er selbst, demonstrierte er uns einmal, wie er sich auf unwegsamem Gelände zurechtgefunden hat. Er nutzte den Ast intuitiv wie einen Blindenstock, um die Bodenbeschaffenheit abzutasten und kleinere Wasserläufe zu überqueren. Dabei steckte er den Stock in die Mitte eines Bachs und schwang sich wie beim Stabhochsprung übers Wasser.

Im Gegensatz zu den meisten blinden Menschen in Tibet, die scheu, zurückgezogen und oft vernachlässigt vor sich hin vegetieren, hielt ich den damals achtjährigen Jungen für ein Musterbeispiel gelungener Integration. Im Vergleich zu anderen blinden Kindern, die ich auf meiner Suche entdeckte, war er äußerst mobil, selbstbewusst und lebensfroh. Und noch etwas fiel mir auf: Er schämte sich seiner Blindheit nicht. Während andere Blinde das Wort »longwa«, blind, als Fluch zu verstehen schienen und sich jedes Mal, wenn ich über das Blindsein sprach, wie geprügelte Hunde zurückzogen, hatte es bei Tendsin den Anschein, als gebrauche er das Wort »blind« mit einem gewissen Stolz, als wolle er sagen: Seht her, was ich alles kann, obwohl ich blind bin!

Tendsin ist heute, ein Jahr nach unserem Bergabenteuer, mit seinen 17 Jahren ein staatlich anerkannter medizinischer Masseur und betreibt zusammen mit Tashi und anderen blinden jungen Leuten eine Massagepraxis im Zentrum von Lhasa. Mit dem Geld, das er verdient, unterstützt er seine Mutter und seinen jüngeren Bruder. In seinem Heimatdorf begegnet man ihm heute mit Achtung.

»Ich komme gerne nach Hause. Die Leute behandeln mich jetzt mit Respekt und bitten mich oft um Rat. Doch ich möchte nicht für immer in meinem Dorf wohnen, die Menschen da leben und denken ganz anders. Ich gehöre in die Stadt, nach Lhasa, da fühle ich mich frei.«

Später traf ich mich in London mit professionellen Übersetzern, die Tendsins Aussagen für den Dokumentarfilm transkribierten. Ihnen fiel die für sein Alter äußerst kultivierte Ausdrucksweise auf. Hier ein Beispiel für seine kluge Art zu denken und zu argumentieren:

»Die Menschen in Tibet sagen so dies und das über Blinde. Manche behaupten, wir hätten in einem früheren Leben einen Mord begangen und müssten täglich beten, um gutes Karma anzusammeln. Ich habe grundsätzliche Zweifel. Es ist doch sehr fraglich, ob Beten geeignet ist, einen Mord wiedergutzumachen. Hätte ich tatsächlich jemanden getötet, dann wäre mein Herz dunkel, und ich könnte noch so viele heilige Schriften rezitieren und Gebete aufsagen, das würde mir und anderen nicht wirklich helfen. Sinnvoller wäre es doch, etwas zu tun; zum Beispiel eine Schule zu gründen, um Kindern Ausbildung und Zukunftsaussichten zu geben.

Ein Mord ist das Schlimmste, was ein Mensch tun kann, eine Sünde, die meiner Meinung nach die Aussicht auf eine Wiedergeburt äußerst unwahrscheinlich macht.

Ich frage mich, kann Blindheit überhaupt eine Strafe sein? Denn genau betrachtet gibt es in der Welt noch ganz andere Unannehmlichkeiten. Da gibt es Menschen, die ohne Arme und Beine geboren werden, und solche, die immer traurig sind. Wenn ich an solche Schicksale denke, dann finde ich, es ist gar nicht so schlimm, blind zu sein.«

»Tendsin ist für uns alle wie ein Bruder«, sagt Kyila, »auf ihn kann man sich verlassen, und er weiß immer einen Rat.«

In unserer Schule übernahm Tendsin schon früh wichtige Aufgaben wie die Freizeitbetreuung der Kleinsten, und er kümmerte sich um die neuen, von Heimweh geplagten Jungen und Mädchen. Er gehörte zu den wenigen Schülern, die mitten in der Nacht aufstanden, um die Jüngeren zur Toilette zu begleiten, wenn sie Angst hatten vor den im Hof spukenden Dämonen.

»Alle mögen diesen Jungen«, sagt Anila, unsere Hausmutter. »Er ist fair und sozial. Wenn er etwas bekommt, teilt er es mit den anderen Kindern, sogar mit denen, die er nicht so mag. Tendsin muss in seiner Kindheit selbst viel Liebe und Zuneigung erfahren haben. Anders kann ich mir seine Selbstsicherheit und Großzügigkeit nicht erklären.«

Tendsin ist offensichtlich in einem Umfeld groß geworden, in dem man ihn als Menschen ernst nahm und seine Fähigkeiten und Talente anerkannte. Er hat eine kluge Mutter, die ihn als Kind nicht zu sehr behütete. Und es waren Menschen da, die ihm Verantwortung übertrugen.

Und doch hatte Tendsins Kindheit Schattenseiten, von denen ich erst bei meinem stundenlangen Interview mit ihm erfuhr.

Das Gespräch war zu großen Teilen ein Monolog Tendsins, der, ermuntert durch gelegentliche Nachfragen, die Chance wahrnahm, sich alles, was ihn in seiner Kindheit gequält hatte, von der Seele zu reden. Er sprach schnell, fast hastig, so, als habe er nicht genug Zeit, all die dunklen Erinnerungen loszuwerden. Oft wechselte er in seinen Heimatdialekt, und darum war ich froh über die Anwesenheit meiner tibetischen Freundin, die sehr viel schneller komplizierte Zusammenhänge verstand und in der Lage war, weiterführende Fragen zu stellen.

8

Ich bin in einer kleinen, dunklen Hütte groß geworden, die nur aus einem einzigen Raum bestand. Dort lebte ich mit meiner Mutter, meinen Großeltern und meinem jüngeren Bruder. Mein Vater hatte uns ein paar Möbel und einen Momo-Topf zur Zubereitung von Teigtaschen dagelassen. Betten gab es jedoch nicht, wir schliefen auf dünnen Matten, die wir abends auf dem Lehmboden ausrollten.

Meine Eltern hatten sich scheiden lassen, als ich noch sehr klein war. Ich kann mich noch erinnern, dass sie sich nächtelang gestritten haben. Mein Bruder und ich konnten dann nicht schlafen, und da war es doch besser, dass sie sich trennten. Danach haben sie acht Jahre lang nicht miteinander gesprochen.

Der Grund für die Trennung war, glaube ich, dass mein Vater eine andere Frau hatte. Mein kleiner Bruder war böse auf ihn und deckte ihn immer mit einem Steinhagel ein, wenn er sich unserer Hütte näherte.

Eines Tages bat mein Vater mich, zu ihm zu ziehen, denn er fühlte sich einsam und wollte wenigstens eins seiner Kinder um sich haben. Er versprach, mich auch gut zu behandeln. Weil er mir leid tat, stimmte ich zu, doch länger als zwei Monate hielt ich es nicht bei ihm aus.

Er lebte mit einer Frau zusammen, die mich nicht mochte. Morgens weckte sie mich sehr früh, und wenn ich nicht sofort aufstand, schlug sie mich. Ich war noch zu klein, um mich selbst anzuziehen. Und auch das war für sie ein Grund, mich zu schlagen. Manchmal machte sie mir Angst, in dem sie mir glühendes Eisen unter die Nase hielt. Ich musste stets die alten

Lumpen ihrer Familie anziehen und erhielt nie ein neues Hemd oder eine Hose.

Ich wollte so gerne wieder zurück zu meiner Mutter und meinem Bruder, deshalb versuchte ich ein paar Mal zu fliehen, meistens abends, wenn mein Vater und seine Frau zu Versammlungen gingen. Doch sie fingen mich immer wieder ein. Dann aber gab es ein Fest im Dorf, alles voller Menschen, die Chang [tibetisches Gerstenbier] tranken und sangen. Das war die Gelegenheit. Niemand kümmerte sich um mich, und ich lief nach Hause.

Die meisten Menschen in meinem Heimatdorf sind Bauern oder Hirten, kaum einer ist in die Großstadt, nach Lhasa, gezogen, um eine besser bezahlte Arbeit zu finden. Mancher hatte Glück gehabt und verdient sein Geld als Lastwagenfahrer oder besitzt einen eigenen Tuktuk [kleiner Traktor mit Ladefläche].

Als ich klein war, träumten alle Kinder in der Nachbarschaft davon, einmal einen eigenen Tuktuk zu fahren, und bei mir war das nicht anders. Ich wusste ja damals noch nicht, dass ich blind war. Ich kann ja Farben und Schatten wahrnehmen und glaubte, so sei das bei allen. Erst später wurde mir bewusst, dass ich anders war und dass ich niemals wie sie einen Tuktuk fahren würde. Diese Erkenntnis verdankte ich den anderen Kindern im Dorf, die irgendwann merkten, dass ich nicht so geschickt war wie sie. Sie fingen an, mir Streiche zu spielen oder irgendwo aufzulauern. Dann verprügelten sie mich oder warfen Steine nach mir. Erst wusste ich nicht, was ich tun sollte, aber dann wurde ich wütend. Nun sammelte ich meinerseits Steine auf, sobald ich die Kinder von weitem hörte. Wenn ich dann glaubte, dass sie nahe genug waren, zielte ich nach ihren Stimmen. Meist warf ich daneben, und das hat sie nur noch mehr angeheizt, mich zu demütigen.

Ich war überzeugt, gegen die anderen nur bestehen zu

können, wenn ich lernte, mich zu verteidigen. Ich musste meine Fähigkeiten schulen, musste lernen, geschickter zu sein als meine Rivalen. Und so bastelte ich mir eine Steinschleuder und übte jeden Tag Zielschießen. Unter der Aufsicht meines jüngeren Bruders schoss ich mit kleinen Steinen auf Bäume, fahrende Tuktuks und Häuser. Wenn dann hin und wieder eine Fensterscheibe zu Bruch ging, hatte ich auch noch die Erwachsenen gegen mich, die mich als »Shargo« [blinder Dummkopf] beschimpften.

Ich habe mir immer gewünscht, etwas zu lernen, was die anderen nicht konnten, damit ich ihnen in irgendeiner Sache überlegen war. Die meisten Kinder hatten Angst vor tiefem Wasser, und vielleicht hat mich Wasser deshalb so angezogen. Ich habe oft am Wasser gespielt, habe mit Eisenstäben und Holzbrettern, die da herumlagen, Brücken über kleine Gräben gebaut. Später habe ich mir in einem See, der in der Nähe unseres Dorfes lag, das Schwimmen beibringen wollen.

Ich war überzeugt, dass es ganz leicht sei. Im niedrigen Wasser steckte ich die Hände in den schlammigen Sand und strampelte mit den Beinen. Das klappte ganz gut, und so glaubte ich, ich könne schwimmen. Das erzählte ich dann großspurig den Kindern, die um den See herumstanden. Um meine Schwimmkünste zu testen, warf mich einer der großen Jungs ins tiefe Wasser. Dort stellte ich erschrocken fest, dass ich keineswegs schwimmen konnte. Ich ging unter, schluckte Wasser und fing vor Angst an, mit den Armen und Beinen zu strampeln – und plötzlich konnte ich meinen Kopf wieder aus dem Wasser strecken. Immerhin, das war wohl so etwas Ähnliches wie schwimmen. Von da an ging ich hin und wieder zum See, um schwimmen zu üben, damit mich niemand mehr in Gefahr bringen konnte.

Es gab nur wenige Kinder im Dorf, denen es nichts ausmachte, dass ich blind war. Ein guter Freund hieß Tendsin, genau wie ich. Zusammen benahmen wir uns wie richtige Rüpel, vor denen man sich in Acht nehmen musste. Als wir klein waren, sind wir beide mit unseren jüngeren Brüdern umhergestrichen, um irgendetwas anzustellen. Wir haben Bänke angesägt und bei unfreundlichen Nachbarn die Felder verwüstet. Manchmal hat mein Freund Fleisch gestohlen, das wir dann irgendwo in der Einsamkeit der Berge für uns gegrillt haben.

Hin und wieder haben wir uns aber auch nützlich gemacht. Es gab da eine alte Frau, die sich ein Bein gebrochen hatte und mit ihrem Krückstock nur langsam vorwärtskam. Wir haben Wasser für sie herangeschafft und ihr geholfen, die Felder zu bewässern. Manchmal sind wir in die Berge gestiegen, um Wacholder zu sammeln, den sie dann zu Räucherstäbchen verarbeitete.

Dann kam die Zeit, als Tendsin und die anderen Kinder in unserem Alter in die Schule gingen, nur für mich blieb diese Welt verschlossen. Nicht, dass ich mich allein gelangweilt hätte. Ich erledigte kleinere Arbeiten im Haus oder ging in die Berge, um den Hirten beim Schafehüten zu helfen. Und dennoch war ich traurig, sehr traurig sogar, nicht bei meinem Freund zu sein und das zu lernen, was er lernte. Daher ging ich eines Morgens einfach in die Dorfschule, doch mehr als ein paar Stunden hielt ich es dort nicht aus. Die anderen Kinder und der Lehrer hätten es, glaube ich, auch nicht viel länger mit mir ausgehalten, denn ich regte mich schnell auf, weil ich mich ungerecht behandelt fühlte.

An diesem ersten und einzigen Schultag traf ich auf viele Kinder, die ich noch nicht kannte. Sie fingen gleich an, mich zu bespucken. Das machte mich so wütend, dass ich um mich schlug und ein paar Stühle zerdepperte. Der Lehrer wollte mich packen, wohl um mich zu verprügeln, doch ich hielt ihm einen Stuhl zur Verteidigung entgegen. Da reichte es dem Lehrer: Ich sei doch überhaupt kein Schüler, und wieso ich überhaupt in der Schule aufgetaucht sei. Das war mir sehr peinlich, und ich behauptete einfach, ich sei nur so mal vorbeigekommen. Danach fing der Gesangsunterricht an, und bei all dem Radau machte ich mich klammheimlich davon.

Ja, ich habe damals darunter gelitten, nicht in die Schule gehen zu dürfen. Aber wenn ich es mir recht überlege: Wäre ich als sehendes Kind in meinem Dorf aufgewachsen, hätte ich kaum eine Chance gehabt, je etwas über den Rest der Welt zu erfahren. Nur der Tatsache, dass ich blind bin, habe ich es zu verdanken, dass sich mir andere Möglichkeiten eröffneten.

Früher riefen mir die Leute in meinem Dorf immer Beleidigungen nach. Das tun sie nicht mehr. Sie sind nun sehr daran interessiert, etwas von mir zu erfahren, und befragen mich nach meinem Leben in der Stadt. Wenn ich von der Schule erzähle, sind sie beeindruckt und sagen, ich sei das glücklichste Kind im Dorf.

Ja, ich hatte Glück – wir alle haben Glück, dass es diese Schule gibt, die mehr als eine Schule und fast so etwas wie eine Familie ist, mit vielen älteren und jüngeren Geschwistern, mit Hauseltern, die uns immer freundschaftlich zur Seite stehen, und mit Lehrern, die daran interessiert sind, dass wir etwas Sinnvolles lernen. Es sind Menschen, die uns ernst nehmen und nie grundlos beschimpfen.

Und doch gab es eine Zeit, in der wir nach der Freundlichkeit und Wärme, die heute die Kinder als alltäglich erfahren, hungerten. Ich war der Erste in dieser Schule und weiß, dass nicht alles von Anfang an so schön war, wie es die meisten von uns später erlebt haben. Ich fühle noch jetzt einen Stich, wenn ich an das erste halbe Jahr denke, an die Zeit, in der alles im Waisenheim begann.

9

Der Dorfoberste erzählte mir von einer Schule, an der blinde Kinder eine spezielle Schrift für Blinde erlernen konnten. Die Vorstellung, auch zur Schule gehen zu können und lesen und schreiben zu lernen, machte mich überglücklich. Ich lief sofort zu den anderen Kindern und erzählte ihnen von der Schrift, die nur wir Blinde lesen können. Endlich waren wir gleichberechtigt, und es fühlte sich an, als könnte ich sehen.

Ich weiß noch, Sabriye kam zusammen mit einer anderen Frau in einem roten Auto, und das haben alle im Dorf gesehen. Sie sprachen mit mir und mit meiner Mutter und sagten zum Abschied, sie würden in sieben Tagen wiederkommen, um mich nach Lhasa zu holen.

Oh, ich war so aufgeregt, dass ich nicht schlafen konnte! Meine Mutter besorgte neue Kleidung für mich, und ich war bereit, mit den beiden fremden Frauen nach Lhasa zu fahren. Nachbarn wünschten mir Glück und brachten Geschenke. Doch als die sieben Tage vorbei waren, wartete ich vergeblich auf das rote Auto. Ich war furchtbar enttäuscht. Im Dorf wurde ich ausgelacht, keiner glaubte mir mehr die Geschichte von der Blindenschule. Ich wollte schon alle Geschenke zurückgeben, aber dann kam Sabriye glücklicherweise doch noch.

Als ich im Sommer 1997 in Lhasa von meinen Plänen erzählte, eine Schule für blinde Kinder zu gründen, lernte ich den Leiter eines Waisenheimes kennen. Er ließ gerade eine große Anlage für über hundert Waisenkinder am Stadtrand von Lhasa errichten und schien sich sehr für meine Ideen zu interessieren. Er wollte mir Räumlichkeiten kostenlos zur Verfügung stellen. Sein

Angebot freute mich, aber ich wollte zumindest eine angemessene Miete zahlen. Doch er ließ meine Einwände nicht gelten: Das Waisenheim sei groß genug für eine weitere Einrichtung. Geld wolle er von mir nicht annehmen; das solle ich lieber für die blinden Kinder ausgeben. Ja, er sorge sich um die benachteiligten Kinder seines Landes und wolle mein Engagement unterstützen. Ich sei ja hier eine Fremde, und man benötige gute Freunde und vertrauensvolle Helfer, um in Tibet Fuß fassen zu können. Dankbar für die Freundlichkeit und das Interesse, das der Heimleiter meinen Plänen entgegenbrachte, nahm ich sein großzügiges Angebot an und richtete ein Dreivierteljahr später in seinem Heim Klassenzimmer, Schlafräume und einen Esssaal für die ersten blinden Kinder her.

Das Waisenheim war sehr viel größer als unsere heutige Schule. Ich kann mich noch an eine breite Toreinfahrt und den großen Innenhof erinnern. Hinter der Schule gab es eine Wiese mit Bäumen, auf der wir manchmal mit reisgefüllten Bällen Fußball spielten.

Am Anfang waren wir nur sechs Kinder, die alle in einer Klasse unterrichtet wurden. Da war Norbu, der immer nur an Autos dachte und davon träumte, Lastwagenfahrer oder Taxifahrer zu werden. Norbu war zu Beginn der Klassenbeste. Während ich mich mühsam mit den ersten vier Buchstaben der tibetischen Blindenschrift abquälte, konnte er in wenigen Tagen alle dreißig Zeichen lesen und schreiben. Die Komplimente unserer Lehrer stiegen ihm allerdings zu Kopf, denn er wurde ein wenig überheblich und wollte uns nicht mehr bei den Schulaufgaben helfen. Heute ist er ein netter Kerl, schlau und sehr geschickt. Norbu lebt zurzeit in der Trainingsfarm in Shigatse und geht mit seinem besten Freund Dachung und ein paar anderen blinden Kindern in die Dorfschule nebenan. Ich glaube, er will Käsefabrikant werden, Taxifahrer jedenfalls nicht.

Dann war da Tashi-Rhochi. Er war schon elf Jahre alt, verhielt sich aber wie ein kleines Kind. Tashi-Rhochi konnte sich nicht selbst anziehen und machte oft in die Hose. Obwohl ich viel jünger war als er, begleitete ich ihn nachts auf die Toilette. Wir mussten einen langen Weg über einen Balkon und durch ein Treppenhaus zurücklegen. Es war nachts sehr still und ein bisschen unheimlich. Aber ich fürchtete mich nicht und hatte das Gefühl, dass Tashi-Rhochi mir sehr vertraute. Er konnte nicht wirklich lernen und nur ein bisschen sprechen, und nach einem halben Jahr hat ihn sein Vater wieder mitgenommen.

Meto war zu Beginn das einzige Mädchen. Sie war die Älteste und Stärkste in der Klasse. Sie drohte uns oft Prügel an, wenn wir nicht das taten, was sie wollte. Manchmal hat sie uns gezwungen, auf einem Baumstamm zu balancieren. Und wenn wir herunterfielen, hat sie uns obendrein noch eine gepfeffert. Sie ist vor ein paar Jahren von der Schule abgegangen, und hilft, soweit ich weiß, heute ihren Eltern im Geschäft.

Chilä war ein bisschen komisch. Wir beide hatten nicht viel gemeinsam. Er konnte wunderschön singen und Mundharmonika spielen, aber sonst hat er sich nur selten am Unterricht beteiligt.

Mein bester Freund war und ist Gyendsen. Es ist schwer zu sagen, warum man einen Menschen besonders mag und einen anderen nicht so sehr. Ich mag Gyendsen einfach immer gerne um mich haben. Während unserer Schulzeit waren wir unzertrennlich, haben unsere Hausaufgaben zusammen gemacht, haben zusammen gespielt und auch zusammen Unfug angestellt. Leider wohnen wir jetzt nicht mehr in der gleichen Stadt. Er geht seit ein paar Jahren auf die Regelschule in einem Internat, zu weit weg, um sich an den Wochenenden zu treffen. Wir vermissen einander sehr, und wenn wir uns dann doch einmal treffen, freuen wir uns so, dass wir uns fest umarmen.

Gyendsen und ich waren aber nicht von Anfang an Freunde.

Zunächst hatte ich sogar ein bisschen Angst vor ihm. Beeindruckt haben mich seine Größe und die Tatsache, dass er vor Meto keine Angst hatte und sich nicht scheute, sich auch mal mit ihr zu prügeln. Wir haben uns zu Beginn auch oft geprügelt, und er hat immer gewonnen. Unsere Freundschaft begann eigentlich erst so richtig nach dem Auszug aus dem Waisenheim. Das war schade, denn gerade in dieser Anfangszeit, in der ich vor Heimweh und Angst manchmal gar nicht essen konnte, hätte ich gern einen guten Freund gehabt.

Es gab nicht viele Menschen, denen ich in dieser Zeit vertraute. Wir hatten einen Lehrer, der immer freundlich zu uns war, aber wenn wir wirklich seine Hilfe brauchten, war er nicht da. Nur ein Mensch hat uns niemals enttäuscht. Das war Anila. Anila war immer für uns da. Sie tröstete uns, wenn wir traurig waren, erzählte uns Geschichten aus ihrer Heimatregion und beschrieb uns alles, was sie sah, wenn wir einen Spaziergang machten.

Auch Paul und ich hatten von Anfang an großes Vertrauen zu Anila. Sie war unsere erste Mitarbeiterin und ist bis heute die Seele unserer Schule.

Im Mai 1998, kurz bevor die Schule eröffnet wurde, hatte ich mich nach geeigneten Mitarbeitern umgesehen. Die Lehrer sollten keine Hemmungen haben, Blinde zu unterrichten, und sich nicht scheuen, mit Ausländern zusammenzuarbeiten. Damals gab es in Tibet noch nicht viele ausländische Hilfsorganisationen, und es gehörte auch ein bisschen Mut dazu, sich bei den Injis um einen Job zu bewerben. Wer bei den »Langnasen« anheuerte, wurde oft etwas schräg angesehen.

Anila, eine wache und liebevolle Person, erschien uns gleich als eine vielversprechende Kandidatin. Für sie war es das Natürlichste auf der Welt, dass auch blinde Kinder zur Schule gingen, um lesen und schreiben zu lernen. Es gab nur einen kleinen Haken: Sie selbst konnte nicht lesen und schreiben. Und da ich auf diese herzliche und engagierte Frau nicht verzichten wollte, ernannte ich sie kurzerhand zur Hausmutter, eine Entscheidung, über die ich heute noch glücklich bin.

Anila ist nicht ihr richtiger Name; sie heißt eigentlich Lhagdon. Doch da sie als junges Mädchen Nonne werden wollte, was auf Tibetisch »Anila« heißt, wurde sie von allen nur noch so genannt. Sie stammt aus einem kleinen entlegenen Dorf im Shigatse-Distrikt. Als ältestes Mädchen von acht Kindern bekam sie niemals die Chance, in eine Schule zu gehen. Schon in jungen Jahren musste sie auf dem Feld und beim Hüten der Tiere helfen. Ihre Mutter starb, als Lhagdon zwölf Jahre alt war. Fortan musste sie für ihre sieben jüngeren Geschwister sorgen. Zwei Jahre später wollte der Vater sie verheiraten, doch sie weigerte sich, und der Vater verschob die Hochzeit auf ihr 17. Lebensjahr. Lhagdon dachte allerdings auch mit 17 nicht daran, zu heiraten. Sie bat einen Onkel, der in einem nahe gelegenen Kloster als Mönch lebte, ihr die Haare zu scheren. Damit hatte sie sich dem Kloster versprochen, und von nun an konnte niemand mehr über sie bestimmen.

Eines Tages packte sie ihre wenigen Sachen in eine kleine Tasche und lief davon in die 300 Kilometer entfernte Stadt Lhasa. Dort lebte sie, als wir sie kennenlernten, seit ein paar Jahren in einem kleinen Nonnenkloster gleich hinter dem Barkhor. Weil sie aber als Analphabetin die heiligen Schriften nicht lesen konnte, war sie im Kloster nur als einfaches Mitglied, nicht aber als Nonne aufgenommen worden. Das war unser Glück und auch ihr Glück, wie sie heute oft betont. Denn bei uns lernte sie lesen und schreiben – zunächst von den Kindern, die ihr die tibetische Brailleschrift beibrachten. Die Blindenschrift half ihr dann, das tibetische Silbenschriftsystem zu verstehen. Heute beherrscht sie drei Sprachen in Wort und Schrift und arbeitet sogar am Computer.

Anila war zu Beginn die einzige Person, die sich rund um die

Uhr um die sechs ersten Kinder kümmerte. Und da wir befürchteten, sie sei mit der Aufgabe allein überfordert, baten wir den Leiter des Waisenheimes, sich nach einer weiteren Hausmutter umzusehen. So kam Samchö zu uns.

Zunächst freuten wir uns sehr, dass Anila die vielen Arbeiten im Haus nicht mehr alleine erledigen musste, und Samchö war freundlich, genau wie Anila. Aber dann kam eine Zeit, in der sich alles im Waisenheim veränderte. Der Grund war Samchö, und noch heute schnürt es mir den Magen zu, wenn ich ihren Namen höre.

Zu Beginn war sie noch recht freundlich zu uns, doch dann veränderte sich ihr Verhalten plötzlich. Sie behandelte uns mit einem Mal wie Tiere. Vielleicht mochte sie keine Kinder, und wenn doch, dann bestimmt keine blinden. Immer hatte sie etwas an uns auszusetzen, schimpfte mit uns, und irgendwann fing sie an, handgreiflich zu werden. Immer wenn wir irgendetwas falsch machten, hatten wir von ihr Schläge zu erwarten. So hatten wir zum Beispiel noch nie zuvor mit Essstäbchen gegessen, und bei den ersten Versuchen fiel immer etwas von den Stäbchen herunter. Anstatt uns zu zeigen, wie es richtig ging, schlug sie uns mit ihren eigenen Stäbchen fest auf die Finger. Wenn wir etwas angestellt hatten, bekamen wir zur Strafe kein Mittagessen. Zur Mittagsruhe durften wir dann nicht in unserem Bett schlafen, sondern mussten uns auf den Rasen vors Haus legen, auch wenn es kalt war oder regnete.

Tashi-Rhochi hatte besonders unter Samchös Attacken zu leiden. Wenn er in die Hosen machte, zog sie ihn aus und ließ ihn zur Strafe nackt in der Kälte stehen. Anila erklärte ihr, dass Tashi-Rhochi so niemals lernen könne. Aber Samchö scherte sich nicht um ihre Einwände, und Anila hatte zu viel Angst vor ihren Wutanfällen. Und so tat Anila ganz im Stillen, was sie für richtig hielt.

Zum Frühstück vor dem Unterricht gab es Tsampa und But-

tertee. Dazu musste Feuer geschürt, Tee gekocht und Butter gestampft werden. Anila und Samchö hatten vereinbart, sich mit der Frühstückszubereitung abzuwechseln. Aber immer wenn Samchö an der Reihe war, zwang sie mich, frühmorgens aufzustehen, um an ihrer Stelle den Buttertee zuzubereiten. Es war ganz still in der Küche, und so ganz alleine gruselte ich mich manchmal. Ich weiß noch, wie ich einmal die Wände nach Holz absuchte, das ich zum Feuermachen brauchte. Plötzlich sprang mir eine große Ratte entgegen. Ich erschrak fürchterlich.

An diesem Morgen kam Norbu in die Küche und fand heraus, dass ich Samchös Arbeiten übernehmen musste. Er war wütend, und auch die anderen Schüler meinten, dass sie kein Recht habe, so mit mir umzugehen. Aber was sollten wir tun, und wer sollte uns helfen? Anila war machtlos, denn der Leiter des Waisenheimes schien an Samchös Verhalten nichts auszusetzen zu haben. Daher stellten meine Mitschüler sie selbst zur Rede. Ich hatte gerade geschlafen, und sie kam in mein Zimmer gestürmt und schrie und prügelte auf mich ein. Einen Tag lang bekam ich nichts zu essen. Das Essen reichte sowieso nie aus, um richtig satt zu werden. Deshalb hatte meine Mutter mir heimlich Lebensmittel zugesteckt, und an diesem Tag konnte ich sie gut gebrauchen.

Samchö war beim Waisenheim angestellt und wohl auch entfernt mit dem Leiter verwandt. Daher konnte sie tun und lassen, was sie wollte. Sie hatte wohl auch keine Angst vor Sabriye und Paul, denn die Blindenschule war ja im Waisenheim zu Gast, und wir waren von der Großzügigkeit des Schulleiters abhängig. Trotzdem versuchte sie zu Beginn, immer wenn die beiden in die Küche kamen, die gute Hausmutter zu spielen.

Manchmal baten wir unseren Lehrer, dem Heimleiter die Ungerechtigkeiten zu melden. Doch es war wohl dem Lehrer wie auch dem Heimleiter egal, wie es uns erging, denn keiner kam uns zu Hilfe, und irgendwann erschien auch unser Lehrer nicht mehr zum Unterricht, obwohl wir wirklich gerne bei ihm gelernt hatten.

Der Heimleiter mochte uns nicht, und Samchö hasste uns. Aber all der Hass, den sie gegen uns Kinder hegte, war nichts gegen die Boshaftigkeit, unter der Anila zu leiden hatte.

Einmal bekamen wir ein Geschenk. Nordon, unsere neue Lehrerin, hatte uns eine Kassette mit Kinderliedern mitgebracht. Diese Kassette durften wir aber nur dann hören, wenn Samchö es erlaubte. Irgendwann wurde ein Lied, das auch auf der Kassette war, im Radio gespielt. Wir waren gerade dabei, unser Geschirr zu spülen, und als wir das Lied hörten, freuten wir uns und sangen alle mit.

In diesem Moment kam Samchö vom Gebäude des Waisenheimes herüber, wo sie sich eine Schüssel voll Reis und Gemüse geholt hatte, ihre zweite Mahlzeit an diesem Tag. Während uns nur ein Schüsselchen zustand, genehmigte sie sich mindestens zwei volle Portionen, eine bei uns und eine in der Küche des Waisenheims. Sie stand also da, mit der Schüssel in der Hand, und fragte leise, aber drohend, warum Anila uns ohne ihre Genehmigung die Kassette gegeben hätte. Anila versuchte zu erklären, dass sie das nicht getan habe, doch Samchö fing an zu schreien: »Hör doch, sie spielen das Lied!« Dann warf sie die volle Schüssel nach Anila. Sie zerbrach an Anilas Stirn, und der Inhalt verteilte sich über ihre Kleidung und auf dem Küchenfußboden. Wir Kinder waren vor Schreck wie erstarrt.

Irgendwann fauchte Samchö mich an, ich solle einen Schrubber holen. Ich dachte, sie wolle die Scherben zusammenfegen, doch als ich mit dem Schrubber zurückkam, nahm sie ihn mir aus der Hand und ging damit erneut auf Anila los. Samchö prügelte so lange auf sie ein, bis Anila wimmernd auf dem Boden saß und sich vor Schmerzen den Kopf hielt. Es war so furchtbar! Wir waren zu klein und konnten nichts tun.

In der folgenden Nacht hörte ich, wie Anila laut schluchzte.

Ich ging zu ihr hinunter, und da saß sie ganz allein in der Küche. Ich setzte mich neben sie, ganz leise, und sagte kein Wort. Ich wusste nicht, wie ich sie wieder glücklich machen konnte. Sie war gedemütigt und verletzt ... und ich war es, der Samchö den Schrubber gegeben hatte.

Ich hatte bis dahin immer geglaubt, dass Erwachsene das Recht haben, zu tun, was ihnen gefällt. Doch plötzlich zweifelte ich daran, dass es immer gut war, was sie taten – ein Gedanke, der mir erst sehr unangenehm war. Ich schämte mich für das Verhalten der Erwachsenen, und es war mir peinlich, dass ich mich schämen musste. Solche Überlegungen aber halfen mir, Demütigungen von Menschen wie Samchö nicht mehr so sehr an mich herankommen zu lassen.

10

Die zu Beginn recht freundliche Atmosphäre im Waisenheim hielt nicht lange vor, denn wir erkannten bald, dass der Heimleiter doch nicht ganz so selbstlos war, wie er es uns hatte weismachen wollen. Nur wenige Monate nach unserem Einzug äußerte Paul mir gegenüber einen ersten Verdacht: »Ich glaube nicht, dass es in diesem Heim nur um reine Nächstenliebe geht. Ich fürchte, hier geht es um Geld, und zwar speziell um unser Geld.«

Tatsächlich wurden die Fördermittel und Spendengelder, die ich in Deutschland gesammelt hatte, über tibetische Behörden direkt an das Waisenheim weitergeleitet. Das sei, so der Heimleiter, in Tibet üblich, denn Ausländer dürften bei der Bank kein eigenes Konto einrichten. Er verfügte also über unser ganzes Geld, dennoch zögerte ich zunächst, dem Verdacht nachzugehen. Erst als die Beträge, die wir für Kleidung, Matratzen und Möbel brauchten, nicht bei uns eintrafen, machte sich Paul mit detektivischem Spürsinn daran, die uns zu diesem Zeitpunkt noch zugänglichen Geschäftsbücher zu durchforsten. Und als wir schließlich sicher waren, dass Summen, die der Blindenschule zustanden, in beträchtlicher Höhe zugunsten des Waisenheims abgerechnet worden waren, machten wir einen Fehler, der nur Anfängern in Tibet unterlaufen konnte: Wir konfrontierten den Heimleiter im Beisein seiner Angestellten mit der fehlerhaften Kalkulation in den Geschäftsbüchern. Von nun an wollten wir die Spendengelder selbst verwalten. Wir boten ihm an, täglich unsere Buchführung einzusehen, um sich von der korrekten Verwendung der Gelder zu überzeugen.

Von diesem Zeitpunkt an war es mit dem Frieden im Waisenheim vorbei. Es schien so, als ob der Leiter seine Angestellten, die uns bis dahin sehr zuvorkommend begegnet waren, anstachelte, uns das Leben zur Hölle zu machen. Man grüßte uns nicht mehr und behandelte uns wie Luft. Abfallbehälter wurden vor unseren Zimmern entleert, Leitungswasser über Monate abgestellt und unsere Büroräume durchsucht.

Auch wenn der tägliche Terror, dem wir uns nun ausgeliefert sahen, Paul und mir sehr an die Substanz ging, waren wir in Bezug auf die Kinder unbesorgt, glaubten wir sie doch in guten Händen und hofften, dass sie von unseren Problemen nicht allzu viel mitbekamen. Da täuschten wir uns, wie sich nun, sieben Jahre später, im Gespräch mit Tendsin herausstellte. Es war grausam, anhören zu müssen, was in diesem ersten Halbjahr geschehen war. Und es war schockierend, nach so vielen Jahren zu erfahren, dass wir nicht die geringste Ahnung hatten, wie sehr gerade auch die Kinder unter den Querelen zwischen uns und dem Heimleiter hatten leiden müssen.

»Wo waren wir?«, fragte ich Anila verzweifelt, die Tendsins Bericht bestätigte.

»Ihr hattet eure eigenen Sorgen«, sagte sie tröstend, »wir wollten euch nicht noch mit unseren Problemen belasten. Und außerdem haben wir an euch geglaubt. Wir alle, die Kinder und ich, wussten, ihr würdet uns nicht im Stich lassen und irgendwann, da waren wir sicher, eine neue und bessere Lösung für die Schule finden.«

Es gab auch ein paar schöne Tage im Waisenheim. Sabriyes Geburtstag war einer davon, und das Neujahrsfest der Injis, wie hieß es noch, ach ja, Chrisse Misse [Christmas], das war der andere Tag. An diesen Tagen saßen wir alle zusammen, mit Sabriye und Paul, mit unserer Lehrerin Nordon, Yishi, der Köchin, und natürlich auch Anila. Samchö war niemals eingeladen, und das machte diese Tage besonders schön. Es gab dann Kuchen und süßen Milchtee, Kapse [Ölgebäck] und Fleischmomos. Wir haben gegessen, bis unsere Bäuche brummten. Wir wussten ja nicht, wann es wieder mal so etwas Gutes geben würde. Später im Langdünhaus war das Leben immer ein Fest. Aber im Waisenheim waren diese wenigen Tage immer ganz besonders hell. Wir haben getanzt und gesungen, und manchmal haben wir dann ins Ausland telefoniert und für Mola Cornelia gesungen.

Die Waisenkinder kannten wir nur flüchtig. Manchmal haben wir im Garten zusammengesessen und uns über dies und das ausgetauscht. Sie haben uns gefragt, wie wir blind geworden sind. Und sie haben uns erzählt, wie sie Waisen wurden. Bei diesen Gesprächen spürten wir, dass wir zusammengehörten, und das hat uns ein wenig getröstet. Aber der Heimleiter sah es nicht gerne, wenn wir miteinander sprachen.

Später, in den Wintermonaten, trafen wir uns mit den Waisenkindern nur morgens um sechs, um unter strenger Aufsicht der Lehrer des Waisenheimes heilige Texte zu rezitieren. Wir kannten die Texte nicht auswendig, das hatten wir nie gelernt, aber wir hüteten uns, das zuzugeben, denn bei jedem Fehler gab es Schläge. Kamen wir zu spät zum Morgengebet, mussten wir draußen in der Eiseskälte warten, bis die Rezitationen beendet waren.

Die anderen sagen, dass ich in der Anfangszeit nicht sehr gesprächig war. Und es stimmt, ich habe nie viel gesagt. Ich fühlte mich ausgeliefert und dachte, dass es mir nicht helfen würde, über meine Angst, meine Wut und über mein Heimweh zu sprechen. Heimweh ist ein furchtbares Gefühl; es fühlt sich dann im Bauch alles so leer an. Die Gedanken an meine Mutter und an meinen kleinen Bruder taten weh. Besonders nachts, wenn ich im Bett lag und mich so allein fühlte, wollte ich nichts lieber als weglaufen. Ich wollte zurück ins Dorf, zurück zu meiner Familie. Aber ich habe mit niemandem, nicht einmal mit Anila, über meine Traurigkeit gesprochen.

Ja, manchmal dachten wir daran, abzuhauen und nie mehr

wiederzukommen. Aber dann überlegten wir uns, dass Sabriye und Paul von so weit her gekommen waren, um die Schule aufzubauen. Ich glaube, das hat uns Kraft gegeben durchzuhalten.

Und dann war es endlich so weit. Sabriye und Paul hatten den Umzug angekündigt, und sie fingen auch gleich an, alle Kleidungsstücke und Bettdecken in große Reissäcke zu stopfen. Wir waren überrascht, stellten aber keine Fragen. Wir vertrauten den beiden. Komisch war nur, dass ich mir seit Monaten nichts sehnlicher gewünscht hatte, als endlich wegzukommen aus diesem furchtbaren Heim, aber als es dann schließlich so weit war, wusste ich nicht, ob ich mich freuen oder traurig sein sollte.

Es war an einem bitterkalten Wintertag, und das Waisenheim wirkte abweisend und verlassen. Alle Kinder, Hauseltern und Lehrer hatten sich wohl vor der Kälte in ihren Zimmern verkrochen, und ich konnte mir vorstellen, dass sie uns von ihren Fenstern aus beobachteten. Aber keiner kam in den Hof, um sich von uns zu verabschieden.

Wir hatten an diesem Morgen nichts gegessen. Und da all unsere Lebensmittel bereits mit einem Tuktuk fortgebracht worden waren, liefen wir zur Küche des Waisenheimes und klopften an die Tür. Es waren zwei oder drei Personen in der Küche, wir hörten es genau. Sie flüsterten miteinander, aber niemand ließ uns rein. Dann saßen wir traurig und hungrig in unserem leergeräumten Klassenzimmer. Wir spürten die feindselige Atmosphäre, aber auch die Zukunft schien bedrohlich, denn wir wussten ja nicht, was mit der Schule nach dem Umzug geschehen würde. Würden Sabriye und Paul trotz der vielen Schwierigkeiten in Tibet bleiben? Und wenn nicht, was würde dann mit uns geschehen?

Und als wir so hoffnungslos zusammensaßen und uns vor dem Ungewissen fürchteten, geschah etwas, das ich niemals vergessen werde. Denn plötzlich ging die Tür auf, und die Hausmutter der Waisenkinder kam mit einer Schüssel voll Tsampabrei *zu uns herein. Sie stellte die Schüssel zwischen uns auf den Boden und bat uns inständig, niemandem davon zu erzählen. Dann lief sie zurück und ließ uns mit dem köstlichen Trost allein.*

Im Nachhinein denke ich, es war gut, dass wir nicht geahnt hatten, welche Hölle unsere ersten Schüler zu Beginn würden durchleben müssen. Es wäre sonst wahrscheinlich nie zum Aufbau der Schule gekommen. Wir waren unerfahren, vielleicht sogar etwas naiv, und wir vertrauten auf Vernunft und Menschlichkeit. Als uns bewusst wurde, wie sehr das Projekt durch Missgunst und Habgier gefährdet war, konnten wir nicht mehr zurück. Wir hatten bereits Verantwortung übernommen. Kaum auszudenken, was mit den Kindern geschehen wäre, wenn das Projekt gescheitert wäre. Es blieb uns nichts anderes übrig, als weiterzukämpfen.

11

Am ersten Tag des Jahres 1999, einem eisgrauen, wolkenverhangenen Wintertag, wurden wir vom Leiter des Waisenheimes vor die Türe gesetzt. Der Rausschmiss kam nicht ganz überraschend. Überrascht hat uns allerdings die Anteilnahme vieler Einheimischer, die, gut informiert durch Lhasas stetig brodelnde Gerüchteküche, dafür sorgten, dass wir an diesem Tag nicht allein dastanden. Die Menschen in der Stadt wussten wohl, wie übel man uns im Waisenheim mitgespielt hatte. Einige kamen mit laut knatternden Tuktuks, selbstgezimmerten Kisten und leeren Reissäcken, um uns beim Umzug zu helfen, und es dauerte nur einen halben Tag, bis alles leer geräumt war. Und als schließlich auch die etwas verloren wirkenden Kinder auf der Ladefläche des letzten Tuktuks saßen, um in ihr neues, gewiss hoffnungsvolleres Leben zu fahren, kamen doch noch einige Angestellte des Waisenheimes und ein paar mutige Waisenkinder, die sich von ihren blinden Spielkameraden verabschiedeten.

Paul und ich liefen noch einmal durch die kalten und betongrauen Zimmer. Doch es gab verständlicherweise keine Tränen bei diesem Abschied. Auf einem klapprigen Fahrrad, ich saß hinten auf dem harten Gepäckträger, fuhren wir ein letztes Mal auf dem mit Schlaglöchern übersäten Feldweg in Richtung Lhasa. Während das Fahrrad hart auf und nieder hüpfte und der eisige Wind durch die Wollhandschuhe stach, packte uns eine heiße Wut über alles, was in diesem ersten halben Jahr geschehen war, eine Wut, in die sich schließlich wilde Freude mischte. Jetzt endlich fühlten wir uns frei und glaubten, all unsere Ideen in die Tat umsetzen zu können!

Wir hatten uns bereits seit einigen Monaten nach einem anderen Partner und nach einer neuen Bleibe umgesehen. Die Partnersuche führte rasch zum Erfolg. Vermittelt durch den Vater unserer Lehrerin Nordon, Taring Jigme, der eine lokale Hilfsorganisation leitete, schlossen wir einen Vertrag mit dem tibetischen Behindertenverband, der sich heute in Zusammenarbeit mit uns und einigen anderen NGOS für behinderte Menschen in der Autonomen Region Tibet einsetzt.

Schwieriger war es, ein neues Haus für die Schule zu finden. Wir wollten unbedingt ins Zentrum von Lhasa, damit Besucher es nicht so weit hatten. Auch wollten wir die Kinder motivieren, die Stadt auf eigene Faust zu erkunden.

Nordons Mutter Amala hatte sich bereit erklärt, uns übergangsweise in ihr großes Haus mit dem klangvollen Namen »Langdünpodrang«, »Palast der Langdüns«, aufzunehmen. »Ich bin allein und habe viel Platz«, hatte sie gesagt, als sie von unserer drohenden Obdachlosigkeit erfuhr. Also zogen wir zu Amala und mieteten ein Büro, eine Küche und einen Raum, der zugleich als Klassenzimmer, Ess- und Schlafsaal fungierte. Alles war enger und weniger bequem als im Waisenheim, doch die Kinder atmeten in den kommenden Wochen spürbar auf und lebten sich schnell in ihrer neuen Umgebung ein.

Das Langdünhaus ist ein stadtbekanntes Anwesen der Nachkommenschaft des 13. Dalai-Lamas. Die Villa ist in den frühen fünfziger Jahren in tibetischem Stil erbaut worden, mit festungsstarkem Mauerwerk und einem geräumigen Innenhof, der an unserem Ankunftstag mit Wagenladungen von Möbeln zugestellt war. Doch niemand dachte am Abend ans Räumen und Auspacken, denn alle wollten den Beginn des neuen Jahres gebührend feiern. Die Menschen aus der Nachbarschaft brachten Momos, Ölgebäck und Süßigkeiten zur Begrüßung, und nachdem die Kinder ihre anfängliche Scheu überwunden hatten, sangen und tanzten sie so laut und wild, wie sie es im Waisenheim nur selten getan hatten.

Der Junge, der an diesem Abend am wildesten tanzte und am verrücktesten sang, war Gyendsen. Wir kannten ihn als einen in sich gekehrten Jungen, der hin und wieder mit seinen Wutanfällen die anderen Kinder in Angst und Schrecken versetzte, sich dann aber gleich wieder zurückzog und niemanden an sich herankommen ließ. An diesem ersten Abend im Langdünhaus war er witzig und ausgelassen, und er scheute sich nicht, vor all den fremden Menschen seiner neu entdeckten Lebensfreude Ausdruck zu geben.

»Alasso, alasso, Alasso!«, sang er ein Nomadenlied und tanzte dazu. Alle klatschten zum Takt und fielen in den Refrain ein: »Alasso chung se mo, chung se mo!«

»Ich war so glücklich!«, erinnerte sich Gyendsen, als ich ihn sieben Jahre später auf diesen Abend ansprach. »Es gab so viele gute Sachen zu essen, es war ein richtiges Fest, und alle waren gekommen, um zu feiern. Wir durften lange aufbleiben und als wir dann schlafen gingen, stellten wir fest, dass man ganz vergessen hatte, unsere Doppelstock-Betten zusammenzuschrauben. Da haben wir uns einfach mit dünnen Matten auf den Fußboden schlafen gelegt. Das war hart und nicht besonders warm, aber in dieser Nacht war es uns egal. Wir waren so glücklich und freuten uns auf den nächsten Tag, auf die Schule und alles, was noch kommen sollte.«

Gyendsen entwickelte sich in der Folgezeit zu einem außergewöhnlich guten Schüler. Obwohl er ein paar Monate später als die anderen Kinder in die Schule gekommen war, war er schon bald Norbu voraus, und der war zu Beginn der Klassenbeste gewesen. Als Nordon mit dem Mathematikunterricht begann, waren wir erstaunt, wie geschickt er mit Zahlen umzugehen verstand. Oft traf ich ihn in der Küche an, wo er, bei süßen Leckereien, für die Köchin die Buchhaltung durchrechnete. Er las alles, was ihm unter die Finger kam, und manchmal fürchtete ich schon, seinen Wissensdurst nicht stillen zu können. Auf Gyendsens Anregung hin führten wir den Fremdsprachenunterricht ein und waren beeindruckt von der Begeisterung, mit der alle Schüler, nicht nur Gyendsen, Chinesisch und Englisch lernten. Das war im Jahr 1999. Heute gehören Fremdsprachen zum festen Bestandteil des Lehrplans. Alle Kinder werden von klein auf in drei Sprachen unterrichtet.

»Jetzt haben wir den Sehenden etwas voraus«, erklärte Gyendsen den unstillbaren Eifer der Schüler, wenn sie bis tief in die Abendstunden chinesische Vokabeln und englische Sätze paukten. »In Tibet sprechen nur wenige Menschen drei Sprachen. Später werden die Sehenden uns bitten, für sie zu übersetzen.«

Wie gerne er auch lernte und wie leicht ihm das Lernen fiel – ich hatte bei seiner Beharrlichkeit das Gefühl, er habe noch eine Rechnung offen und wolle etwas beweisen. Aber wem? Den Nachbarn in seinem Heimatdorf? Seiner Familie? Es war eine Vermutung, die sich erst viele Jahre später bestätigen sollte.

In Begleitung des Filmteams kehrte Gyendsen im Sommer des siebten Jahres wieder nach Hause zurück. Anders als bei Tendsin, der in seinem Dorf mit großem Hallo begrüßt wurde, empfingen die Nachbarn und Familienangehörigen Gyendsen mit reservierter Zurückhaltung. Doch auch der Junge war plötzlich ganz verändert. Der humorvolle, aktive und lebenslustige 17-Jährige trat seiner Familie schüchtern, fast ängstlich entgegen. Wo war der charmante und redegewandte Jugendliche, der mit großer Unbefangenheit und mit Stolz durchs Leben ging, fragten sich Sybil und Lucy. Hier im Haus seiner Eltern saß er auf einer Schlafbank, stumm und zusammengekrümmt, als ob er jeden Moment in Tränen ausbräche. Auch die Eltern schienen verunsichert, schauten ihn kaum an und richteten nur selten das Wort an ihn.

»Er war der klügste Junge im Dorf«, erinnerten sich seine Eltern. »Er war schlau. Er war so fleißig. Und jetzt ist er zu nichts mehr nütze.«

Später äußerte sich Gyendsen im Interview dazu: »Ja, als ich noch sehen konnte, da mochte man mich. Meine Eltern hielten immer große Stücke auf mich. Aber jetzt genüge ich ihnen nicht mehr. Die meisten Dorfbewohner, meine Eltern und Geschwister eingeschlossen, glauben, ich sei verflucht, denn anders können sie sich meine plötzliche Erblindung nicht erklären. Sie sprechen von einem Dämon, der in unserer Nachbarschaft einen Obstbaum bewacht. Ich weiß genau, welchen Obstbaum sie meinen. Es ist ein Pfirsichbaum, in dem ich oft herumgeklettert bin. Wenn es da wirklich einen Dämon gibt, dann kann ich mir schon vorstellen, dass er sich durch mich gestört fühlte und ziemlich böse wurde.«

Gyendsen stammt aus einer kinderreichen Bauernfamilie; sein Heimatdorf liegt in der Lhoka-Region, nicht weit vom großen Yarlung Tsangpo, dem Geburtsfluss des Brahmaputra. Er erblindete erst mit dem neunten Lebensjahr, offenbar nach einer Augeninfektion, wie sie in Tibet häufig vorkommt. Sie wird durch Staub in der Luft und Ruß in den Häusern verursacht und führt zur Erblindung, wenn sie nicht rechtzeitig behandelt wird.

Ich habe zwei Leben. Eines vor meiner Erblindung und eines danach. Ich weiß nicht, ob das Leben davor so viel schöner war, ich weiß nicht, ob ich es vermisse oder ob ich es gegen mein jetziges Leben eintauschen möchte. Ich weiß nur, dass mir damals alles leichtfiel und ich tun und lassen konnte, was ich wollte. Heute dagegen erscheint mir alles voller Hindernisse. Ich muss kämpfen, um bestehen zu können. Das heißt aber nicht, dass ich heute unglücklich bin.

In meinem früheren Leben war ich nie allein. Ich hatte zwei jüngere Brüder, auf die ich aufpassen musste, wenn meine Eltern in den Bergen waren. Ich hatte viele Freunde, und wir spielten den ganzen Tag zusammen. Oft sind wir in den kleinen Nebenströmen des großen Flusses geschwommen. Wenn wir im

Sommer auf Yak- oder Pferdeherden trafen, haben wir sie über Stunden durch die Berge gejagt.

Das Haus meiner Familie ist zweistöckig und steht in einem Obstbaumgarten mitten im Dorf. Unten waren die Ställe. Oben teilten wir uns mit vier Kindern und meinen Eltern zwei mittelgroße Zimmer. Wir hatten richtige Schlafbänke und mit weichen Teppichen belegte Sitzmatratzen. Als ich klein war, gehörten meine Eltern zu den Reichen im Dorf. Wir besaßen Pferde, Kühe, Yaks und Hühner. Ich konnte schon früh reiten und musste helfen, die Tiere auf die Weiden zu treiben. Doch dann, während einer besonders starken Regenzeit, stieg der Fluss über die Ufer und riss die meisten unserer Tiere in die Strömung. Uns blieben nur ein paar Hühner, eine Kuh und die Sättel der Pferde.

Ich habe nur wenige visuelle Erinnerungen, fast so, als hätte ich die meisten Bilder aus meinem Bewusstsein gelöscht. Nur an einen Tag erinnere ich mich mit großer Klarheit. Es scheint mir fast, als wäre es das Letzte, was ich gesehen habe, bevor ich für immer blind wurde; doch das kann eigentlich nicht sein, denn meine Augeninfektion setzte erst später ein.

Es war ein schöner Sommertag; die Luft war erfüllt von Hitze und Staub, der zwischen den Zähnen knirschte. Wir, meine Freunde und ich, bestiegen einen Berg, nur ein paar Stunden Fußweg von unserem Dorf entfernt. Dieser Berg ist nicht so hoch wie der Lhagpa Ri, aber es war trotzdem nicht ungefährlich. Wir kämpften uns durch Gestrüpp und kletterten über einen schmalen steinigen Pfad, der sich bis zum Gipfel hochschlängelte. Oben angekommen, entdeckten wir eine andere Welt. Hier wuchsen keine Bäume und Sträucher mehr, alles war braun und grau, so still und unbewohnt, keine Vögel, keine Fliegen, nur Steine und große Felsbrocken, hinter denen wir Verstecken spielten.

Der Himmel war strahlend blau, und ich genoss die Aussicht

auf die Gerstenfelder, die von den Erwachsenen im Dorf bestellt wurden, die Bergwiesen, auf denen wir Jungen Yaks und Pferde gejagt, und die kleinen glitzernden Wasserläufe, in denen meine Freunde und ich schwimmen gelernt haben. Ich sah mein Dorf ganz klein in der Ferne. Es liegt in einem Tal, im Norden und Süden von Bergen geschützt. Nicht weit entfernt der große Fluss, dunkelgrün und weiß, der in der Regenzeit anschwillt und alles überflutet. An diesem besonderen Sommertag war er friedlich und leuchtete in den unterschiedlichsten Grüntönen, und an den Rändern, wo sich die Wellen an den Steinen brechen, schimmerte er weiß. Das war wunderschön!

Als wir nach einem langen Tag ins Dorf zurückkamen, war es schon spät. Meine Freunde mussten zu ihren eigenen Hütten auf der anderen Seite des Dorfes. Ich war plötzlich allein. Es war so dunkel, dass ich nichts mehr sah und meinen Weg nicht finden konnte. Ziellos lief ich umher, stolperte über kleine Erdhügel, trat mit dem Fuß in eine Pfütze und stieß schließlich mit dem Kopf gegen einen Baumstamm. Ich stand da, rieb meine Stirn und spürte, wie mich die Angst packte: Wenn es immer so sein würde und ich niemals wieder sehen könnte! Doch dann gab es da vertraute Gerüche, und ich hörte Stimmen, ganz in der Nähe. Ich streckte meine Hände aus und lief los. Schließlich stand ich vor unserem Haus. Ich riss die Türe auf, und drinnen war es warm und hell. Vor Erleichterung musste ich weinen. Für einen Augenblick war es so, als wäre ich blind gewesen.

12

Kurz nach unserem Einzug ins Langdünhaus besuchte uns Gyendsens Tante. Sie brachte Eier und Butter vorbei, um sich dafür zu bedanken, dass wir ihren Neffen aufgenommen hatten. Sie erzählte uns, wie Gyendsen bei den Lehrern der Dorfschule von sich reden gemacht hatte. Ihnen sei der Junge durch seine ungewöhnliche Intelligenz aufgefallen. »Er war sehr beliebt«, erzählte sie stolz, »und er war nicht nur im Dorf, sondern auch in der näheren Umgebung für seine Klugheit bekannt!«

Die Lehrer hatten jedoch Schwierigkeiten, Gyendsens Eltern von der Notwendigkeit einer Schulausbildung zu überzeugen. Weder die Eltern noch sein älterer Bruder konnten lesen und schreiben, und so hielten sie nicht viel von diesen neumodischen Anwandlungen. Sie waren Bauern und brauchten ihre Kinder bei der Viehaufzucht und auf den Feldern.

Gyendsen muss die Einstellung seiner Eltern gespürt haben, und so lief er davon, als man ihn zur Schule schicken wollte, und versteckte sich in einem Stall.

Sie fanden mich schnell und fingen mich wieder ein. Dann war es vorbei mit meiner Freiheit. In aller Frühe, wenn meine Geschwister noch schliefen, musste ich aufstehen, mich mit eiskaltem Wasser waschen, und dann wurde ich in die Schule geschickt. Viele meiner Freunde waren vom Schulbesuch befreit. Während sie spielten und in den Bergen herumstreiften, musste ich den ganzen Tag stillsitzen und zuhören. In den ersten Wochen war das eine Qual. Aber dann bekamen die Dinge, die ich da lernte, plötzlich einen Sinn. Buchstaben wurden zu Wörtern, und Wörter hatten eine Bedeutung. Auch die Zahlen hatten für mich plötzlich eine Bedeutung, und dann konnte ich an nichts anderes mehr denken als an Zahlen und Rechenaufgaben, an Wörter und Sätze. Alles andere schien langweilig im Vergleich zu dem, was ich in der Schule lernen konnte.

Wie die Lehrer vorausgesagt hatten, wurde Gyendsen einer der besten Schüler, und bald sprach man von einem Stipendium, das für besonders begabte Kinder vorgesehen war und den Besuch einer guten Schule in Lhasa oder Peking ermöglichte.

Ich war neun Jahre alt und ging in die dritte Klasse der Dorfschule, als meine Augen sich entzündeten. Kurz darauf wurde auch mein älterer Bruder krank.

Meine Eltern brachten uns ins Kloster, wo für uns beide tagelang gebetet wurde, um den Dämon gnädig zu stimmen. Meinem Bruder hat das geholfen.Für mich wurde alles nur noch schlimmer. Ich hatte große Schmerzen, und meine Augen juckten.

Da ich erst neun war und es nicht besser wusste, rieb ich mit den Händen in den Augen, und das verschlimmerte die Entzündung noch. Irgendwann brachten mich meine Eltern in ein Krankenhaus. Die Ärzte gaben mir Spritzen und Augentropfen. Tatsächlich hatte es zunächst den Anschein, als würde es mit den Augen besser werden. Aber dann wurde ich doch ganz blind.

Am Anfang war es fürchterlich; alle meine Gedanken drehten sich nur noch um die Frage, wann ich endlich wieder sehen konnte. Ich wurde immer unglücklicher. Erst als ich keine Hoffnung mehr hatte, jemals wieder sehen zu können, verflüchtigte sich diese große Traurigkeit, und übrig blieb nur noch die Angst, ausgeschlossen und allein zu sein.

Meine Eltern und Geschwister haben sich immer bemüht, dieses Gefühl von Einsamkeit nicht aufkommen zu lassen. Sie haben mich immer gut behandelt und mir alle Wünsche erfüllt.

Aber je mehr sie sich um mich sorgten, umso deutlicher merkte ich, dass ich nicht mehr richtig dazugehörte.

Ich glaube, ich tat meiner Familie leid, denn sowohl meine Eltern als auch meine Brüder sprachen das Wort »blind« niemals laut aus. Auch ich habe mir in dieser Zeit mächtig leidgetan. Den ganzen Tag lag ich auf dem Bett, vermisste die Schule und meine Freunde. Sie kamen immer seltener zu mir. Manchmal bin ich ihren Stimmen gefolgt und habe ihnen beim Ballspielen zugehört. Hin und wieder haben sie mich auch mitgenommen, aber dann spürte ich, dass es ihnen unangenehm war, mich zu führen. Denn sobald wir anderen begegneten, ließen sie mich los, als gehörte ich nicht zu ihnen.

Es gab auch Kinder, die richtig boshaft waren. Wenn ich in ihre Nähe kam, riefen sie: »Achtung, da kommt der Blinde! Los, macht ihm mal so richtig Angst!« Und dann warfen sie mit Feuerwerkskörpern nach mir. Das hat mich wieder zurückgetrieben nach Hause, und ich war wieder allein.

Drei Jahre lebte Gyendsen abgeschieden von der Außenwelt, dafür sorgten auch seine Eltern, denn der Junge sollte nicht zum Gespött der Dorfgemeinschaft werden. »Ohne Augen ist ein Mensch nicht vollkommen«, erklärte die Mutter dem Filmteam. »Wir konnten doch mit ihm nicht unter die Leute gehen, sie hätten auf uns herabgeblickt.« Der Junge blieb also im Haus, versteckt vor den Blicken und Nachstellungen der Sehenden.

Am Anfang habe ich viel geschlafen. Ich hatte noch nicht gelernt, meine Finger zu gebrauchen, um die Dinge, die ich vorher gesehen hatte, zu fühlen, und kam deshalb kaum alleine zurecht. Also habe ich einfach gar nichts getan, sondern nur auf meinem Bett gelegen.

Manchmal besuchte mich meine frühere Lehrerin. Sie sagte immer: »Mach dir keine Sorgen. Es wird ein Tag kommen, an dem du wieder lernen kannst.« Sie hat mir Mut gemacht. Und sie hatte recht.

Von der Blindenschule hörte ich, als ich elf Jahre alt war. Ausländer, die in unserem Dorf eine Wasserkraftanlage bauten, erzählten mir, in Lhasa erhielten Blinde eine gute Ausbildung, und der Schulbesuch sei zudem kostenlos. Das überzeugte auch meine Eltern. So kam ich nach Lhasa, ein paar Monate später als Norbu und Tendsin. Und Tendsin wurde mein bester Freund!

Als wir das Waisenheim, Samchö und alle Menschen, die uns nur Böses wollten, hinter uns gelassen hatten und bei Amala lebten, wurde ich ein glücklicher Mensch! Im Langdünhaus gab es mehrere Lehrer und verschiedene Unterrichtsfächer, und wir freuten uns riesig, wenn neue Kinder an die Schule kamen.

Die Schule war bereits auf 14 Schüler angewachsen, da drohte uns ein erneuter Umzug, denn Amala spielte mit dem Gedanken, Haus und Hof an ein benachbartes Hotel zu verkaufen.

Für kurze Zeit erwogen wir, eine neue Unterkunft zu suchen. Doch dann erklärten Paul und ich der erstaunten Amala: »Wir kaufen das Haus!« Sie wusste genau, dass wir keinen Pfennig mehr hatten. Die Startfinanzierung der deutschen Regierung war schon lange ausgelaufen. Nach der Trennung von unserem ersten deutschen Trägerverein waren zunächst auch die Spendengelder ausgeblieben. Unsere tibetischen Mitarbeiter hatten, wie schon einmal zuvor in schlechten Zeiten, übergangsweise auf ihr Gehalt verzichtet.

Amala schnaubte skeptisch: »Und wie wollt ihr das Geld auftreiben?«

»Ist doch klar«, erklärte Paul flapsig, »wir mischen uns unter die Straßenkinder und klammern uns an vorbeispazierenden Hosenbeinen fest.«

Doch so weit kam es nicht. Ich hatte inzwischen mein erstes Buch geschrieben. Die Honorare und auch die großzügigen

Spenden, die uns manche Leser zukommen ließen, ermöglichten es uns, das Langdünhaus zu kaufen.

Mit dem Auszug Amalas hatten wir mehr Raum zur Verfügung. Und doch platzte die Schule bald aus allen Nähten, so dass wir den Bau eines weiteren Gebäudes im Vorderhof in Angriff nahmen. Unter Pauls gestenreicher Leitung – er sprach weder Chinesisch noch Tibetisch – gelang es, mit einer 70-köpfigen Baumannschaft ein stattliches Schulhaus im modernen tibetischen Stil zu errichten. Endlich gab es richtige Schlafsäle für die Kinder, geräumige Klassenzimmer, eine Gymnastikhalle und ein kleines Appartement für Paul und mich, mit Blick auf einen stillen, sonnigen Hinterhof, der von unseren Schülern zum Musizieren und Theaterspielen genutzt wird.

Die Schule befindet sich im Zentrum Lhasas nahe dem Barkhor. Heute zieht sie viele Neugierige an, die sich mit eigenen Augen davon überzeugen können, dass diese Kinder bestimmt nicht von Dämonen verflucht sind. Oft spähen sie durch Fenster und Mauerritzen und staunen nicht schlecht, wenn sie blinde Kinder sehen, die ausgelassen Fußball spielen, in hohen Bäumen herumklettern, tanzen, singen und fröhlich sind wie andere Kinder auch.

»Wie können diese Kinder so glücklich sein«, wundern sich manche tibetischen Besucher, »wo Blindheit doch eine Strafe ist?«

»Keine Strafe«, entgegnen die Kinder, »es ist vielmehr eine Chance! Wir lernen stark zu sein und eigene Wege zu gehen.«

»Unsere Schule«, hat Gyendsen einmal sehenden Kindern erklärt, die zu Besuch gekommen waren, »ist eigentlich keine richtige Schule. Wir lernen vieles, was man in anderen Schulen nicht lernen kann.«

In der Tat sollte und konnte unser Projekt eine reguläre Schule nicht ersetzen. Wir wollten die Kinder vielmehr so vorbereiten, dass sie sich mit den entsprechenden Hilfsmitteln in eine normale Schule integrieren konnten. Nur dann hatten sie die Chance, später an einer Mittelschule, einer Oberschule oder sogar einer Universität angenommen zu werden.

Gyendsen gehört zu den ersten Schülern, die an eine reguläre Schule wechselten. Zusammen mit den Mädchen Bungzo, Yudon und Nyima besucht er jetzt ein Internat in der Stadt Medrogonkar, etwa achtzig Kilometer von Lhasa entfernt.

Die Lehrer dort konnten sich zunächst nicht vorstellen, wie die vier blinden Jugendlichen in einer Klasse von fünfzig Kindern überhaupt bestehen sollten. Wir baten sie, es mit ihnen doch einfach mal zu versuchen.

Was niemand geahnt hatte: Mit all ihrer Neugierde und ihrer hohen Konzentrationsfähigkeit hatten diese Jugendlichen die überraschten Mitschüler in den Leistungen bald überholt und gehörten auch zum Erstaunen der Lehrer innerhalb kürzester Zeit in den Hauptfächern, Mathematik, Tibetisch, Chinesisch und Englisch, zu den Klassenbesten.

»Der Unterrichtsstoff ist kein Problem«, meinte Gyendsen lässig, »ein bisschen schwierig sind nur die Fächer Ballspielen und Malen. Ja«, er fing an zu lachen, »und unsere Noten in Betragen sind auch nicht gerade die besten.«

Der Tibetischlehrer war begeistert: »Die Blinden sind für meine Klasse eine große Bereicherung. Sie gehören zu den wenigen, die den Mut haben, ihre Meinung auch schriftlich zu äußern.«

Andere wiederum schienen weniger bereitwillig, sich auf das Experiment einzulassen. »Da gibt es Lehrer«, erzählten die vier Jugendlichen, als sie an einem Wochenende nach Lhasa zu Besuch kamen, »die nehmen uns niemals dran, auch wenn wir uns melden. Sie tun so, als existierten wir gar nicht. Und andere versuchen, uns vor der gesamten Klasse zu blamieren.«

Der Mathematiklehrer zum Beispiel rief die blinden Jugendlichen gerne nach vorne, wo sie Gleichungen an der Tafel vorrechnen sollten.

»Warum tun Sie das?«, fragte Bungzo den Lehrer einmal. »Sie wissen doch, dass wir die Zahlen nicht sehen können.«

Der Lehrer aber lachte nur und meinte: »Na los, zeigt doch mal, was ihr wirklich könnt!«

»Es war dann ganz still in der Klasse«, erzählte Bungzo. »Keiner fand das lustig. Sein Verhalten war allen peinlich.«

Paul und ich waren entsetzt. »Sollen wir mit ihm reden?«, fragten wir.

»Nein, nein«, beruhigte uns Bungzo, »das ist nicht nötig. Es ist sein Problem, nicht unseres.«

»Vielleicht ärgern sich manche Lehrer«, meinte Yudon nachdenklich, »weil wir gute Noten haben.«

Ob sie denn überhaupt etwas lernten?

»Eigentlich nicht«, erklärten sie übereinstimmend, »aber das macht nichts, denn wir erfahren etwas sehr Wichtiges, nämlich wie es in der Welt der Sehenden zugeht.«

Die Welt der Sehenden oder auch die »normale Welt«, wie sie es nennen, zeigt sich ihnen in dieser Schule oft von einer ziemlich rauhen Seite. So verteilen die Lehrer an die fünf Klassenbesten so genannte ›Führungsabzeichen‹, was ihnen die Macht verleiht, anderen Schülern zur Strafe auch mal so richtig auf die Finger zu klopfen.

»Manchmal geht es dabei hart zur Sache«, seufzte Gyendsen. »Die Schüler kommen mit Besenstielen und hauen auf Arme und Hände.«

»Aber macht euch nur keine Sorgen«, bemühte sich Bungzo uns aufzumuntern, »ich habe auch schon mein Führungsabzeichen, und damit darf ich sagen, was ich denke.«

Mit einem hatten die Lehrer der Regelschule sicherlich nicht gerechnet: Bungzo und die anderen sind recht unbefangen und lassen sich Ungerechtigkeiten und grundlose Machtdemonstrationen weder von den Lehrern noch von ihren Mitschülern bieten. Ihre freie Art hat ihnen nicht nur Freunde gemacht. Sowohl der Mathematiklehrer, der mit seinen Demütigungsversuchen bei den blinden Jugendlichen ins Leere lief, als auch der Englischlehrer, der sich von ihnen hin und wieder grammatikalische Korrekturen gefallen lassen musste, und nicht zuletzt auch der Schulleiter, der sich bei seinen etwas undurchsichtigen Machenschaften von den aufgeweckten Jugendlichen durchschaut fühlte, beschlossen schon nach einem halben Jahr, dass die Probezeit nun abgelaufen sei und die vier »Schlaumeier« jetzt wieder in ihr »Blindenheim« zurückmüssten.

Das gab bei den verschiedenen Hilfsorganisationen, die dieses Pilotprojekt mit Sympathie begleitet hatten, einen Aufschrei. Denn mit welcher Begründung konnte man eine solch gelungene Integration einfach abbrechen und die Klassenbesten in die Wüste schicken?

Gyendsen aber meinte, das sei ihm schon recht; er habe keine Lust, sich länger mit dem »Quatsch«, den er da lernen müsse, zu beschäftigen. Dabei hatte er keine Mühe, den Unterrichtsstoff zu bewältigen. Ihm machten mehr die oft garstigen Schüler und die manchmal grundlos autoritären Lehrer zu schaffen.

Bungzo hingegen konnte dem Ganzen sehr viel mehr abgewinnen. Sie hatte sich in der Schule gut eingelebt, hatte Freunde gefunden und Mitschüler dafür gewonnen, ihr zu helfen, wenn es darum ging, Aufgaben von der Tafel abzuschreiben. Ja, Bungzo fand Gefallen daran, sich in der »normalen Welt« zu behaupten. Sie amüsierte sich über die recht rigorosen Unterrichtsmethoden und war wohl nicht weniger beeindruckt von ihren eigenen Fähigkeiten, sich unter Schülern und Lehrern Respekt zu verschaffen.

Gyendsen hatte es da deutlich schwerer. Er musste sich mit Rüpeln herumschlagen, die ihm aus dem Hinterhalt Steine an den Kopf warfen. »Wenn sie sich doch wenigstens zu erkennen geben würden«, meinte er frustriert, »dann könnte ich sie kräftig verprügeln.«

Nach mehreren Gesprächen lenkte der Schulleiter ein, und

die vier durften für drei weitere Jahre bleiben – zum Leidwesen Gyendsens, denn der hätte nichts dagegen gehabt, die Schule abzubrechen. Er nahm gern jede Gelegenheit wahr, sich vor dem Unterricht zu drücken, und so war er auch begeistert, als wir ihm vorschlugen, sich uns und Erik anzuschließen.

Seine Begeisterung hatte aber auch einen anderen Grund. Gyendsen bewunderte den blinden Bergsteiger und alle, die sich von Zweiflern und Skeptikern nicht beirren ließen: »Sehende glauben nicht, dass Blinde in der Lage sind, die höchsten Berge der Erde zu besteigen, doch Erik hat es getan. Und Sehende glauben nicht, dass Blinde in der Lage sind, Schulen zu gründen, doch Sabriye hat es getan. Wenn wir zusammen etwas Großes tun, einen hohen Gipfel besteigen, werden wir den Sehenden, die uns nichts zutrauen, zeigen, wozu wir in der Lage sind!«

13

Habt ihr euch auf die Bergbesteigung schon irgendwie vorbereitet?«

»Vorbereitet?«, wunderte sich Tendsin über Lucys Frage. »Da gibt es nichts vorzubereiten.«

»Ich meine«, versuchte Lucy es noch mal, »man sollte doch annehmen, dass ihr Gewichte stemmt, Seilchen springt und Treppen rauf- und runterrennt.« Kyila war bisher die Einzige, die regelmäßig in aller Frühe für die Bergtour trainierte.

»Ich weiß«, Tendsin lachte halb verlegen, halb belustigt. »Aber versteh doch, wenn man trainieren muss, ist der Morgenschlaf immer besonders angenehm.«

Und doch gab es Vorbereitungen, allerdings anderer Art. Das Filmteam im Schlepptau, pilgerten Gyendsen, Bungzo, Tendsin und Dachung in den Jokhang-Tempel, Tibets größtes Heiligtum, um sich die Gefahren, die auf den Bergen lauern mochten, weissagen zu lassen.

Nach ihrer Rückkehr erkundigte ich mich neugierig nach den göttlichen Ratschlägen. Der Lama habe ein paar brauchbare Hinweise gegeben, berichteten sie. Man solle auf dem Hinweg das Dorf, aus dem Tendsin stammt, besser meiden, da sich sonst ein garstiger Lu, ein Wasserdämon, der Expedition anschließen und den Teilnehmern Unannehmlichkeiten bereiten könne. Bungzo und Dachung sollten auf ihre Füße achtgeben und Gyendsen auf seinen Kopf, damit ihn kein herabfallender Stein träfe.

Auf Lucys Frage, warum sich Kyila dem Gang zum Lama nicht angeschlossen hatte, sagte das Mädchen freiheraus: »Ich brauche den Lama nicht, um einen Berg zu besteigen. Ich muss mich schon selbst vorsehen und meinen eigenen Fähigkeiten vertrauen.«

So zu sprechen sei blasphemisch, meinte ein tibetischer Mitarbeiter. In einem Land, in dem Geister und Dämonen zum Alltag gehören, empfinden viele solche Aussagen als anstößig. Wer den Mut hat, seine Gedanken so frei zu äußern wie Kyila, steht oft alleine da. Überhaupt spricht man nicht gerne über Dämonen, aus Angst, ihren Zorn auf sich zu lenken.

Die meisten unserer Schüler und Mitarbeiter sind von Hause aus religiös und glauben an die Existenz von Geistern und Dämonen. Einmal im Jahr, zu Buddhas Geburtstag, laufen alle zusammen die Khora, die heiligen Runden auf dem sechs Kilometer langen Lingkhor, und hin und wieder drehen sie ihre Runden auch auf dem etwas kürzeren Barkhor. Regelmäßig opfern sie Butter und Geld in den Tempeln und Klöstern und rezitieren allmorgendlich Gebetstexte, praktizieren abends und morgens ihre Niederwerfungen und sprechen vor den Mahlzeiten Dankgebete.

Paul und ich sind sorgsam darauf bedacht, Religion und Ausbildung voneinander getrennt zu halten, und daher haben wir uns an der Schule auf eine klare Arbeitsteilung geeinigt. Wir halten uns in der Regel bei Glaubensfragen zurück und konzentrieren uns ganz auf die Organisation der Schule und die Lerninhalte, zu denen keine religiösen Themen gehören. Den Hauseltern obliegt die Verantwortung in Erziehungs- und Betreuungsfragen. Sie sprechen die Sprache der Kinder und teilen ihren kulturellen Hintergrund.

Obwohl religiöse Überzeugungen, wie sie in Tibet vorherrschen, häufig zur Ausgrenzung und Diskriminierung blinder Menschen beitragen, gelingt es unseren Mitarbeitern, die Schüler davon zu überzeugen, dass sie ganz normale Kinder sind, die sich von anderen lediglich darin unterscheiden, dass sie nicht sehen können. Viele der blinden Kinder, die zu uns in die Schule kommen, gelten bei ihren Angehörigen und bei Geistlichen, die man zu Rate zieht, als von Dämonen besessen. Auch unsere Mitarbeiter glauben an die Existenz von Geistern und Dämonen. Und doch bemühen sie sich, ihre eigene Dämonenfurcht nicht auf die Kinder zu übertragen.

Wie klug unsere Hausmutter Anila mit dem Dämonenglauben umzugehen weiß, hat sich bei Zering-Yanzung gezeigt. Das Mädchen wurde im Alter von etwa vier Jahren in einem entfernten Dorf im osttibetischen Kham von zwei Händlern aufgefunden und nach Lhasa gebracht. Es war vollkommen verwahrlost, berichteten die Khampa. Der Vater war vor einigen Jahren gestorben, und die Mutter, auf der Suche nach einem neuen Mann, konnte das blinde Kind nicht brauchen. Die Khampa, die von unserer Schule in Lhasa gehört hatten, kleideten sie neu ein und brachten sie ins Langdünhaus. Sie waren sogar bereit, die Ausbildungskosten zu übernehmen.

So klein sie war, besaß Zering-Yangzung doch eine beeindruckende Energie. Bei jeder Gelegenheit schlug sie um sich, biss und kratzte. Nachts, wenn die Mädchen in den Betten lagen, redete sie mit verstellter Stimme: »Kommt mir bloß nicht zu nahe! Ich bin eine Hexe!« Alle Kinder, auch die älteren, hatten Angst vor ihr. Sie waren überzeugt, dass sie wirklich eine Hexe war, denn ihre verstellte Stimme klang so gar nicht nach einem vierjährigen Mädchen.

Einmal riefen sie mich mitten in der Nacht, als Zering-Yangzung gerade dabei war, die anderen Mädchen im Schlafsaal mit Flüchen zu belegen. Ich muss zugeben, dass auch mir zunächst ein kalter Schauer über den Rücken lief. Ich konnte mir beim besten Willen nicht erklären, wie ein Kind solch unheimliche Laute erzeugen konnte. Ratlos und auch wütend saß ich eine Weile vor dem zischenden Wesen und wusste mir nicht zu helfen. Daher war ich froh, als Anila dazukam. Anila wird niemals wütend. Ganz still setzte sie sich auf Zering-Yangzungs Bett und hörte sich ihre Verwünschungen erst einmal in aller Ruhe an. Dann nahm sie das kleine Mädchen auf den Schoß und redete mit beruhigenden Worten auf sie ein. Sie sei keine Hexe, sagte sie ihr, sie sei ein Kind wie alle anderen hier und habe jetzt viele Schwestern und Brüder, die sie nicht beschimpfen dürfe. Den anderen Kindern erklärte sie, dass Zering-Yangzung wohl niemals richtig geliebt worden sei. Weil man sich ihre Blindheit nicht anders erklären konnte, habe man sie einfach als Hexe bezeichnet. Wenn die anderen Kinder sie liebevoll behandelten, würde Zering-Yangzung begreifen, dass das nur Einbildung sei.

Dank Anilas Hingabe und Einfühlungsvermögen und auch durch die Bereitschaft der Schüler, Zering-Yangzung in Freundschaft aufzunehmen, wurde sie bald von dem Dämon, der in ihren eigenen Vorstellungen spukte, befreit.

Solange unsere Mitarbeiter in der Lage sind, ihren eigenen Glauben an die Existenz von Dämonen zugunsten der Kinder zurückzustellen, gibt es zwischen uns keine Konflikte. Sie lassen sich aber nicht immer vermeiden, wenn religiöse Überzeugungen mit den Interessen der Kinder kollidieren. Ich hatte den Schülern beigebracht, mit den Fingern zu schnippen und mit der Zunge zu schnalzen. Der Widerhall solcher kurzer Klicklaute ermöglicht es Blinden, die Größe eines Raumes abzuschätzen, offene Türen und Hindernisse zu lokalisieren oder festzustellen, ob eine Treppe hinauf- oder hinunterführt. Einer unserer Mitarbeiter wollte den Kindern das Schnippen und Schnalzen wieder ausreden, mit der Begründung, die kurzen hellen Laute riefen die Dämonen und Geister wach. Das ging zu weit! Fingerschnippen und mit der Zunge zu schnalzen sind wichtige Hilfsmittel zur Orientierung. Ich ermutigte die Schüler, diese Technik auch weiterhin einzusetzen und sich weder von Dämonen noch Mitarbeitern beirren zu lassen.

Ein anderer Konflikt zwischen uns und unseren Mitarbeitern konnte nicht so rasch bereinigt werden.

Kurz nachdem wir ins Langdünhaus übergesiedelt waren, bekam Meto einen epileptischen Anfall. Epilepsie ist in Tibet ein weitverbreitetes Phänomen. Oft sind derartige Anfälle pubertätsbedingt. Nach Meinung ausländischer und einheimischer Mediziner können aber auch Wurmerkrankungen, die vom Verzehr rohen Schweinefleisches herrühren, diese Krankheit auslösen.

Metos erster Anfall kam völlig überraschend. Paul und ich waren zu diesem Zeitpunkt nicht in der Schule. Die Kinder erzählten uns später, was geschehen war. Es war während des Morgengebets. Meto war bei den Rezitationen immer die Eifrigste und Lauteste, und als ihre Stimme plötzlich abbrach, wussten alle sofort, dass etwas nicht stimmte. Sie lag auf dem Boden, ganz still und zusammengekrümmt, und im ersten Schreck glaubten die Kinder, sie sei tot. Doch dann bewegte sie sich. Ihre Glieder fingen an zu zucken, und schließlich warf sie sich hin und her, schrie, schlug und trat um sich.

»Wir hatten furchtbare Angst«, erinnerte sich Bungzo. »Sie war so kräftig. Das war nicht Meto, die sich auf dem Boden hin und her drehte. Sie schrie in so merkwürdigen Tönen, und dann gurgelte sie, als würde sie ersticken. Ich habe so eine Stimme noch nie gehört. Nein, das war nicht Meto!«

Amala, die frühere Besitzerin des Langdünhauses, die damals noch bei uns wohnte, brachte Meto in ein nahe gelegenes Krankenhaus, wo sie sich allmählich wieder beruhigte.

Die ganze Schule stand noch lange unter Schock. Unbegreiflich für die Schüler und Hauseltern war die Tatsache, dass Meto nach ihrem Anfall zwar starke Kopfschmerzen hatte, sich sonst aber an nichts erinnern konnte. Alle waren sich einig, dass etwas von Meto Besitz ergriffen hatte. Besser, man schwieg darüber, sonst käme »es«, was immer es auch gewesen sein mochte, vielleicht wieder.

Es kam wieder. Bereits einen Monat später mit einem weitaus heftigeren Anfall. Und viele Male noch. Die Ärzte, die wir in Metos Fall konsultierten, waren sich zu Beginn nicht einig, ob es sich um eine reguläre Epilepsie handelte. Sie rieten uns, zunächst einmal Ruhe zu bewahren und den Verlauf der Anfälle und ihre Häufigkeit genau zu dokumentieren. Geeignete Medikamente gab es damals in Tibet noch nicht.

Die Kinder und Mitarbeiter blieben verunsichert. Für Metos Erinnerungslücken und für die ungeheure Kraft des Mädchens während der Anfälle gab es nur eine einzige Erklärung. »Es war ein Dämon«, so Norbu, »Meto hat ihn gesehen.«

Später erzählte er, was sich vor einem der Anfälle zugetragen hatte. Die Kinder hatten gerade im Innenhof der Schule gespielt, als Meto, die allein im Klassenzimmer saß, plötzlich zu schreien anfing. Die anderen liefen sofort herbei. Es war diesmal kein Anfall, doch Meto war erschrocken und aufgewühlt. Sie schluchzte und stammelte, es sei ihr ein Mädchen erschienen, das sich schweigend vor sie hingestellt habe. Meto, die noch über einen kleinen Sehrest verfügt, konnte das Mädchen genau beschreiben. Es habe glänzend schwarze lange Haare gehabt und sei ganz in Weiß gekleidet gewesen, mit weißem Rock und weißen Schuhen. Es habe vor ihrem Tisch gestanden, sie wortlos angesehen und dabei große Kaugummiblasen platzen lassen. Als Meto das fremde Mädchen fragte, ob sie ihm helfen könne, habe es nicht geantwortet und sei plötzlich lautlos verschwunden. Zurück blieb nur, das bestätigten Norbu und die anderen Kinder, ein leichter Pfefferminzgeruch, wie von einem Kaugummi.

Wir versuchten die Kinder zu beruhigen: Kaugummikauen sei doch eher undämonisch. Doch die Kinder blieben dabei: Für sie gab es einen unmittelbaren Zusammenhang zwischen der Erscheinung des Mädchens in Weiß und Metos epileptischen Anfällen. Das Mädchen sei, so behaupteten einige der Kinder, mehrmals im Torbogen des Schulhofes aufgetaucht, immer wenige Stunden vor einem erneuten Anfall.

Nur Kyila distanzierte sich vorsichtig: »Es stimmt, wir dachten das Mädchen sei ein Dämon, und davor haben wir uns gefürchtet. Aber vielleicht war es ja ein chinesisches Mädchen, das nur neugierig war und auf Metos Fragen nicht antworten konnte, weil es kein Tibetisch verstand.«

Es war an Sakadawa, Buddhas Geburtstag, als Meto erneut einen Anfall erlitt, der diesmal so schwer war und so lange andauerte, dass die Hauseltern sich nicht anders zu helfen wussten, als einen angesehenen Lama zu Rate zu ziehen.

Der Lama erschien umgehend mit allen wichtigen sakralen Werkzeugen, einer Glocke, einer Mala – einer mit 108 Kugeln besetzten Gebetskette – und einem Gebetbuch mit hölzernem Deckel. Allmählich füllte sich das Zimmer, in dem Meto von Krämpfen geschüttelt auf einer Decke lag, mit dicken süßen Weihrauchschwaden. Mir wurde ganz schummrig. Man blies der schreienden Meto den Weihrauch sogar direkt in die Nase, wodurch sie nur noch wilder wurde. Der Dämon, so sagte man mir, wehre sich gegen den heiligen Dampf. Und wie er sich wehrte! Er brüllte mit seltsam kehligen Lauten, bäumte sich auf, boxte mit Fäusten auf die Helfer ein, die sich bemühten, Metos Hände festzuhalten, und trat mit den Füßen nach dem Lama, der am Fußende stand, in einen rhythmisch auf- und abschwellenden Singsang verfiel und dabei hin und wieder die Glocke erklingen ließ. Der Glockenton, der uns allen schneidend in die Knochen fuhr, ließ Meto aufheulen, und ich konnte nur allzu gut nachfühlen, was es bedeuten musste, mit Kopfschmerzen solchen Klängen ausgesetzt zu sein. Immer wenn Meto darum kämpfte, sich aus den Händen zu befreien, die sie auf den Boden drückten, hörte ich, wie das hölzerne Gebetbuch krachend aufschlug und die Gebetskette des Lamas peitschend durch die Luft zischte. Dann wünschte ich mir inständig, es sei nicht Meto, auf die seine Instrumente niedersausten. »Es ist der Dämon, der jetzt ausgetrieben wird«, flüsterte man mir zu. Der Kampf zwischen Lama und Dämon tobte etwa eine Stunde, und dann schlief Meto vor Erschöpfung ein.

Fassungslos hatte ich die Szene verfolgt. Hätte ich nicht eingreifen und die heilige Zeremonie unterbrechen müssen? Aber, konnte ich einem so angesehenen Geistlichen die Tür weisen? Ich war verunsichert. Ich war auch empört über das, was hier geschehen war. Doch hatte ich ein Recht, empört zu sein? Schließlich wollte ich als Gast in diesem Land die Traditionen und kulturellen Bräuche achten. Auf der einen Seite fühlte ich mich schuldig, keine Hilfe geleistet zu haben, und andererseits scheute ich mich, die religiösen Gefühle meiner Mitarbeiter zu verletzen. Ich konnte diesen inneren Konflikt nicht lösen und ließ den Vorfall zunächst auf sich beruhen.

Dann traf es die damals 14-jährige Yudon. Sie hatte bei ihrer älteren Schwester übernachtet, die ganz in der Nähe, in der Altstadt Lhasas, wohnte. Yudons Schwester ließ mich holen, als sich der Anfall ankündigte. Zusammen mit einigen Mitarbeitern erreichte ich das kleine, bereits von Weihrauchqualm erfüllte Zimmer. Erschrocken stellte ich fest, dass man gerade dabei war, Vorbereitungen für die Ankunft des Lamas zu treffen. »Keinen Lama und keinen Weihrauch!«, bestimmte ich. »Holt einen Arzt!« Man tat, wenn auch nur widerwillig, was ich verlangte.

In den folgenden Wochen ließen meine tibetischen Mitarbeiter mich schmoren, wohl um mir zu signalisieren, dass ich mich einer unverzeihlichen Respektlosigkeit gegenüber den heiligen Bräuchen schuldig gemacht hatte.

Da ich mir nicht anders zu helfen wusste, bat ich Toan, einen befreundeten vietnamesischen Arzt und überzeugten Buddhisten, zwischen uns zu vermitteln. Toan gelang es, den Hauseltern und Lehrern verständlich zu machen, dass die medizinische Behandlung einer religiösen nicht widerspreche. Bei einem epileptischen Anfall müsse man in Zukunft den Patienten zunächst medizinisch behandeln. Erst wenn er sich von den Krämpfen erholt habe und wieder bei Bewusstsein sei, solle ein Lama alles Böse vertreiben.

Meto wird heute erfolgreich mit Medikamenten behandelt.

Yudon zog tatsächlich ein paar Tage später einen buddhistischen Lama zu Rate. Er gab ihr einen neuen Namen: Tendsin-Gungsang. Mit diesem Namen würden die Dämonen in die Irre geleitet. Und das hatte Erfolg. Es scheint so, als hätten die Dämonen tatsächlich von ihr abgelassen und verwirrt das Weite gesucht, obwohl Paul und ich ihren neuen Namen immer wieder vergaßen und sie auch heute noch mit »Yudon« anreden. Der Anfall war ihr erster und ist ihr letzter geblieben.

14

Kurz vor der Regenzeit ist der Sommer in Tibet sehr heiß und stickig. Die Mittagssonne brennt erbarmungslos von einem stets blauen Himmel und treibt die Einwohner Lhasas von den staubigen Plätzen und Straßen in die sonnengeschützten Innenhöfe der Altstadthäuser, wo sie Majang spielen und sich mit kühlem Chang erfrischen. Nur wenige trotzen der Hitze. Auf dem Barkhor sind es vor allem die Händler, die hinter Marktständen, vollgeladen mit Kitsch- und Kulturgut, stehen und auf kauflustige Touristen hoffen. Unter den Ständen verstecken sich meist rotznasige Straßenkinder. Sie hocken da und lauern auf vorbeiflanierende Hosenbeine, die sie aus dem Dunkel ihrer Schlupflöcher blitzschnell packen und nicht eher freigeben, bis ein paar kleinere Geldscheine den Besitzer wechseln. Einige Gläubige haben sich in die schattige Kühle der Tempel-Eingänge geflüchtet, um sich von ihrer beschwerlichen Pilgerfahrt in die heilige Provinzhauptstadt zu erholen. Sie drehen ihre Gebetsmühlen, während sie das allabendliche lebhafte Treiben herbeisehnen.

Auch Paul und ich sitzen hier im Schatten des Jokhang-Tempels und genießen die mittägliche Ruhe, fern von Schülern, Mitarbeitern und neugierigen Besuchergruppen. Dann aber kommt unerwartet Leben in die schläfrige Stille.

»Sharra, blinder Tölpel!«, schreit eines der Straßenkinder. Von diesem Ruf aufgeschreckt, springen die anderen Kinder aus ihren Verstecken. Die Pilger halten inne in ihren Gebeten, und die Händler kommen neugierig hinter ihren Warenbergen hervor.

»Xiaze lai le! Da kommt 'ne Blinde«, ruft einer, andere lachen, wieder andere schnalzen leise mit der Zunge und murmeln: »Nyingdje, nyingdje, schaut doch nur, die Arme.« Alle starren auf ein

Mädchen, das, einen weißen Stock mit energischen Bewegungen vor sich herschwingend, mit fliegenden Zöpfen und flatternden Jackenzipfeln an den Schaulustigen vorbeifegt, scheinbar unberührt von den teils mitleidigen, teils gehässigen Zurufen. Die Leute laufen ihm nach, drängen sich um das Mädchen, versuchen es festzuhalten und begaffen es wie ein seltenes Tier.

Plötzlich ruft einer der Händler: »Die ist ja gar nicht blind!«

»Hoho«, höhnt ein Pilger, »die will nur unser Mitleid!«

Das Mädchen bleibt abrupt stehen und dreht sich langsam und drohend zu der jetzt größer werdenden Menschengruppe um. Es ist Bungzo. »Kha tshum! Gub tshum!«, zischt sie, und es klingt wie ein Fluch über die Menschen, die plötzlich verstummen und erschrocken zurückweichen. Doch Bungzo setzt nach: »Was brauch ich euer Mitleid! Kha tshum! Gub tshum! Haltet eure Mäuler und eure Hintern zu, denn das, was ich bin oder nicht bin, geht euch gar nichts an!« Mit einer schnellen und wütenden Drehung, bei der ihr Stock zischend durch die Luft peitscht, wendet sie sich wieder um und lässt betreten schweigende Menschen zurück.

Ich kann mich noch gut an den Tag erinnern, als Bungzo zu uns an die Schule kam. Das neue Schulgebäude war noch nicht fertiggestellt, und wir unterrichteten die Kinder in einem buntgeschmückten Nomadenzelt im Hinterhof des Langdünhauses. Anila hielt das neue Mädchen an der Hand und brachte es zu den anderen Schülern, die gleich neugierig aus dem Zelt gestürzt kamen. Bungzo wirkte zunächst schüchtern und verloren unter den vielen Kindern, die sie umringten und mit Fragen bombardierten. Sie antwortete auf keine der Fragen und sagte auch sonst nicht viel. Doch dann mussten wir erfahren, was sich in dem kleinen, schüchternen Mädchen verbarg. Blitzschnell machte es sich von Anila los, beugte sich hinunter, sammelte etwas vom Boden auf, und ehe wir uns versahen, hagelten kleine Steine wie

Eisregen auf uns nieder. Manche Kinder waren weniger überrascht als ich und entfachten einen Gegenangriff.

»Ma yü a, aufhören!«, rief ich wütend. »Was fällt euch ein!« Während die anderen Kinder schnell von ihr abließen und im Zelt Zuflucht suchten, dachte Bungzo nicht daran, so einfach aufzugeben. Ich hätte sie nehmen und kräftig schütteln mögen und war dankbar für die Anwesenheit Anilas, die sich, wie so oft, einer anderen, sehr viel wirksameren Methode bediente. Sie hielt mit ihren großen Händen das zappelnde Wesen fest an sich gedrückt und redete ruhig auf Bungzo ein.

»Warum tust du das?«, hörte ich Anilas Stimme.

Unter Schluchzen brachte Bungzo hervor: »Sie sind doch blind, und Blinde bewirft man mit Steinen.«

Aus einem Interview mit Bungzo, Jahre später:

Als ich klein war, habe ich viel geweint. Ich war traurig und wütend darüber, dass ich nicht dazugehörte und dass ich anders war als die anderen Kinder in meinem Dorf. Ja, ich war anders und ich bin heute immer noch anders, und wir alle, Kyila, Yudon, Tendsin und Dachung und all die Kinder im Langdünhaus werden immer anders sein! Aber heute macht es mir nichts mehr aus. Was ist schon dabei, anders zu sein!

Bevor ich nach Lhasa in die Schule kam, hatte ich nur wenige Freunde. Die meisten Kinder hänselten mich und warfen Steine nach mir. Damals war ich oft einsam, aber heute ist es so einfach, Freunde zu finden.

Ich komme aus dem Osten Tibets, aus dem Gompo-Distrikt. Es heißt oft, das sei eine der schönsten Gegenden Tibets. Dazu kann ich nicht viel sagen. Ich glaube, die Leute finden die Gegend besonders im Sommer schön. Aber im Winter schneit es so viel, und es ist bitterkalt.

In unserem Dorf wohnen nur 17 Familien. Unser Haus ist

eines der größten im Dorf und wie die anderen aus bunten Steinen erbaut. Es gibt einen großen Innenhof, ein Zimmer für die Familie, eine Werkstadt, in der mein Vater Holzarbeiten macht, und einen Schuppen, in dem der Chang und Futter für die Pferde und Kühe gelagert sind. Unser Haus ist angeblich sehr schön. Aber auch dazu kann ich nicht viel sagen, denn ich erkenne es nur an dem großen stinkenden Misthaufen vor dem Hoftor. Hier habe ich zusammen mit meiner Großmutter, meinen Eltern und meinem jüngeren Bruder gewohnt.

Der Name Bungzo bedeutet »Hunderttausend wundervolle Seen«. Das ist schon komisch, denn eigentlich mag ich Wasser überhaupt nicht. Ich habe Angst vor tiefem Wasser, und deshalb habe ich niemals schwimmen gelernt. Seen und Flüsse mögen wunderschön sein, ich aber bleibe lieber an Land.

Ich kann noch ein bisschen sehen. Wenn Menschen sehr nah vor mir stehen, erkenne ich ihre Gesichter. Befinden sie sich aber weiter weg, nehme ich sie erst wahr, wenn sie etwas sagen oder ein Geräusch machen. Normalerweise kann ich sagen, ob es bewölkt ist oder ob die Sonne scheint. Ganz besonders gut sehe ich Farben. Wenn ich an meine Heimat denke, dann ist alles grün, denn unser Dorf liegt mitten im Wald, und der Wald ist dunkelgrün. Auch die Wiesen sind grün, ein bisschen heller vielleicht, und grün sind auch die vielen Flüsse und Seen. Die Wasserfälle sind weiß, und die Blumen und Pilze überall an den Berghängen haben so viele Farben!

Wenn gesät und geerntet wird, arbeitet mein Vater hauptsächlich auf dem Feld. Sonst macht er Schreinerarbeiten. Meine Großmutter steht immer sehr früh auf, um die Tiere auf die Weide zu bringen. Wenn sie zurückkommt, macht sie Tsampabrei und Buttertee. Und dann sitzt sie draußen und genießt die Sonne.

Früher, als ich noch zu Hause wohnte, war ich viel allein. Wenn meine Großmutter und die anderen zum Yak-Hüten gingen, blieb ich als Einzige zurück. Ich habe dann das Haus sauber gemacht, die anderen Tiere gefüttert und danach im Garten gesessen und den Käse bewacht. Der Käse wird immer zum Trocknen ausgelegt, und Krähen lieben getrockneten Käse. Wenn sie ihm zu nahe kamen, habe ich sie mit Steinen verjagt.

Ich habe mir immer so sehr gewünscht, in die Schule gehen zu können. Ich hörte so oft die anderen Kinder morgens auf dem Schulweg lachen und pfeifen. Besonders wütend wurde ich, wenn sie dann wieder zurückkamen, mir ihr Lesebuch vors Gesicht hielten und mich aufforderten, daraus vorzulesen. Manchmal spielte ich ganz für mich allein Schule. Ich sammelte flache dunkle Steine und kratzte mit hellen Steinchen darauf herum. Das gab dann so merkwürdige Linien, und ich tat so, als wären es Buchstaben. Wenn die anderen Kinder das sahen, lachten sie mich aus, nahmen mir die Steine weg und bewarfen mich damit.

Eine Augenärztin erzählte mir von der Schule in Lhasa. Dort konnte ich dann lesen und schreiben lernen. Es fiel mir leicht zu lernen, und es war schön zu wissen, dass ich nicht dümmer war als andere Kinder. Ich habe gelernt und gelernt, manchmal sogar nachts. Ich war so glücklich! Alles hat so viel Spaß gemacht.

Dann hatten wir zum ersten Mal Neujahrsferien, und ich freute mich so sehr, wieder nach Hause zu fahren. Nicht, weil ich meine Familie so sehr vermisste, sondern aus einem ganz anderen Grund: Ich nahm mein Braillebuch mit und hielt es den anderen Kindern vor die Nase. Und dann forderte ich sie auf: »Lest mir doch mal vor, wenn ihr so gut lesen könnt!« Natürlich konnten sie es nicht, und sie waren sehr beeindruckt, dass ich diese Schrift beherrschte. Von da an wollten die Kinder alles wissen: was ich mit den blinden Kindern spielte, welche Lieder wir sangen und wie das Essen schmeckte. Manchmal machten wir dann einen kleinen Wettbewerb, und dann schnitt ich nur in

Mathematik schlechter ab als die anderen. Dafür kann ich mit dem Computer umgehen, und das kann selbst der Dorfoberste nicht.

Ich denke, dass ich heute gleichberechtigt mit den anderen Kindern bin. Viele sehende Kinder in meinem Dorf gehen nicht mehr in die Schule. Sie hatten einfach keine Lust mehr zu lernen und arbeiten jetzt. Das verstehe ich nicht. Wenn wir Blinde die Möglichkeit haben, zu lernen, dann verschwenden wir sie nicht. Wir nutzen jede Gelegenheit.

Ich bat Bungzo, das Internat in Medrogonkar, das sie jetzt besucht, mit dem Langdünhaus zu vergleichen:

Die Lehrer im Langdünhaus sind viel freundlicher als die in der normalen Schule. Manchmal brachten sie uns etwas zu essen mit, und dann machten wir ein Picknick während der Unterrichtszeit! Sie erzählten uns Geschichten und ermunterten uns, uns selbst welche auszudenken. Die Lehrer in Medrogonkar sind oft so streng, dass wir die Lust am Lernen verlieren. Sie sind auch furchtbar ungeduldig, und es scheint sie meist nicht zu interessieren, ob wir etwas verstanden haben.

Das Schöne an der normalen Schule ist: Da haben wir viele Lehrbücher für die verschiedenen Fächer. Das ist ganz praktisch, denn wenn man im Unterricht mal nicht zugehört hat, braucht man nur nachzulesen. Im Langdünhaus war das anders, da haben wir mehr gesprochen oder etwas getan, und dabei haben wir dann gelernt.

Die Schule in Medrogonkar ist so groß, dass ich nicht alle Kinder kenne, nur die aus meiner Klasse und ein paar aus den höheren Klassen. Aber befreundet bin ich nur mit den Kindern aus meinem Schlafsaal und mit denjenigen, die in meiner Nähe sitzen und mir manchmal helfen.

In der normalen Schule gibt es sechs Klassen, im Langdün-

haus nur drei mit jeweils zehn oder zwölf Kindern. Da ist die »Tsitsi Dsindra«, die »Mäuse-Klasse« zur Frühförderung für die Kleinsten, die »Dah Dsindra«, die »Tiger-Klasse« für die neuen Schüler, die älter als sieben Jahre alt sind. Und dann gibt es die »Rebong Dsindra«, »Hasen-Klasse« für die Kinder, die auf den Besuch der Regelschule vorbereitet werden.

An den Wochenenden fahre ich manchmal nach Lhasa, und deshalb kenne ich auch alle neuen Schüler. Besonders mag ich die Kleinen, vor allem die Zerings: Zering-Yudon, die immer gerne wissen will, was für Sachen die Lehrerinnen anhaben, Zering-Lhamo, die so gerne tanzt, und auch Zering-Yangzung; die sind alle ein bisschen frech und machen viel Quatsch, aber sie sind auch sehr lustig. Ich glaube, sie sind ein bisschen so wie ich selbst, als ich noch klein war.

Bungzo erblindete mit vier Monaten. Wie Gyendsen und Zering-Yangzung glauben auch sie und ihre Familie, dass sie von einem Lu, einem Wasserdämon, verflucht sei. Wie das geschehen konnte, hat sie mir einmal erzählt, als sie noch viel jünger war:

Eines Tages ging mein Onkel zum Fischefangen. Er fing zwei große Fische und warf sie zu Hause in einen Wasserbehälter. Beim Kochen schöpfte meine Amala daraus Wasser. Aus Versehen erwischte sie auch die Fische, und die fielen auf den Herd. Meine Amala hat die Fische überall gesucht, doch sie konnte sie nirgendwo finden. Vielleicht waren sie im Herdfeuer verbrannt. Auf jeden Fall sagte man hinterher, dass dadurch die Götter beleidigt worden seien. Denn unmittelbar danach bin ich erblindet. Eigentlich war ja mein Onkel daran schuld, weil er die Fische gefangen hatte, doch ich musste dafür büßen.

15

Besucher unserer Schule staunen oft darüber, wie viel Freiheit wir den Kindern lassen. Viele sind begeistert, denn sie sehen, welche Entfaltungsmöglichkeiten wir ihnen damit geben. Es gibt aber auch Kritik. Hin und wieder wird uns vorgeworfen, wir machten aus dem Langdünhaus eine kleine Oase, fern aller Realität. Kinder, die sich einmal an die familiäre Atmosphäre gewöhnt hätten, würden sich nicht mehr so leicht in die Gesellschaft einfinden können. Ähnliche Bedenken hatten auch wir, und daher entwickelten wir Integrationsprojekte für die Zeit nach der Ausbildung an unserer Schule. Im Jahr 2002 waren die ersten Schüler so weit, einen Beruf zu ergreifen oder auch in eine reguläre Schule zu gehen. Während wir mit Schulen, möglichen Arbeitgebern und zuständigen Regierungsstellen über integrative Maßnahmen verhandelten, bereiteten wir die Schüler auf den Sprung in ein eigenständiges Leben vor.

Yudon, Gyendsen und Kyila freundeten sich erstaunlich schnell mit dem Gedanken an, bald das Langdünhaus zu verlassen. Nyima und besonders Bungzo aber protestierten.

»Ich will nicht raus«, erklärte Bungzo trotzig, »ich habe keine Lust auf sehende Menschen.«

»Warum nicht? Habt ihr etwa Angst?«

»Ozi«, Nyima und Bungzo seufzten, »nein, wir haben keine Angst vor der Welt draußen, es ist nur manchmal so erniedrigend!«

»Was meint ihr damit?«

»Ich merke, wie sie uns anstarren, wenn wir an ihnen vorbeilaufen, und ich habe es so satt, dass sie uns beschimpfen.« Bungzo brachte gewöhnlich die Sorgen der Mitschüler auf den Punkt. Sie saß da, ein Vulkan aus Wut, und äffte die Passanten nach, ganz so wie Paul und ich sie auf dem Barkhor erlebt hatten: »›Nyingdje, nyingdje! Schau doch nur, die Blinden, wie bedauernswert!‹ Und dieses mitleidige Geschnalze! Nein, solange sie sich nicht ändern, bleibe ich hier!«

Nyima murmelte zustimmend. Doch Gyendsen entgegnete: »Wie sollen sie etwas begreifen, wenn du es ihnen nicht erklärst? Wenn du dich hier versteckst, werden sie niemals erfahren, was du wirklich kannst!«

Ich hörte, wie sie auch untereinander diskutierten, und ich freute mich, dass die Vorbehalte der Mädchen nach und nach einer ganz neuen Einstellung wichen. In der Tat gelang es Yudon, Gyendsen und Kyila weitaus besser, als es uns jemals gelingen würde, Nyima und Bungzo davon zu überzeugen, dass das Leben in der Welt der Sehenden ein großes Abenteuer sein würde.

Und nach vielen Gesprächen unter Tränen und trotzigem Wutgeheul schienen sie sich einig. Ich hörte zu meinem Erstaunen, wie die Abgänger abends im Schlafsaal den anderen Kindern erklärten: Wir müssen raus, um die Menschen davon zu überzeugen, dass wir dazugehören und viele der Dinge tun können, die sie auch tun, nur auf unsere eigene Weise …

Von nun an konnte es für Gyendsen, Bungzo, Yudon und Nyima nicht schnell genug mit dem Besuch der Regelschule gehen. Sie besorgten sich die dort verwendeten Schulbücher und übersetzten sie, unterstützt von unseren Lehrern, in Blindenschrift.

Sechs Wochen vor Schulbeginn waren schon alle Taschen gepackt und alle Pläne geschmiedet. Dass sie ein spezieller Lehrer im Internat bei den Schulaufgaben unterstützte, lehnten sie ab. Wenn sie Hilfe brauchten, würden sie sich an ihre Klassenkameraden wenden und sich dafür mit ein paar extra Englischstunden revanchieren.

Und dann, wie aus heiterem Himmel, änderte sich die Stimmung an unserer Schule. Die Jugendlichen schienen plötzlich missmutig und traurig. Sie schlurften mit hängenden Köpfen über den Innenhof oder saßen schweigend zusammen. Phasen allgemeiner Lustlosigkeit hatte es immer mal wieder gegeben, deshalb schenkten wir dem Stimmungswandel zunächst nicht allzu viel Aufmerksamkeit. Doch irgendwann hielten wir es nicht mehr aus und setzten uns zu einer Gruppe von Schülern.

»Was ist los?«, fragten wir.

»Azii«, stönte Yudon, »es ist nur die Zukunft, die uns Sorgen macht.«

»Die Zukunft?«, wunderte sich Paul. »Ich dachte, das hätten wir erledigt.«

»Jetzt ist sie aber wieder dunkel«, meinte Nyima.

»Warum denn, ihr hattet doch so viele Pläne!«

»Es nützt ja alles nichts«, grummelte Bungzo, »wir können lernen, so viel wir wollen, wir werden sowieso als Bettler auf dem Barkhor landen.« Bungzo schluckte. »Ich will nicht betteln. Ich will zumindest ein Dach über dem Kopf. Dann werde ich eben Toilettenfrau.«

»Bitte, was?« Paul versuchte das Ganze ins Lächerliche zu ziehen. »Könnt ihr euch so etwas vorstellen? Bungzo als Toilettenfrau? Sie ist bestimmt die erste und einzige Toilettenfrau in ganz Tibet, die ihre Buchführung mit dem Computer erledigt und sich mit ihren Kunden in drei Sprachen unterhalten kann.«

Bungzo fing an zu weinen, und erst jetzt erkannten wir den Ernst der Lage. Uns kam ein Verdacht. »Wer hat euch denn so was erzählt?«

Die Jugendlichen schwiegen verlegen. Doch dann platzte es aus Yudon heraus. Es war der Englischlehrer Sangpo, der selbst blind war. Er hatte ein paar Tage zuvor erklärt, es sei unfair, Blinden falsche Hoffnungen zu machen. Denn sie würden ja doch auf der Straße landen.

Was war nur in Sangpo gefahren? Wie kam er dazu, solch dummes Zeug zu reden und die Kinder derart zu entmutigen?

Sangpo war auf Empfehlung eines amerikanischen Augenarztes zu uns gestoßen. Alle mochten ihn. Er sprach fließend Englisch, machte einen ausgezeichneten Unterricht und verbreitete im Langdünhaus eine ausgesprochen lockere Stimmung. Sangpo war ein paar Jahre zuvor bei einem schweren Autounfall erblindet. Doch er schien nicht verbittert. Er habe Glück gehabt, dass er überhaupt überlebt habe, und nun freue er sich umso mehr, eine so schöne und sinnvolle Tätigkeit gefunden zu haben. Er erzählte gerne von seiner Schulzeit in Indien und erfand farbige Phantasiegeschichten, die im Dschungel spielten, von Tigern und Elefanten und all den Tieren, die unsere Kinder nicht kannten.

Doch irgendwann, wie wir nun erfuhren, hatte Sangpo angefangen, auf einzelnen Schülern herumzuhacken. Wer sich etwas Besonderes für die Zukunft vornahm, den verspottete er vor der ganzen Klasse. Yudon und Kyila hatten die Idee, eine Abendschule zu eröffnen, in der sich jedermann in englischer Konversation üben konnte. Denn in Tibet lernt man in der Schule zwar Englisch zu lesen und zu schreiben, nicht aber, die Sprache im Gespräch auch anzuwenden. Yudon und Kyila haben, wie auch viele der anderen älteren Schüler, im Kontakt mit den Besuchern unseres Projekts gelernt, sich freiheraus auf Englisch zu unterhalten. Wir unterstützten ihre Idee und glaubten, dass sie mit ihrer Abendschule Erfolg haben könnten. Die Mädchen waren glücklich und gingen mit Feuereifer ans Werk. Sie schmiedeten Pläne, wie sie die Schule einrichten wollten, sammelten Übungstexte und erstellten bereits eigene Unterrichtskonzepte.

Sangpo hatte ihnen jedoch einen gehörigen Dämpfer verpasst. Er machte sie vor allen Schülern runter: Sie sollten mit dem Träumen aufhören. Die Sehenden würden sie doch nur auslachen, und ihr Englisch sei ohnehin nicht gut genug, auch wenn Paul und Sabriye das behaupteten. Es war für Kyila und Yudon erniedrigend, vor den anderen so bloßgestellt zu werden, und sie begannen an sich selbst zu zweifeln.

Dann behauptete Sangpo auch noch, die Schule würde wohl nicht mehr lange bestehen, und er überlege, eine eigene Schule aufzumachen. Das verunsicherte die Kinder und Jugendlichen noch mehr, und die Zuversicht, die sie sich erworben hatten, bekam einen gehörigen Knacks. Besonders den vier Jugendlichen, die kurz vor der Integration in die Regelschule standen, machte Sangpo richtig Angst. Er lud sie zum Tee ein und erklärte ihnen, wie unfair es von uns sei, sie einfach so wegzuschicken: »Was soll das überhaupt mit all der Lernerei, wo doch ganz klar ist, dass es uns Blinden gar nichts nützt! Ihr werdet sowieso eines Tages als Bettler auf dem Barkhor landen.«

Später erinnerte sich Kyila: »Wir glaubten nicht mehr an uns. All die Jahre, in denen wir gelernt und uns auf die Zukunft vorbereitet hatten – war das alles umsonst gewesen? Yudon und ich haben uns oft gefragt, warum Sangpo uns das angetan hat. Vielleicht war er neidisch. Wir alle lernten doch so gerne. Vielleicht fürchtete er, dass wir bald besser Englisch konnten als er. Was es auch immer war, eines haben wir dabei gelernt, dass nämlich auch Lehrer Unsinn reden können.«

Uns war klar, dass wir schnell reagieren mussten. Und so entstand die Idee der »Traumfabrik«. Wir baten die Schüler, ihren schönsten Zukunftstraum zu entwerfen. Dabei sollten sie nicht lange überlegen, was sie gut oder weniger gut konnten. Es ging nur darum, was sie sich wirklich wünschten. Wir gaben ihnen eine Woche Zeit, und dann sollten sie ihren Lebenstraum vor den Mitschülern vortragen.

»Wir sollten uns also unsere Zukunft ausmalen«, erinnerte sich Bungzo, »und das machte uns zuerst gar nicht froh. Wir wollten nicht an die Zukunft denken. Wir hatten Angst vor dem Moment, da wir die Schule verlassen mussten. Alle unsere Pläne waren hinfällig geworden. Warum sollten wir eine ganze Woche darauf verschwenden, über etwas so Hoffnungsloses wie die Zukunft nachzudenken?«

Die Traumfabrik kam nur schleppend in Gang. In den ersten Tagen saßen die Schüler an ihren Braille-Schreibmaschinen, vor leerem Papier, tief in Gedanken versunken. Doch dann, fast unmerklich, änderte sich die Stimmung, und die Schüler wurden von Tag zu Tag lebhafter und aktiver, bis plötzlich das Langdünhaus zu brodeln begann. Vom Traumfieber angesteckt, entwickelten plötzlich alle Schüler, aber auch die Hauseltern, das Küchenpersonal, die Lehrer und selbst die kleinsten Kinder ihre eigenen Träume. Fieberhaft arbeiteten sie tagsüber und sogar nachts in ihren Betten, hämmerten auf ihren Schreibmaschinen oder lernten ihre Reden auswendig. Manche tauschten ihre Träume aus, andere wiederum betrachteten ihren Traum als ein großes Geheimnis, das sie erst lüften wollten, wenn der große Tag gekommen war.

Endlich saßen wir alle zusammen im festlich geschmückten Versammlungszimmer. Die Schüler genossen die feierliche Atmosphäre bei Ölgebäck und süßem Milchtee. Es war fast wie beim Neujahrsfest. Alle hatten etwas vorbereitet. Die einen hielten eine Rede, frei vorgetragen oder vorgelesen, andere hatten ein Lied komponiert, das sie uns vorsangen oder auf einer Kassette vorspielten. Verschwunden war all die Niedergeschlagenheit, die noch vor wenigen Tagen die Schule beherrscht hatte. Alle waren wie befreit und lachten und schrien vor Begeisterung über besonders einfallsreiche Träume. Jeder Vortrag wurde bejubelt, und niemand wurde ausgelacht, weil er sich vielleicht »verträumt« hatte. Und alle Träume hatten eines gemeinsam: Jeder wollte einmal viel Geld verdienen und mit dem Geld etwas Großes bewirken. Manche wollten Schulen gründen, andere Waisenheime oder Altersheime. Doch die Pläne, auf welche Weise sie das viele Geld verdienen wollten, waren recht unterschiedlich.

Tashi wollte die größte medizinische Massageklinik Lhasas

eröffnen, Bungzo plante ein intensives Studium in Englisch oder Chinesisch und dann, so erklärte sie in einem schwungvollen Vortrag, wollte sie Übersetzerin werden.

»Ich werde Geschäftsmann«, erklärte Gyendsen zuversichtlich. »Was ich verkaufen werde, weiß ich noch nicht. Vielleicht Braille-Bücher, denn man sollte schon das verkaufen, was man selbst gerne hat. Und wenn ich dann reich bin, werde ich die Finanzierung unserer Schule übernehmen.«

So wie wir Gyendsen kennen mit seinem scharfen Verstand und seinem Charme, den er ausspielt, wenn er etwas erreichen will, können wir ihn uns ganz gut als smarten »Business-Mann« mit Anzug und Krawatte vorstellen. Paul und ich sehen uns schon in seinem Vorzimmer sitzen und schüchtern an einem Finanzantrag basteln. Irgendwann geht die Tür auf, seine Sekretärin kommt heraus und verkündet gnädig: »Herr Gyendsen hat jetzt Zeit für Sie!«

Kyila träumte davon, durch Europa zu reisen und viele Sprachen zu lernen. »Ich werde überall von unserer Schule erzählen. Ich möchte den Menschen schildern, wie wir in Tibet leben, und ich werde neue Pläne machen, wie blinde Kinder in Tibet, aber auch anderswo in der Welt unterrichtet werden können.«

Höhepunkte dieses Tages waren Norbus und Jampas Auftritte. Norbu hatte einen Sprechgesang komponiert, ein imposantes Werk, mit Buschtrommeln, Fanfaren und recht beeindruckenden Hintergrundgeräuschen, die wohl auch auf die Verstaubtheit des Tonbandes zurückzuführen waren. Übersprochen war das Ganze in einer Art Rap, in dem Norbu mit piepsiger Stimme, aber äußerst rhythmisch seine Pläne deklamierte. Er wollte lernen, wie man Käse macht, dann eine Fabrik errichten und schließlich Käsefabrikant werden. Mit dem Geld wollte er seine Familie unterstützen, ihr ein neues Haus bauen. Und dann auch noch eine weitere Blindenschule errichten.

Jampa, Kyilas Bruder, plante ein Teehaus in Lazze, auf dem

Weg nach Kathmandu. Einen schönen Garten sollte es haben, mit duftenden Blumen und schattigen Bäumen. Es sollte ein Erholungsort werden für alle von Höhenkrankheit Geplagten. Er und sein blinder Zwillingsbruder Dorje wollten indischen Tee und Buttertee servieren und dazu kleine Leckereien anbieten. »Die Touristen, die Bauern und Lastwagenfahrer werden alle nur zu uns kommen. Denn eines wird anders sein als in all den anderen Teehäusern. Und das ist«, Jampa machte eine bedeutungsschwere Pause, und alle hielten erwartungsvoll den Atem an, »das ist die saubere Toilette.«

»Seit dieser Woche«, erinnerte sich Kyila später, »war die Zukunft nicht mehr bedrohlich. Manche konnten es kaum erwarten, endlich rauszukommen und ihr Leben selbst in die Hand zu nehmen. Ja, wir mochten die Schule, aber es war so schön, eigene Pläne zu haben.«

16

Auch Paul und ich hatten einen Traum – eigentlich schon von Anfang an: Neben unserer Schule für blinde Kinder wollten wir eine Trainingsfarm für späterblindete Bauern und Nomaden aufbauen. Hier sollten blinde Erwachsene mittels spezieller Techniken in Ackerbau, Viehzucht, in der Käseherstellung und verschiedenen Handwerksberufen ausgebildet werden. Irgendwo in Tibet, stellten wir uns vor, sollte ein kleines Landgut entstehen, mit saftigen Wiesen, fruchtbaren Äckern, Obstbäumen und kleinen Wasserläufen, mit Hühnern, Schweinen, Yaks und Pferden, mit Werkstätten und einer kleinen Käserei.

»Romantische Träumerei!«, kam es von Entwicklungshelfern in Lhasa.

»Bleibt auf dem Teppich«, tönte es von Deutschland her.

»Könnte es sein«, spottete Philippe, der Arzt des Schweizer Roten Kreuz in Shigatse, »dass ihr selbst gerne reitet und gerne guten Käse esst?«

Während die meisten Westler unser Vorhaben mit Skepsis aufnahmen, waren die lokalen Behörden begeistert. Bislang gab es in Tibet keine berufliche Ausbildungsstätte für blinde Erwachsene, aber der Bedarf war groß.

Besonders in den Höhenregionen leiden viele Bauern und Nomaden an Augenerkrankungen, die durch die hohe UV-Strahlung verursacht werden. Mit Ackerbau und Viehzucht kennen sich diese Menschen natürlich aus; auf der Trainingsfarm sollten sie sich neue Techniken und Methoden aneignen, um weiter arbeiten zu können.

Für die Farm benötigten wir ein geeignetes Grundstück. Das sei kein Problem, so die tibetischen Behörden. Sobald wir die

Finanzierung gesichert hätten, wollte man uns so schnell wie möglich ein Stück Land zur Verfügung stellen.

Nach einiger Zeit hatten sich Spender gefunden, die den Bau von Gewächshäusern, Werkstätten und der Käserei unterstützen wollten. Wir waren bereit, das Projekt anzugehen. Aber die Behörden waren noch nicht so weit. Nur Geduld, hieß es. Man brauche noch ein bisschen, um ein ganz besonders schönes Grundstück zu finden. Geduld ist nicht gerade unsere Stärke. Dennoch klopften wir erst nach einer zweijährigen Wartezeit erneut an die Tore der Entscheidungsträger, um sie an ihr Versprechen zu erinnern.

Es dauerte dann noch mal eineinhalb Jahre, bis endlich Bewegung in die Sache kam. Als ein interessierter Sponsor seinen Besuch ankündigte, hatte man plötzlich ein Grundstück gefunden. Man präsentierte uns und dem Geldgeber ein kleines Stück sumpfiger Wiese, direkt an einer Hauptverkehrsstraße. In der Nähe gab es Wiesen, auf denen schon Pferde und Kühe weideten. Da könnten wir doch bestimmt auch unsere Tiere unterbringen. Wann wir denn mit dem Aufbau der Farm beginnen könnten, erkundigte sich Paul. Nur Geduld, sobald alles vermessen sei, könnten wir loslegen. Die Vermessungen schienen es in sich zu haben, denn ein weiteres Jahr lang hieß es auf monatliche Anfragen: »Es kann nur noch ein bis zwei Wochen dauern.«

Die Sponsoren wurden ungeduldig; einer war bereits abgesprungen. Auch wir sahen unseren Traum bereits in Vermessungsbürokratien versiegen, als wir überraschend zu einer erneuten Besprechung gerufen wurden. Nun sei es endlich so weit, allerdings gebe es einen klitzekleinen Haken. Da das Grundstück von der Regierung zur Verfügung gestellt werde, hätten wir keinerlei Planungs- und Entscheidungsbefugnis. Die finanziellen Mittel für Gewächshäuser und Käserei sollten wir aber getrost den Behörden überlassen, man würde die Projekte schon in unserem Sinne durchführen.

Die Sponsoren liefen Sturm; sie wollten das Geld für das Projekt nur uns persönlich anvertrauen. Wir versprachen, uns nun selbst um ein Stück Land zu bemühen; sonst wollten wir das ganze Projekt lieber abblasen. Zusammen mit unserem lokalen Partner, der tibetischen Behindertenorganisation, machten wir uns auf die Suche. Das war nicht so einfach, denn die meisten Landbesitzer mochten keine Geschäfte mit Langnasen machen.

Dann aber kam uns der Himmel zu Hilfe. Eines schönen Tages besuchte uns ein Mönch und bat uns, ein kleines Stück Land außerhalb Lhasas zu begutachten. Das Grundstück gehörte zu einem Kloster und sollte zu einem günstigen Preis an eine Hilfsorganisation abgetreten werden. Es wäre dem Kloster sehr recht, wenn das Gelände zum Wohle der Blinden Tibets genutzt würde, denn es handele sich dabei um einen heiligen Ort, der bereits dem 13. Dalai-Lama zur Erholung gedient habe. Nun sei es aber schon länger nicht mehr gepflegt worden, und das Kloster habe keine Möglichkeiten, sich um die Instandhaltung zu kümmern.

Noch am gleichen Tag besuchten wir den heiligen Ort und waren wie verzaubert. Genauso hatten wir es uns in unseren kühnsten Träumen ausgemalt. Es war ein kleines Paradies, eingebettet in ein grünes Tal, ein verwilderter Park voller Vogelgezwitscher mit duftenden Wildblumen, blühenden Bäumen und kleinen Bächen, die sich plätschernd durch die Wiesen schlängelten. Vom ersten Tag an setzten wir all unsere Hoffnungen auf dieses kleine Stückchen »Wunderland«. Noch bevor Verträge formuliert und alle bürokratischen Hindernisse aus dem Weg geräumt waren, schmiedeten wir schon Pläne, wie wir all unsere Ideen verwirklichen konnten.

Die Ernüchterung ließ nicht lange auf sich warten. Ganz zerknirscht meldete sich der mildtätige Mönch wieder bei uns und erklärte, es habe sich herausgestellt, dass die Vergabe des Grundstücks aufgrund eines Gesetzes verboten sei; daher müsse alles wieder abgeblasen werden.

»Ein Gesetz?«, wunderte sich Paul. »Wo steht so ein Gesetz? Das sollten wir uns doch mal genauer ansehen.«

»Oh nein!«, rief der Mönch erschrocken aus, »Gesetze darf man nicht sehen, die sind streng geheim!«

Wir hatten schon fast aufgegeben, als Philippe uns fragte, ob wir noch auf der Suche seien. Es gebe da ein 16 Hektar großes Stück Land aus den Besitztümern des Panchenlama. Mitte der achtziger Jahre war es der lokalen Hilfsorganisation Tibet Development Fund zur Verfügung gestellt und 15 Jahre lang als Landgut einer Schule für tibetische Medizin genutzt worden. Jetzt sollte es einem anderen Hilfsprojekt übergeben werden. Paul war sofort begeistert. Er kannte das Grundstück. Vor einigen Jahren hatte er im Auftrag des Schweizer Roten Kreuzes ein Gebäude für die Medizinschule entworfen und bei dessen Errichtung die Bauleitung übernommen.

Ende 2003 war es so weit, und uns wurde das Land für die Trainingsfarm übergeben. Das Grundstück liegt etwa zwanzig Kilometer von Shigatse entfernt. Es ist von einer Mauer umgeben und umfasst zwei Höfe mit Gebäudekomplexen, Stallungen, Baracken und Scheunen. In der Mitte steht eine große Halle, die in früheren Zeiten wohl als Theater genutzt wurde. Durch das Gelände ziehen sich Bewässerungsgräben, und in der Nähe des großen Eingangstores liegt ein Weiher. Alle Gebäude, bis auf das seinerzeit von Paul gebaute Haupthaus, wirkten etwas heruntergekommen. Außer einer kleinen vernachlässigten Baumschule gab es nur wenige Büsche und Bäume. Nur ein Teil der Felder war mit Raps, Gerste und Kartoffeln bebaut, sonst glich das Land eher einer Wüste. Dieses Grundstück war auf den ersten Blick nicht gerade ein Paradies. Aber endlich hatten wir genug Platz, um all unsere Pläne in die Tat umzusetzen.

Da Paul und ich uns mit Ackerbau und Viehzucht nicht auskennen, waren wir froh über Mikes Angebot, uns beim Aufbau der Farm zu helfen. Mike Parent ist Kanadier. Er hat den Großteil seines Lebens im nordindischen Darjeeling verbracht, wo er seine landwirtschaftlichen Kenntnisse beim Aufbau einer ökologischen Trainingsfarm für behinderte und schwererziehbare Jugendliche erworben hat. Im Alter von 53 Jahren war er nach Lhasa gekommen, um an der Xizang-Universität Tibetisch und Chinesisch zu studieren.

Mit Ngawang, einem der Hausväter des Langdünhauses, zog Mike im Sommer 2004 nach Shigatse, um dort ein Team aus örtlichen Landwirten zusammenzustellen. Gemeinsam renovierten sie die verwaisten Baracken, pflanzten Obstbäume, bauten nach Pauls Entwürfen sechs stattliche Gewächshäuser und brachten die wüstenartigen Flächen, die noch nie zuvor bearbeitet worden waren, durch harte Arbeit zum Blühen. Zusammen entwickelten wir Methoden, die es Blinden ermöglichen sollten, im Ackerbau, im Gemüseanbau und bei der Viehzucht zu arbeiten.

Bald gab es auch einige Tiere: ein paar Enten, die Ngawang vorm Schlachter gerettet und auf dem kleinen Farmweiher ausgesetzt hatte, zwei junge Straßenhunde, die Paul von seinen Einkäufen mitbrachte, eine Kuh und ein Yak, das halb blind war und daher, wie Mike meinte, doch sehr gut zu unserem Projekt passt. Was jetzt noch fehlte, waren Pferde.

Pferde sind in den nur von wenigen Straßen durchzogenen Weiten Tibets das bevorzugte Transportmittel. Auch gerade für Blinde, das hatte ich bei früheren Touren erfahren, ist so ein tibetisches Pferd der beste Bergführer. Die kleinen, kräftigen Tiere verfügen über eine enorme Trittsicherheit, und in den Bergen kann man sich auf ihren Instinkt verlassen. Außerdem findet ein Pferd immer seinen Weg zurück in den Stall. Aus diesen Erfahrungen entstand der Plan, Führpferde für den Einsatz mit Blinden auszubilden.

Vier Pferde, darunter ein oder zwei Jungtiere, benötigten wir für den Start.

»Wo willst du hier Pferde herbekommen?«, fragten die Bauern

verwundert. »In Shigatse kriegst du nur Esel. Pferde, die schönsten und besten Tibets, findest du am Yamdrogsee.«

Der Yamdrogsee ist mehr als zweihundert Kilometer von Shigatse entfernt. Wie konnte man die Pferde von dort überführen? Lastwagen hätte man umbauen müssen, denn Pferdetransporter gab es nicht. Warum also nicht reiten?

Nichts leichter als das. Mit Reitabenteuern im gastfreundlichen Tibet fühlte ich mich aufs beste vertraut. Auf meiner ersten Tour auf der Suche nach blinden Kindern war ich im Sommer 1997 mit Dolma, einer Tibeterin, Biria aus Israel und dem tibetischen Pferdebesitzer zehn Tage lang übers Land geritten.

Die Einheimischen waren uns und unseren Tieren sehr freundlich begegnet. Oft fütterte man die Pferde, wenn wir eine Rast einlegten, und hin und wieder brachte man uns einen Buttertee oder ein Schüsselchen mit Tsampa. Nur ein einziges Mal wurde uns ein Schlafplatz verwehrt. In jener Nacht fanden wir Unterschlupf in einem Stall. Sonst aber wurden wir überall herzlich empfangen. Wir durften uns oft die schönsten Plätze auf den verflohten Schlafbänken aussuchen, trotz des immer noch geltenden Verbots, Ausländer zu beherbergen.

Ein Jahr später, als Paul und ich auf Pferden von Terdum nach Lhasa ritten, hatten wir ein Zelt dabei, und man ließ uns überall, auf Feldern und Wiesen, in Gärten und sogar in Innenhöfen übernachten.

Genauso wollte ich es diesmal auch wieder halten. Natürlich nicht allein. Paul hatte allerdings keine Zeit und wohl auch keine Lust auf tagelange Spazierritte mitten im Monsun, und so bat ich Sharyn, mich zu begleiten. Sharyn war sofort begeistert. Sie lebt den Sommer über in Lhasa und arbeitet dort in einer Trekking-Agentur. Auf unser Pferdeprojekt war sie sofort angesprungen. Sie sei mal Jockey und Pferdetrainerin gewesen und kenne sich mit der Aufzucht von Fohlen aus. Auf einer Farm in Kanada habe sie schon als Kleinkind reiten gelernt und bereits als junges Mädchen Pferde zugeritten.

Sharyn ist sehr energisch und verschafft sich bei Tieren und Menschen schnell Respekt. Zusammen, so glaubte ich, würden wir die Pferde schon sicher nach Shigatse überführen können.

Voller Begeisterung begann Sharyn unsere alten Sättel aufzupolieren, neues Zaumzeug zu kaufen und Packtaschen anfertigen zu lassen. Auch ich freute mich auf das Abenteuer, nicht ahnend, was uns in den folgenden zehn Tagen erwarten sollte.

17

Es war Montag, der 12. Juli, als wir nach einem Zehn-Tage-Ritt nass, verdreckt und durchgefroren in der gemütlichen Küche der Farm saßen und uns endlich sicher fühlten. Und dann das Bad … eine ganze Wanne voll heißen Wassers, das all den Dreck aus den Poren schwemmte und den Zorn auf die Leute und das Land, in dem wir leben und arbeiten, besänftigte.

Was war geschehen? Wie war zu erklären, was uns in den letzten zehn Tagen widerfahren war?

Die Reise hatte zunächst recht problemlos begonnen. Da ich befürchtete, beim Pferdekauf hoffnungslos übers Ohr gehauen zu werden, hatte ich Paul und unseren jungen Hausvater Lodri gebeten, uns zum Yamdrogsee zu fahren und bei den Verhandlungen beizustehen. Lodri kommt aus dem Osten Tibets, wo man, wie er stolz bemerkte, bereits reiten kann, bevor man laufen lernt. Lodri und Sharyn sollten die Pferde auswählen und probereiten, ich würde übersetzen, und Paul sollte die Verhandlungen führen.

Paul ist unschlagbar, wenn es darum geht, ein gutes Geschäft auszuhandeln. Während man mir stets von Ferne anzusehen scheint, ob ich etwas wirklich will, verfügt er über das Talent, zunächst einmal vollkommenes Desinteresse zu zeigen. Manchmal gibt er sich auch sehr tibetisch und führt eine dramatische Szene auf, die alle Umstehenden belustigt und die Herzen der Händler erweicht. Paul war beim Pferdekauf also unentbehrlich. Anschließend wollte er dann mit Lodri nach Shigatse zur Trainingsfarm weiterfahren, um dort mit dem Bau der Gewächshäuser zu beginnen.

Wir hatten gerade den wolkenverhangenen Yamdrogsee erreicht, da kamen wir auch schon an einer Wiese vorbei, auf der es vor schönen Pferden in allen erdenklichen Farben nur so wimmelte. Lodri erkundigte sich bei dem Pferdehüter, ob die Tiere denn zu verkaufen seien. Ja, meinte der Hüter, wir sollten uns doch einfach ein paar Pferde aussuchen, die uns gefielen, dann würde er die Besitzer schon ausfindig machen.

Das war ein guter Anfang. Und was für eine Auswahl! Wir fühlten uns wie in der Keksabteilung eines holländischen Supermarktes. Sharyn, Lodri und ich stiefelten über die schlammige Wiese von Pferd zu Pferd, lockten, begutachteten, wählten und verwarfen, und nach einer Stunde hatten wir bereits unsere Wahl getroffen: ein zweijähriger schwarzer Hengst, der Sharyn wegen seines Kampfgeistes und Spieltriebes auffiel; ein achtjähriger brauner, recht großer Wallach, der gut gefüttert und äußerst gepflegt war; eine dunkelbraune, vierjährige Stute mit einem hübschen zweimonatigen Fohlen und zuletzt ein junger grauer Wallach, der seine Hufe nicht stillhalten konnte. Dieser Wallach und der schwarze Hengst sollten Lehrpferde werden.

Die Besitzer der Tiere waren schnell aufgetrieben, und nun begann der Handel. Als recht einfach gestaltete sich der Kauf des schwarzen Junghengstes und der Stute mit Fohlen. Der Besitzer des grauen Wallachs war zwar interessiert zu verkaufen, konnte sein Pferd aber nicht bändigen. Es sprang hoch, trat nach hinten und vorne aus, biss und wieherte. Und während Sharyn von seinem »Übermut« schwärmte, sah ich schon mit Bangen vor mir, wie die gesamte Mauseklasse von diesem Untier auf die umliegenden Bäume befördert wurde. Pferdetraining schön und gut, aber konnte es nicht ein wenig gesitteter zugehen? Ich wollte das Pferd nicht, und das Tier schien meine Gedanken lesen zu können, denn plötzlich riss es sich von seinem schweißnassen Besitzer los, trat noch ein letztes Mal kräftig in die Runde und suchte das Weite. Nun blieben noch der braune Wallach und ein alter Herr, der sich nur schwer von seinem Tier trennen konnte, sich aber schließlich doch entschied, es zu verkaufen.

Paul und Lodri verabschiedeten sich, denn der Weg nach Shigatse war noch weit. »Viel Spaß«, rief Paul uns aus dem Autofenster zu, »ruft an, wenn ihr an einem Telefon vorbeikommt!« Ich musste mich über sein Vertrauen in den Fortschritt wundern. Strom und Telefon hatte ich bisher außerhalb der großen Städte Lhasa und Shigatse kaum angetroffen. Tatsächlich sollten wir den ersten Telefonapparat erst am vierten Tag unserer Reise finden.

Es war schon spät, und wir beschlossen, an diesem ersten Tag nicht allzu weit zu reiten und die letzten Stunden im Hellen lieber zu nutzen, um die Tiere besserkennenzu lernen. Die Eigenarten der Pferde waren schnell erkannt. Der Wallach, wir nannten ihn »Chinda«, den Boss, ließ keines der anderen Pferde an sich vorbeilaufen, ohne die Ohren anzulegen, die Zähne zu fletschen und nach hinten und zur Seite auszutreten. Schon am ersten Tag gab er sich als Chef, und die anderen Tiere fügten sich erstaunlich schnell in die Rangordnung. Problematisch war nur, dass Chinda vor allem zurückschreckte, was ihm neu erschien: vor Autos, Lastwagen, asphaltierten Straßen, auffliegenden Vögeln und sogar vor Steinbrocken, die ganz unbeweglich in der Landschaft herumlagen. Sein Führungsanspruch war wahrlich nicht mit Intelligenz gepaart, denn auch noch beim hundertsten Fahrzeug und beim tausendsten Stein machte er uns eine Szene, so dass ich schon befürchtete, er würde sich irgendwann mitsamt Sharyn, die ihn ritt, auf die Kühlerhaube eines Lastwagens werfen.

Die Stute – wir gaben ihr den Namen »Päma«, Lotusblüte – hatten wir als Packpferd auserkoren. Päma war ein ausgesprochen sanftes Tier, das sich viel gefallen ließ, nicht nur von uns, sondern auch von seinem Fohlen, einem unglaublich neugierigen und verspielten Pferdchen. Wir tauften es »Be'u«, Affe, da es meist wie ein wild gewordenes Äffchen durch die Gegend sprang. Zunächst war das Tier vollkommen menschenscheu und ließ sich nicht anfassen. Aber schon bald sah es uns als gleichberechtigte Mitglieder seiner Herde an und bearbeitete auch uns mit – zum Glück noch kraftlosen – Tritten seiner Vorderhufe. Wir hatten etwas Sorge, das Jungtier auf den langen Ritten zu sehr zu beanspruchen. Doch es stellte sich heraus, dass wir uns um dieses Pferdchen die wenigsten Gedanken machen mussten. Es war das mutigste von allen Tieren, vielleicht weil es bisher nichts Schlechtes erlebt hatte.

Hielten wir z. B. vor einer Brücke und warteten, bis sich der Boss vom Schrecken erholt hatte, war es immer das Fohlen, das als Erstes die Brücke überquerte, auf der anderen Seite herumsprang, manchmal sogar wieder zurückkam, wahrscheinlich um die Harmlosigkeit dieses Hindernisses zu demonstrieren. Einmal schreckte Chinda an einer etwas gefährlichen Stelle vor einem fußballgroßen Felsbrocken zurück. Da keines der ausgewachsenen Tiere den Boss passieren durfte, waren wir gezwungen, hoch oben am Rande einer steilen und rutschigen Klippe zu warten, bis sich der Anführer wieder beruhigt hatte. Das Fohlen aber sprang mit einigen gewagten Sätzen um ihn herum, warf sich auf das Objekt des Schreckens und bearbeitete den feindlichen Felsen mit seinen Vorderhufen.

Ich ritt zu Beginn meist am Ende unserer Karawane auf dem schwarzen Junghengst, den wir aufgrund seiner zeitweilig romantischen Anwandlungen Romeo getauft hatten. Von Zeit zu Zeit versuchte er, mit mir obendrauf, unser Packpferd zu besteigen, das, von Sharyn an der Leine geführt, vor mir hertrabte. Später führte ich Päma, die Stute, an der Leine und hielt sie so außerhalb seines Gesichtsfeldes. Nun aber wurde jede Stute, die uns entgegenkam, zum Objekt seiner Begierde. Irgendwann waren es dann nicht nur Stuten, denen er den Hof machte, sondern auch Eselinnen und einmal sogar eine Kuh.

Etwas gewöhnungsbedürftig empfand ich Romeos Vorliebe für Sandhaufen. Einmal, wir trabten gerade am Wasser entlang, da merkte ich plötzlich, wie Romeo nach vorne hin absackte. Ich verstand nicht gleich, denn es fühlte sich so an, als laufe er einen kleinen Hügel hinunter. Dann aber knickten auch seine Hinterbeine ein, und ehe ich abspringen konnte, lag er schon auf der Seite und versuchte sich wie ein Hund im weichen Sand zu suhlen. Mühsam musste ich mich unter ihm herauswühlen. Später warnte mich Sharyn bei jedem Sandhaufen, an dem wir vorbeiritten, und so gelang es mir, im Vorhinein jegliche Rollversuche zu unterbinden.

Romeo war ein gelehriges, aber recht wildes Tier, das zu Beginn so manchen Machtkampf mit Sharyn und mir glaubte austragen zu müssen. Wir hatten gerade eine Pause eingelegt, und ich ging auf ihn zu, um sein Halfter zu lockern, da drehte er sich blitzschnell um und warf seine Hinterbeine in die Luft. Das geschah so plötzlich und relativ lautlos, dass ich mich vor einer ernsthaften Kopfverletzung nur retten konnte, indem ich mich auf Sharyns Zuruf hin blitzschnell zu Boden warf.

Sharyn zeigte mir, wie man unmittelbar nach einer solchen Machtdemonstration reagieren muss. Ich sollte den Kopf des Tieres mit einer Hand festhalten und mit der anderen gegen seine Schulter drücken, um ihn Schritt um Schritt zurückzuzwingen. Erst wehrte er sich mächtig und wollte mich aus dem Gleichgewicht bringen. Schließlich setzte ich mich mit meinem Dickkopf gegen den seinen durch und war erstaunt, wie er sich fügte. Diese Machtkämpfe hatten wir in der Folgezeit noch einige Male durchzustehen, doch heute ist Romeo ein hervorragendes und äußerst verlässliches Reittier.

Unten am Yamdrogsee, nur ein paar Kilometer von der Heimatwiese unserer Pferde entfernt, schlugen wir das erste Mal unser Zelt auf. Es dauerte nicht lange, und wir waren von Kindern und betrunkenen Bauern aus dem nahe gelegenen Dorf eingekreist. Während die Kinder freundlich waren und uns halfen, die Pferde zu tränken und zu füttern, verhielten sich die Erwachsenen aufdringlich und rüpelhaft. Sie fassten alles an, versuchten das Zelt zu öffnen und machten Anstalten, in unseren Packtaschen herumzuwühlen, bis Sharyn mit unmissverständlichen Gebärden deutlich machte, dass sie bereit war, notfalls handgreiflich zu werden.

Die Bauern wollten von mir wissen, ob wir Geld bei uns hätten, aber ich entgegnete, dass wir all unser Geld schon für die Pferde ausgegeben hätten. Das lenkte ihr Interesse auf unsere Pferde; sie rissen an den Führleinen und machten ihnen – und uns – gehörig Angst. Denn Lodri hatte uns ausdrücklich vor Pferdedieben gewarnt.

»Ich gehe nicht schlafen, bevor alle verschwunden sind«, erklärte Sharyn, und auch ich tat in dieser Nacht kein Auge zu.

Mit Pferdedieben bekamen wir es auf dieser Reise glücklicherweise nicht zu tun. Dafür aber allzu oft mit Männern, die es sich nicht nehmen ließen, uns beim fachgerechten Packen und Satteln der Pferde zu »helfen«. Tibeter legen die Sättel gerne sehr weit hinten auf, doch Sharyn ist überzeugt, dass das Druckstellen und andere Rückenprobleme verursacht.

Eines Morgens war es ein älterer Mann, der missbilligend die bereits reitfertigen Pferde betrachtete. Ehe Sharyn sich's versah, lagen die schweren Packtaschen und die Sättel wieder auf dem schlammigen Boden. Unser Wohltäter war schon dabei, den ersten Sattel in tibetischer Weise wieder aufzuschnallen, da schrie Sharyn ihn auf Englisch an: »Hör auf! Das sind unsere Pferde!«

Ich versuchte sie zu beschwichtigen, denn ich merkte, dass der Tibeter ebenfalls wütend wurde. Ich bemühte mich, ihm zu erklären, dass die Tiere schmerzende Rücken hätten und dass wir sie schonen wollten.

Doch er lachte nur und sagte: »Ihr seid nicht aus Tibet, und als Frauen wisst ihr doch gar nicht, wie man mit Pferden umgeht.«

Während ich diskutierte, hatte Sharyn wieder aufgesattelt. Dann rief sie: »Spring auf, und nichts wie weg hier!«

Ich hätte mir gewünscht, vor diesem Macho einen flotten Abgang hinzulegen, aber wir hätten unseren Dilettantismus nicht besser zur Schau stellen können als mit der folgenden Darbietung. Das Chaos, auch verursacht durch unsere Hektik, war perfekt: Päma, das Packpferd, hatte wohl über Nacht vergessen, wer der Boss war, und stellte sich diesmal an die Spitze unserer Karawane. Chinda reagierte auf diese Anmaßung mit Bocken und Treten und verwickelte sich und Päma in der Führleine, die von Sharyn in der Eile nicht rechtzeitig gespannt worden war. Romeo – ich saß bereits im Sattel – nahm die Gelegenheit wahr, die jetzt scheinbar wehrlose Stute zu begatten, übersah dabei jedoch, dass ihre Hinterhufe sehr wohl einsatzbereit waren. Das Opfer des wütenden Tritts wurde aber nicht der lüsterne Romeo, sondern mein rechtes Bein, was ich noch tagelang spüren sollte.

Inzwischen hatte sich der Boss aus der Leine befreit und war drauf und dran, reiterlos auf die Straße zu laufen, um sich vor einen heranrasenden Lastwagen zu werfen. Der Laster hupte, und die Tiere drehten jetzt alle vollkommen durch. Päma hatte sich ihrer Satteltaschen entledigt und versuchte nun ihrerseits die Flucht zu ergreifen. Ich hatte alle Hände voll zu tun, den verschmähten Romeo bei Laune zu halten, wäre aber wahrscheinlich auch bei der Pferdeverfolgungsaktion nicht besonders hilfreich gewesen.

Sharyn und der Alte hatten bald jeder ein Pferd eingefangen, und ich konnte mir gut vorstellen, wie der Tibeter über so viel Unfähigkeit den Kopf schüttelte. Er wurde jetzt ganz fürsorglich, fast väterlich, und bot sich an, der jetzt ziemlich schlechtgelaunten Sharyn in den Sattel zu helfen. »Ich würde euch ja gerne begleiten«, meinte er großzügig, »aber ich habe noch zu tun.«

18

Man könnte meinen, dass wir mit den Pferden schon alle Hände voll zu tun hatten, aber es stellte sich bald heraus, dass die größere Herausforderung nicht von den Tieren, sondern von den Menschen ausging.

Der erste ernsthafte Zusammenstoß mit der Yamdrog-Bevölkerung ereignete sich um die Mittagszeit. Wir ritten gerade an einem Gerstenfeld vorbei, an dessen Rand sich Bauern, Jugendliche und junge Männer, zur Mittagspause niedergelassen hatten. Plötzlich wurde es hinter uns lebhaft. Zunächst schlenderten die Bauern gemächlich hinter uns her, und ich freute mich über Romeo, der sie mit seinen Tritten auf Abstand hielt. Dann aber kamen sie von der Seite und riefen mir zu: »Hello pen! Hello pen!« Sie hatten wohl erfahren, dass Touristen gerne Kugelschreiber verschenkten.

Ich gab auf Tibetisch zu verstehen, dass mein Name nicht »pen« sei.

Die Männer zeigten wenig Humor und versuchten es jetzt mit »Hello candy!«.

»Ich habe keine Süßigkeiten«, sagte ich, noch sehr geduldig.

Die Männer wurden immer aufdringlicher, kamen näher und versuchten sich an meinem Sattel festzuhalten. Zum Glück machte Romeo entsprechende Drohgebärden, und so ließen sie schnell wieder los. Einer der Männer rief: »Hello money! Hello money!« Und schon fielen alle in das Geschrei ein und traktierten uns mit »Money«-Rufen. Jetzt wurde ich echt sauer und rief, dass wir kein Geld hätten und dass sie uns jetzt in Ruhe lassen sollten.

Einer aus der Meute bückte sich und sammelte Kieselsteine zusammen. Wir überlegten zu fliehen, aber mit einem Packpferd und einem Fohlen schien das ziemlich aussichtslos. Plötzlich rief Sharyn mit panischer Stimme: »Pass auf, sie haben Steinschleudern!« Da sauste auch schon das erste faustgroße Geschoss dicht an meinem Hinterkopf vorbei.

Jetzt musste etwas geschehen. Sharyn drückte mir die Leine des Packpferdes in die Hand, drehte Chinda, der schon unruhig mit den Hufen scharrte, in Richtung Angreifer und galoppierte auf die verblüfften jungen Männer los. Das Pferd schien zu spüren, dass Krieg angesagt war, denn es legte die Ohren an und raste auf die Burschen zu, die nun in wilder Panik davonstürzten.

Sharyn war bester Dinge, als sie wieder zu uns aufschloss. Lachend beschrieb sie, wie einige der Quälgeister vor Panik in den Graben gefallen waren, wobei sie sich die Hosen aufgerissen hatten. Ich musste noch lange an diesen Zusammenstoß denken, der übel hätte ausgehen können. Das waren keine Kinder gewesen, die sich nur einen Spaß machen wollen.

Anfang Juli beginnt in Tibet die Regenzeit. Ist der Himmel bewölkt, wird es empfindlich kalt. Jeden Morgen, wenn wir aus den Zelten krochen, war alles durchweicht. Sogar die Pferde froren. Oft ließen wir die Kleidung am Körper trocknen und verpackten das Zelt und alles andere im feuchten Zustand, und erst wenn die Sonne wieder schien, hielten wir an und packten alles zum Trocknen aus.

Und so machten wir eines Nachmittags Pause, fütterten die Pferde und legten die in der Nacht nass gewordenen Sachen in die brennende Sonne. Bald waren wir von Kindern umringt. Da mir in diesem Moment nicht nach Konversation zumute war, tat ich zunächst so, als könnte ich sie nicht verstehen, und hörte ihnen einfach zu.

»Das sind Ausländer!«

»Nur zwei Frauen!«

»Keine Männer?«

»Die haben vielleicht keine Männer!«

»Aber die haben bestimmt Geld!«

Jetzt fand ich es an der Zeit einzuschreiten und sagte freundlich, aber bestimmt: »Wir sind Ausländer, aber wir arbeiten in Tibet. Wir haben eine Blindenschule aufgebaut und unterrichten Englisch, Chinesisch und Tibetisch. Jetzt wollen wir Blinden auch noch das Reiten beibringen, und daher bringen wir die Pferde nach Shigatse.« Mein Publikum war jetzt ganz aufmerksam, und so fuhr ich fort: »Ja, und da wir die Pferde gekauft haben, haben wir jetzt auch kein Geld mehr. Und«, ich nahm die Gelegenheit wahr, jeder Bettelei vorzugreifen, »wir haben auch keine Süßigkeiten, die haben wir schon alle selbst aufgegessen.«

Die Kinder schienen sich aber gar nicht für unsere Süßigkeiten zu interessieren, sie wollten mehr über die Schule wissen. Ich erzählte ihnen von unseren Schülern, wie viel Spaß sie hätten und was sie alles lernten, obwohl sie nicht sehen könnten.

Nach und nach gesellten sich immer mehr Menschen zu uns, Bauern, Traktorfahrer und Schafzüchter. Sie alle hörten mir gespannt zu und stellten viele Fragen. Irgendwann erzählte ich, dass ich auch blind sei, und ich spürte, wie meine Zuhörer zwischen Faszination und Unglauben hin- und herschwankten. Natürlich machten sie auch die üblichen Spielchen, wedelten mit ihren schmutzigen Händen dicht vor meinen Augen hin und her, um den Wahrheitsgehalt meiner Aussage zu überprüfen.

»Die ist wirklich blind!«, rief eines der Kinder. Und ein anderes: »Bei uns im Dorf gibt es auch ein blindes Kind.«

Ich ließ mir den Namen des Dorfes und den des Kindes nennen und versprach, irgendwann einmal wiederzukommen.

Unterdessen waren die Sachen getrocknet, Sharyn hatte alles wieder verpackt und die Tiere reitfertig gemacht. Wir verabschiedeten uns freundlich von den netten Gesprächspartnern und ritten los mit dem guten Gefühl, wie schön Tibet doch war und welch freundlichen und interessierten Menschen man doch immer wieder begegnete.

Am Abend jedoch machten wir eine böse Entdeckung: Es fehlten ein teures Klappmesser, ein Feuerzeug, ein Ersatzhalfter für die Pferde, eine große Tasche mit Lebensmitteln und unser gesamter Vorrat an Süßigkeiten. Während Sharyn sich am Nachmittag um die Pferde und ich mich um die »internationale Verständigung« bemüht hatte, hatte man uns nach allen Regeln der Kunst ausgenommen.

Die Nächte, die wir im Zelt verbrachten, waren nicht besonders erholsam. Wenn es still war, wurden meine Sinne auf alles gelenkt, was sich um das Zelt herum tat. Wenn es regnete und deshalb keine Pferdediebe zu erwarten waren, trommelte der Regen so laut auf die Zeltplane, dass an Schlaf nicht mehr zu denken war.

Eines Abends schlugen wir unser Zelt zwischen dem Seeufer und einem Gerstenfeld auf. Die Führleinen der Pferde verankerten wir am Boden, immer darauf bedacht, dass sie sich in der Nacht nicht an der Gerste gütlich taten, sondern lediglich auf dem schmalen Grasstreifen zwischen See und Feld fraßen. Dann legten wir uns schlafen.

Irgendwie hatte ich doch wohl eine Stunde schlafen können, denn mitten in der Nacht wurden wir von einem Donnerschlag hochgeschreckt. Gleich darauf ein zweiter Knall, eine Explosion direkt über uns. Ich war noch nie ein besonderer Campingfreund, und im triefnassen Zelt direkt unter einem tosenden Gewitter zu liegen, kam mir auch nicht so richtig komfortabel vor. Aber Grund zur Panik gab es wohl nicht. Vorsichtshalber fragte ich Sharyn, ob wir in Gefahr seien. Sie antwortete mit einem knappen, aber sehr bestimmten »Ja«.

Später, als sich das Wetter und unsere Nerven wieder beruhigt hatten, erklärte sie mir, dass das Zelt zwischen den Gerstenfeldern und Wasserflächen der höchste Punkt weit und breit war, den ein Blitz ansteuern konnte, und die Nässe des Zeltbodens trug auch nicht sonderlich zu unserer Sicherheit bei.

Im wohligen Gefühl, mit dem Leben davongekommen zu sein, schliefen wir wieder ein. Und wir träumten noch selig, als plötzlich das Zelt aufgerissen wurde. Ein Mann steckte seinen Kopf hinein, und als er uns im Halbdunkel als Ausländer identifiziert hatte, fing er sofort an zu schreien: »Raus hier, das ist mein Feld! Schnell, schnell! Abhauen, sofort!« Mit Riesenfäusten griff er ins Zelt und zerrte an unseren Schlafsäcken.

Sharyn, halb angezogen und schlaftrunken, brauchte etwas, um zu begreifen, dass dies kein Albtraum war, sondern die rauhe tibetische Wirklichkeit. Ich war sofort hellwach, hängte mir eine Jacke über, kroch halb aus dem Zelt, um ihm den Einblick zu verwehren, und versuchte die geballte Aggression auf Abstand zu halten. Ich merkte schnell, dass er immer wütender wurde, je mehr ich ihn zu beschwichtigen suchte, und darum schaltete ich bald wieder auf »Nichtverstehen«.

Der Mann, ein furchterregender Riese, wie Sharyn mir zuraunte, während sie in Windeseile unsere Sachen zusammenraffte, stampfte jetzt zwischen den Pferden umher, riss an den Führleinen, packte das Fohlen am Halsband, so dass es ängstlich aufschrie. Ohne sich eine Verschnaufpause zu gönnen, brüllte der Mann: »Ihr seid Diebe! Das ist mein Feld! Ich hole den Dorfobersten! Ihr müsst zahlen, hundert Yuan pro Pferd! Geld, Geld! Her mit dem Geld, sofort!«

Ich dachte mir, es sei klug, weiterhin Unverständnis zu demonstrieren, und wiederholte gebetsmühlenartig, dass ich nichts verstände und kein Tibetisch spräche. Da er immer wilder wurde, versuchte ich ihn abzulenken, zeigte auf meine Augen und sagte: »Mig mindu«, was so viel wie »keine Augen« bedeutet. Der Ablenkungsversuch hatte zunächst einmal Erfolg. Denn der Schreihals stutzte und unterbrach seine Tirade.

Wir nutzten das Überraschungsmoment und warfen alles ungeordnet in die Satteltaschen, um so schnell wie möglich den Fängen des Wahnsinnigen zu entkommen. Doch da schrie er schon wieder: »Du lügst, du hast Augen! Du kannst sehen!«

So viel Unglaube amüsierte mich fast, und so begann ich mit großer Geste zu demonstrieren, dass ich wirklich blind war. Ich fuchtelte mit den Armen in der Luft herum, spreizte die Finger und wankte wie ein Betrunkener in seine Richtung.

Der Riese ließ tatsächlich von mir ab und wandte sich jetzt Sharyn zu, die gerade unser Zelt zusammenpacken wollte. »Ngül, ngül! Geld, Geld!«, rief er und marschierte auf sie zu. Als sie nicht reagierte, brüllte er das einzige englische Wort, das er wohl kannte: »Money!«

Ich wollte Sharyn noch zurufen, bloß nicht darauf zu reagieren, doch es war schon zu spät. Vom Dauergebrüll mürbe gemacht, rastete sie aus und schrie: »No! No money!«

Das hatte genau die Wirkung, die ich befürchtet hatte. Seine Wut steigerte sich zur Raserei. Er sprang auf Sharyn zu, schwang seine Fäuste und machte Anstalten, sie zu verprügeln. Sharyn meinte später, sie hätte es nicht mit ihm aufnehmen können, aber sie duckte sich, riss ein Tau vom Boden und wäre in diesem Moment bereit gewesen, es als Waffe zu gebrauchen, wenn er nicht von ihr abgelassen hätte. Stattdessen trat er mit aller Kraft gegen unser Zelt.

Unter dem Vorzelt, das jetzt durch den Tritt aufklappte, lag noch das Zaumzeug des Wallachs, ein recht schönes, mit Kunststeinen besetztes Exemplar aus Leder. Sharyn hatte es vor unserer Reise liebevoll geölt, und es sah nun wertvoller aus, als es in Wirklichkeit war. Für uns hatte es allerdings schon einen enormen Wert, da wir am Tag zuvor bereits ein anderes Exemplar an die jungen »Straßenräuber« hatten abtreten müssen.

Auch für diesen Wilden hatte das Zaumzeug offenbar einen Wert, und sei es, um uns zu erpressen. Er riss es an sich, brüllte noch einmal »Money!« und verschwand mit riesigen Sätzen in Richtung des nahe gelegenen Dorfes.

Wir brauchten eine Weile, um diesen Schreck auf nüchternen Magen zu verdauen. Eigentlich war ich recht dankbar, dass er sich nur an unserem Zaumzeug vergriffen und nicht eines der Pferde als Geisel genommen hatte. Sharyn meinte, sie könne auf ein Metallgebiss verzichten und zur Not eines aus Leder improvisieren.

Nachdem wir alles gut verpackt hatten, brachen wir auf. Wir hätten gerne darauf verzichtet, durch das Dorf zu reiten, aber es gab keinen anderen Weg, und so beschlossen wir, allseits freundlich zu grüßen und bei einer eventuellen Konfrontation nichts zu verstehen.

Gesagt, getan, wir grüßten freundlich und, oh Wunder, man grüßte freundlich zurück. Keine Straßensperren, kein Wahnsinniger mit Geldforderungen. Wir hatten das Dorf schon fast passiert, als der Riese plötzlich aus einer Seitengasse trat. Er war nicht allein, sondern wurde begleitet von einem hochoffiziell aussehenden Chinesen in Uniform, wahrscheinlich einem Distrikt-Vorsteher, und zwei weiteren, ebenfalls uniformierten Tibetern. Der Vorsteher hielt das Zaumzeug in der Hand und näherte sich Sharyn, die ihr Pferd zum Stehen brachte.

»Sie können es haben, wir brauchen es nicht mehr«, sagte Sharyn auf Englisch, um ihm zu signalisieren, dass jeder Handel vergeblich sei.

Aber der Dorfoberste schüttelte verlegen den Kopf und reichte ihr das Zaumzeug mit fast unterwürfiger Geste. Wir wussten nicht, wie uns geschah, und erst als Sharyn das schamrote Gesicht unseres Peinigers sah, begriff sie, dass man gekommen war, um sich bei uns zu entschuldigen. Wir nahmen also das Zaumzeug entgegen, bedankten uns höflich und ritten erleichtert und triumphierend davon.

Von einer Klippe oberhalb des Dorfes hatten wir einen wunderbaren Einblick in die kleine Gasse, jetzt aus der Vogelperspektive. Was Sharyn dort sah, ließ uns schadenfroh aufjubeln, denn der Riese, der uns derartig in Angst und Schrecken versetzt hatte, wurde nun vor allen Dorfbewohnern zur Schnecke gemacht, das konnte Sharyn den eindeutigen Gesten der Uniformierten entnehmen.

19

Die tibetische Gastfreundschaft wird viel gepriesen, doch davon hatten wir bisher nicht allzu viel mitbekommen. Umso überraschter und dankbarer waren wir über die Herzlichkeit, die man uns in den folgenden Tagen entgegenbrachte.

Um die Mittagszeit stießen wir auf eine Straßensperre. Die schweren Regenfälle in der Nacht hatten einen Erdrutsch ausgelöst; riesige Felsbrocken waren vom Berghang auf die Straße gepoltert. Ein Aufräumkommando bereitete sich darauf vor, den Weg freizusprengen. Die vor der Sperre Wartenden meinten, wir sollten uns doch eine kleine Pause gönnen, die Straße wäre sicherlich bald wieder freigelegt. Auf meine Frage, wann es denn so weit sei, erhielt ich eine typisch tibetische Antwort: »lamsang«, bald, eine Zeitangabe, die alles zwischen zehn Minuten und mehreren Tagen bedeuten kann.

Sharyn entdeckte einen schmalen Pfad, der sich einen steilen Berghang hochschlängelte. Ja, der Weg sei auch gangbar, aber eher für Bergsteiger, kaum aber für Pferde – und Blinde. Ich verzichtete auf einen Kommentar und überließ Sharyn die Einschätzung der Lage. Sie entschied sich für den Bergpfad, auch mit Pferden und Blinden.

Gesagt, getan. Doch schon nach wenigen Minuten wusste ich, warum man uns gewarnt hatte. Der Pfad war so steil, dass Romeo buchstäblich klettern musste und in eine bedrohliche Schieflage geriet. Sharyn stieg ab, um Chinda und Päma zu führen. Ich tat es ihr nach, band mir die Führleine um den linken Arm und versuchte mit dem Blindenstock den Weg abzutasten. Doch das Ganze war komplizierter als gedacht. Das eine Problem war Romeo. Er war ungeduldig und überrannte mich immer wieder.

Das andere Problem war, dass ich keinen Weg ausfindig machen konnte. Der Grund war steinig oder schlammig und vor allem ausgesprochen rutschig. Ich spielte mit dem Gedanken, die viel weiter oberhalb kletternde Sharyn zu bitten, die Bergtour abzubrechen und wieder zur Straßensperre abzusteigen. Aber der Weg zurück erschien mir bei genauerer Überlegung noch gefährlicher.

Eine Weile stand ich unschlüssig auf einem kleinen Felsplateau, versuchte das Pferd, das seine Kameraden in der Bergwand verschwinden sah, zu beruhigen und fühlte, wie mich langsam Verzweiflung überkam. Alleine hätte ich mir mit dem Blindenstock schon einen Weg bahnen können, aber mit einem wilden Hengst an meiner Seite traute ich mich keinen Schritt weiter.

Da hörte ich plötzlich Stimmen, die sich von unten näherten. Es waren zwei Straßenarbeiter, die mich beobachtet und meine missliche Lage erkannt hatten. Sie hatten von den Wartenden an der Straßensperre gehört, dass da eine Blinde über den Pass kletterte, um in Shigatse eine Trainingsfarm aufzubauen. »Warum fahrt ihr nicht mit dem Auto nach Shigatse, wie alle anderen Injis?«, fragten sie verwundert, als sie mich erreicht hatten. In diesem Moment, abgekämpft und mit den Nerven am Ende, wusste ich auch keine Antwort.

Die Arbeiter waren praktisch veranlagt. Einer übernahm Romeo und der andere mich. Zunächst wollte er mich wie einen Sack Gerste über den Rücken werfen, aber schließlich ließ er sich von mir eine etwas bequemere Führtechnik zeigen. Ich gab ihm meinen Rucksack zum Tragen und nahm den losen Bauchgurt in die Hand, mit der anderen hielt ich meinen Stock und untersuchte den Boden nach Trittsteinen, Stolperfallen und eventuellen Abgründen. Auf diese Weise kamen wir recht schnell voran. Wir überholten bald die arme Sharyn, die sich allein mit zwei Pferden und einem Fohlen über den Pass quälen musste, und erreichten schließlich unversehrt die freie Straße hinter dem Erdrutsch, wo sich die freundlichen »Bergführer« von mir verabschiedeten.

»Ich könnte gut eine Dusche gebrauchen«, meinte ich, als wir später am Nachmittag eine kurze Rast machten. Den ganzen Tag hatte die Sonne geschienen, und unsere Sonnenbrände waren von einer festgebackenen Lehmkruste bedeckt. Wir hatten uns gerade ein wenig auf den Rasen gelegt, da wurde ich erhört. Der Himmel wurde innerhalb von Minuten stockdunkel, und der türkisblaue See war nun dunkelgrau. Ein Sturm heulte auf, und es wurde eiskalt. Dann kam die ersehnte Dusche, aber mit solcher Wucht, dass ich meinen Wunsch im Nu bereute. Diese Dusche war ein Eisregen, der uns und die Pferde erschauern ließ. Aber so erlebten wir es auf der gesamten Reise. Ein ständiges Wechselbad von wohliger Wärme und unerträglicher Hitze und dann, ehe man sich's versah, war man wieder nass und kalt bis auf die Knochen.

Die andere große Herausforderung auf unserem Ritt war die Nahrungsaufnahme. Da man uns bereits am ersten Tag die meisten Lebensmittel gestohlen hatte, waren wir jetzt, mehr als uns lieb war, auf Restaurants angewiesen. »Macht euch mal um das Essen keine Sorgen«, hatte Paul gesagt, »eine Nudelsuppe müsstet ihr eigentlich überall bekommen, Restaurants gibt es fast in jedem Dorf.«

Doch an der Straße, auf der wir unterwegs waren, gab es kaum Dörfer. Dafür trafen wir auf eine provisorische Zeltstadt, in der Straßenarbeiter untergebracht waren. Hier müsste es doch ein Restaurant oder eine Kantine geben, dachten wir uns, doch auf meine auf Tibetisch und Chinesisch gestellten Fragen bekam ich von den Arbeitern nur ausweichende Antworten. Irgendwann erbarmte sich dann ein junger Mann und zeigte auf eine Hütte am Rande der Zeltstadt. Wir banden unsere Pferde auf einer Wiese an und steuerten mit knurrendem Magen auf das vermeintliche Restaurant zu. In der Hütte roch es säuerlich nach Chang und feuchten alten Decken. Eine Frau, offenbar die Wirtin, empfing uns wortlos. Sharyn meinte, sie sehe etwas verschreckt drein, was auch kein Wunder war, denn wir sahen nach dem dritten Unwetter an diesem Tag sicherlich zum Fürchten aus. Man führte uns hastig in die hinterste Ecke der Hütte und ließ uns erst einmal allein.

Ich war hungrig und ungeduldig, und so streckte ich meinen Kopf um eine Trennwand herum und fragte ins muffige Ungewisse: »Könnten wir vielleicht eine Thukpa, eine Nudelsuppe, bekommen?«

Nein, sie hätten keine Thukpa, meinte eine Frau.

»Dann vielleicht gebratenen Reis?« Das war das Mindeste, was man von einem Restaurant erwarten konnte.

»Mä, mä, nein, nein«, wisperte eine andere Frau, fast ein wenig ängstlich.

Trotz knurrendem Magen wurde ich jetzt richtig bescheiden: »Wie wäre es denn mit heißem Wasser?«

Nun wurden die Frauen hektisch: »Nicht hier! Draußen, bitte, draußen!«

Ich verstand überhaupt nichts mehr: ein Restaurant, in dem es nichts zu essen gab und in dem man nicht einmal heißes Wasser vorgesetzt bekam?

Sharyn aber wusste jetzt Bescheid: »Das hier ist ein Puff!« Offensichtlich betrachteten die Frauen uns als lästige Konkurrenz. Sharyn beschrieb mir das Innere des Etablissements: dünne Trennwände, dazwischen Betten, auf denen angetrunkene junge Mädchen in unmissverständlichem Outfit lagen und auf Kundschaft warteten.

Gegen Abend erreichten wir ein kleines Dorf. Das Fohlen und die Stute begannen die Hufe nachzuziehen. So beschlossen wir, nach einem Quartier für die Pferde und einem Zeltplatz für uns Ausschau zu halten.

Am Ortseingang begegneten wir einem alten Tibeter, der ein Tier an der Leine hielt, das Sharyn zunächst nicht einmal als Pferd identifizieren konnte, so verkrüppelt war es. »Wer sich so um ein armes Pferdchen kümmert, der wird vielleicht auch für uns ein Herz haben«, sagten wir uns. Und tatsächlich, in dieser Nacht erlebten wir einen echten Kontrast zu dem, was wir bisher erfahren hatten.

Der Alte war das Oberhaupt einer elfköpfigen Familie, die in einem recht großen und sauberen Haus im Dorfzentrum lebte. Es gab einen schönen geräumigen Innenhof, in dem unsere Tiere für die Nacht unterkommen konnten. Jedes Pferd, auch das Fohlen, bekam einen großen Sack mit Haferstroh und einen Eimer mit Wasser. Auch wir wurden in der Familienküche aufs köstlichste mit Kapse und Buttertee bewirtet. Wir waren so ausgezehrt und hungrig, dass sogar Sharyn, die sonst immer vor diesem ganz besonderen Trank zurückschreckte, Gefallen daran fand. Das war auch meine Erfahrung, der Leidensdruck muss schon besonders groß sein, bevor man die belebende Wirkung des tibetischen Buttertees wirklich schätzen lernt.

Die sieben Kinder der Familie hatten sich alle um uns versammelt, fragten mich über unsere Reise und über die Blindenschule in Lhasa aus und zeigten uns schließlich ihre Englisch- und Chinesischbücher, die sie allerdings nicht lesen konnten. Es war mir schon oft aufgefallen, dass Kinder, die in die Schule gingen und Englisch- und Chinesisch-Unterricht hatten, nicht einmal die einfachsten Wörter und die grundlegendsten Sätze verstanden.

Die Mutter erklärte, dass manche Lehrer in der Dorfschule selbst nur unzureichend Chinesisch und überhaupt kein Englisch sprächen, trotzdem aber als Sprachlehrer eingesetzt würden. »Ich habe selbst leider gar keine Schulbildung gehabt«, meinte sie, »aber meine Kinder sollen es doch einmal besser haben!«

Die Familie lud uns ein, bei ihnen zu übernachten. Sharyn hätte das Angebot nur allzu gerne angenommen, aber ich befürchtete, dass die Familie Ärger bekommen könnte, denn Ausländern ist es in Tibet verboten, in Privathäusern zu übernachten.

So bezogen wir einen wunderschönen Zeltplatz, eine kleine

geschützte Wiese im Dorfzentrum. Die Kinder halfen uns, das Zelt aufzustellen, und man brachte uns noch einmal Buttertee. Obwohl wir in dieser Nacht wieder einmal kräftig nass wurden, schlief ich tief und fest, da ich nicht mit einem Ohr auf die Pferde hören musste und mich zum ersten Mal auf dieser Tour richtig willkommen fühlte.

Am nächsten Tag waren die Pferde spürbar gutgelaunt, da ging es gleich doppelt so schnell voran. Mit uns unterwegs war ein kleiner Hund, den wir im Sinne Robinsons »Migmar«, Dienstag, tauften. Er war uns von unserem Zeltplatz aus gefolgt, denn er hatte schnell gemerkt, dass wir ihn, im Gegensatz zu vielen Einheimischen, nicht mit Steinen bewarfen. Migmar verstand sich ausgesprochen gut mit Be'u, unserem Fohlen. Sie galoppierten Seite an Seite, kugelten manchmal übereinander her, und wenn wir eine Pause machten, imitierten sie gegenseitig ihre gemütlichsten Ruhestellungen. Leider begleitete uns Migmar nur bis zum nächsten Dorf, wo er – trotz der Tatsache, dass er augenscheinlich zu uns gehörte – mit einem Steinhagel verjagt wurde.

Hier fanden wir endlich ein Telefon, von dem aus wir Paul in Shigatse anrufen konnten. Er hatte sich schon Sorgen gemacht und viel früher ein Lebenszeichen von uns erwartet. Aber was hätte er machen sollen? Uns hinterherreiten? Er hätte uns kaum gefunden, denn wir hatten inzwischen die Straße verlassen und ritten durch weitgehend unbewohnte Gegenden. Dabei richteten wir uns nach Karten, die Sharyn im Internet gefunden hatte; zudem gaben uns die Flussläufe eine ungefähre Richtung vor.

Wir befanden uns irgendwo in Tibets größter Einsamkeit, um uns herum nur Felsen und Wasserfälle, als sich der erste Unfall ereignete. Auf einer Bergwiese versuchte Romeo wieder einmal lustvoll prustend anzubändeln, diesmal mit zwei vereinsamten Stuten. Ich trieb Romeo an, um ihn von seinem Flirt abzuhalten und um Sharyn einzuholen, die mit ihren Pferden gerade einen Fluss auf einer alten Steinbrücke überquerte. Vielleicht ritt ich etwas zu schnell und kam daher unserer Stute zu nahe. Päma, die Romeos Avancen immer noch nicht zu schätzen wusste, wurde aggressiv und trat dem in diesem Fall völlig unschuldigen Romeo kräftig vor die Brust. Der hatte mit diesem Angriff nicht gerechnet. Er verlor auf der schmalen und glitschigen Brücke das Gleichgewicht und stürzte – mit mir obendrauf – in den eineinhalb Meter tiefer strömenden Fluss. Wir landeten im flachen Wasser. Das schwere Tier lag auf meinem ohnehin schon lädierten rechten Bein. Als ich mich gerade wieder gesammelt hatte und mich vorsichtig unter dem Pferd herauswand, hörte ich Sharyns Stimme: »Bist du okay?«

Ich stand auf und rief zurück, sie solle sich keine Sorgen machen. Wahrscheinlich stand ich noch unter Schock, denn ich spürte keinerlei Schmerzen.

»Aber das Pferd«, rief sie panisch, »fang das Pferd ein!«

Ich warf mich auf die Stelle, wo ich Romeo vermutete. Doch der hatte sich schon vor mir aufgerappelt und war bereits auf der Flucht.

»Da«, rief Sharyn, »nimm ihn doch!«

Ich wankte umher und griff ins Leere. Sharyn hatte bei all dem Stress wohl vergessen, dass man einem Blinden mit Handzeichen und »Da«- und »Dort«-Rufen nicht besonders weiterhalf. Nur durch Zufall erwischte ich Romeo und konnte ihn gerade noch an seinem Schweifriemen festhalten.

Später erst merkte ich, wie stark mein Bein in Mitleidenschaft gezogen war. Es schwoll an wie ein Ballon und schillerte in allen Farben; eigentlich hätte es stillgelegt und mit Eis gekühlt werden müssen. Aber es half nichts, wir mussten weiter, und so ließ ich in den folgenden Tagen meinen steif gewordenen Unterschenkel einfach steigbügellos am Pferd herunterbaumeln.

Später diagnostizierte Philippe eine Knochenverletzung, die allerdings hier in Tibet nicht wirklich behandelt werden konnte und daher langsam von selbst heilen musste.

20

Wir zelteten auf einer steil abfallenden Wiese, und in der Nacht lief wieder einmal Regen ins Zelt. Ich wachte auf, nass, kalt und schmutzig. Als ich den Kopf zum Zelt rausstreckte, schlug mir Eisregen ins Gesicht. Ich weiß nicht, was mich trieb, aber ich entschied mich an diesem winterlich anmutenden Morgen, in einem nahe gelegenen Gletscherbach die seit fünf Tagen überfällige Reinigung nachzuholen. Nach dem Bad war mein ganzer Körper taub. Sharyn erklärte mich für total verrückt, aber ich fühlte mich zumindest sauber und frisch und vergaß über der Kältekur sogar die Schmerzen an meinem Bein.

Der Tag, der nun auf uns wartete, war wohl der gefährlichste und anstrengendste auf der ganzen Reise. Die Nomaden, die wir in dieser einsamen und rauhen Natur trafen, begegneten uns mit großer Herzlichkeit. Sie warnten uns, auf dieser Route weiterzureiten. Der Pfad sei nur in der trockenen Jahreszeit passierbar. Aber welche Alternative hatten wir? Zurück zur Straße reiten und einen Sechs-Tage-Umweg nehmen? Nein, wir hatten mehr Angst vor der Brutalität der Menschen an den Straßen und wollten lieber auf dem schnellsten Weg Shigatse erreichen. Wir schoben alle Bedenken beiseite und machten uns auf den Weg.

Der Tag begann recht gemütlich. Wir hatten noch nicht gefrühstückt und nahmen daher die Einladung eines jungen Nomadenpaars zu einer Schüssel Tsampabrei und einem Becher Buttertee gerne an. Stolz erzählte uns das junge Paar, dass sie erst im letzten Sommer ihr Zelt gegen die kleine Steinhütte eingetauscht hätten. Die Hütte war nur etwa zehn Quadratmeter groß, aber groß genug für eine Feuerstelle, zwei Schlafgelegenheiten, und auch die Katze und ein kleiner verspielter Hund fanden Platz.

Ein unerwarteter Komfort. Es fehlte nur noch das elektrische Licht. Von Elektrizität hätten sie schon mal gehört. Das sei etwas ganz Besonderes! Es komme aus der Stadt. Man könne das Feuer anfassen, ohne sich die Finger zu verbrennen.

Die Frau war von unseren blonden Haaren fasziniert. So etwas habe sie noch nie gesehen. Woher wir denn kämen und ob die Menschen in unserem Dorf auch so gelbe Haare hätten?

Ich erzählte, dass wir »Chigyä«, Ausländer, seien. Damit konnte sie gar nichts anfangen. Ich versuchte es noch mal und meinte, ich komme aus »Cherman«, Deutschland, und meine Freundin aus »Ari«, Amerika – mit Kanada wollte ich erst gar nicht anfangen.

Plötzlich glaubte sie zu verstehen und meinte begeistert: »Dann seid ihr also aus dem Norden, aus Amdo oder sogar aus Lhasa?!«

Dass ich mit dem Pferd unterwegs war, fand sie im Gegensatz zu so vielen anderen überhaupt nicht verwunderlich. Wenn man nicht sehen könne, solle man auf jeden Fall reiten. Auch würden dann die Füße nicht nass.

Auch die beiden Nomaden warnten uns vor der vor uns liegenden Strecke. Doch wir blieben bei unserem Vorhaben und machten uns auf den Weg, der uns ins nächste Dorf bringen sollte. Dazu mussten wir eine Schlucht durchqueren.

Der Pfad führte größtenteils am Ufer eines reißenden Flusses entlang, der durch die Regenfälle der letzten Nächte zusätzlich angeschwollen war. Hin und wieder waren wir gezwungen, den Fluss zu überqueren. Manchmal gab es so etwas wie eine Brücke, manchmal war es nur ein klappriger Steg, und hier und da hatten wir keine andere Wahl, als die Pferde gegen ihren Willen und gegen alle Vernunft in den reißenden Fluss zu treiben. Während die ausgewachsenen Tiere sich entschieden gegen so manche Badeaktion wehrten, schien das Fohlen, nachdem es gemerkt hatte, dass es schwimmen konnte, Gefallen am Wasser gefunden zu haben. Der Fluss konnte noch so laut schäumen, Be'u war stets bereit, die Karawane schwimmend anzuführen.

Solange wir neben oder sogar in den tosenden Fluten ritten, hatte ich keine Angst. Das Gruseln überfiel mich erst auf den schmalen Bergpfaden, die hoch oben an den steilen Klippen zu kleben schienen und oft nicht mehr als einen halben Meter begehbaren Untergrund aufwiesen. Zu Fuß mag das keine Schwierigkeit sein. Aber ich war im Gegensatz zu Sharyn darauf angewiesen zu reiten, denn mit Stock und einem Pferd an der Leine kam ich hier nicht voran. Der Weg war schlammig und rutschig und führte in Serpentinen auf und ab, an steilen Berghängen entlang. Hin und wieder hörten wir vor oder hinter uns laut krachende Steinschläge. Es schien nur eine Frage der Zeit, bis wir selbst in eine Steinlawine gerieten.

Ich wusste von früheren Touren, wie gut es war, nicht alles sehen zu können. Aber manchmal konnte ich nicht anders und bat Sharyn, mir etwas über unsere Umgebung zu verraten. Einmal fragte ich sie an einer besonders rutschigen und engen Stelle, wie weit es bis zu dem Fluss hinunter war, der ohrenbetäubend unter uns toste. Sharyn zögerte, gab sich dann aber einen Ruck: »Du musst dich jetzt sehr konzentrieren, denn direkt neben dir geht es mehrere hundert Meter in die Tiefe!«

Romeo, der den Unfall vom Tag zuvor noch nicht verdaut hatte, war recht unsicher auf den Beinen. An steilen, abschüssigen Stellen weigerte er sich oft weiterzugehen. Auch mir waren die zum Teil fast meterhohen Stufen recht unheimlich. Kletterte Romeo unerwartet eine steile Steinstufe nach unten, schien es mir, als ob das Pferd plötzlich unter mir verschwand. Für den Bruchteil einer Sekunde hatte ich dann das Gefühl, das Pferd würde den Halt verlieren und mit mir in die Tiefe stürzen.

Ich spürte die Angst des Pferdes, und da ich nicht einschätzen konnte, wie berechtigt sie war, bekam ich ebenfalls Angst. Sharyn riet mir, an den besonders gefährlichen Stellen für eine Weile besser Chinda zu reiten. Denn seit es so richtig spannend geworden war, hatte er offensichtlich vergessen, sich vor allem zu fürchten. Er war jetzt hochkonzentriert und vollkommen verlässlich. Wir tauschten also für diese Etappe die Rollen. Ich ritt mit Chinda voran und übernahm auch Päma, während Sharyn, die auf dieser Strecke lieber nicht reiten wollte, Romeo an die Leine nahm.

Als wir auf einer kleinen Wiese eine Verschnaufpause einlegten, gab es zwischen Sharyn und mir die erste größere Auseinandersetzung.

»So geht das nicht weiter«, erklärte sie ärgerlich, »wenn du dem Pferd nicht zeigst, dass es keine Angst zu haben braucht, dann kommt es nicht sicher durch die Schlucht. Es braucht den Reiter, damit es weiß, dass alles in Ordnung ist!«

Ich erwiderte trotzig, sie solle es doch einfach mal ausprobieren, mit geschlossenen Augen über solche steilen Pfade zu reiten.

»Ich kann sehen«, entgegnete Sharyn mürrisch, »ich brauche das nicht auszuprobieren.«

Sie hatte mir einmal gestanden, dass sie große Angst davor habe, selbst blind zu werden. Das sei das Schlimmste, was ihr im Leben widerfahren könne. Vielleicht wollte oder konnte sie sich deshalb nicht in meine Situation hineinversetzen. Wenn ich nicht schnell genug funktionierte, wurde sie ungeduldig oder sogar panisch. Manchmal ärgerte ich mich darüber, aber im Ganzen freute es mich, so von ihr gefordert und als gleichberechtigter Partner behandelt zu werden.

Ich gab Sharyn recht. Der Reiter muss dem Pferd in schwierigen Situationen Sicherheit vermitteln. Ich versprach ihr, mich darum zu bemühen.

Mein neu gestärktes Selbstbewusstsein wirkte sich tatsächlich auf Romeos Trittsicherheit aus; gerade rechtzeitig, denn der Pfad wurde an manchen Stellen so eng, dass mein rechtes Bein gegen die Felswand stieß und mein linkes über dem schäumenden Fluss hing. Manchmal war auch gar kein Weg vorhanden, und dann machte Romeo ein paar Sprünge, wankte gefährlich, aber fing sich immer wieder. Der Pfad bestand meist aus unregelmäßigen Trittsteinen, die in den Fels gehauen oder auch vom Fluss und vom Regen ausgewaschen waren. Dieser Parcours führte in eine tiefe und enge Schlucht, die uns am helllichten Tag Gruselschauer über den Rücken jagte. Die Landschaft hatte etwas Unheimliches: nur glattpolierte Felsen und Wasser, doch kein Vogel sang und keine Fliege brummte. Auch die Sonne hatte in dieser unwirtlichen Welt aufgehört zu scheinen. Alles war kalt, feucht und dunkel.

Zugleich war ich überwältigt von der Akustik, die sich uns bot. Hier und da gab es tosende Wasserfälle, die riesige Gesteinsbrocken mit in die Tiefe rissen. Das rumorte wie entferntes Donnergrollen. Manchmal klang der Fluss wie ein harmlos dahinplätschernder Bachlauf und manchmal wie eine Fontäne in einer gigantischen Steingrotte. Jedes Mal, wenn wir um einen Felsen bogen, hörten wir andere Geräusche. Nicht selten war es so still, dass ich einzelne Tropfen vernehmen konnte. Das »Klick, klack« der Tropfen wurde durch die besonderen Felsformationen zurückgeworfen. Dann hallten auch die Hufe der Pferde auf dem harten und glatten Untergrund. Jeder Laut war hier um ein Vielfaches verstärkt, und alles zusammen schuf eine unwirkliche »Mitternachtsakustik«, wie ich es für mich nannte.

Es war fast dunkel, als wir vollkommen erschöpft an unserem Zielort eintrafen. Der Dorfoberste hatte uns wohl von ferne kommen sehen und hieß uns schon bei den ersten Häusern willkommen. Er ließ es sich auch nicht nehmen, uns selbst zu einem Laden zu führen, wo wir unseren Proviant auffüllen konnten. Wie üblich erledigte ich die Einkäufe und überließ Sharyn die Versorgung der Tiere, um die sich eine immer größer werdende Schar von Kindern versammelte. Sie hatte keine Hand frei, um sich

Sabriye Tenberken und Paul Kronenberg

Erik Weihenmayer

Sabriye mit der Produzentin Sybil Robson (links) und der Regisseurin Lucy Walker

Auf Trekkingtour

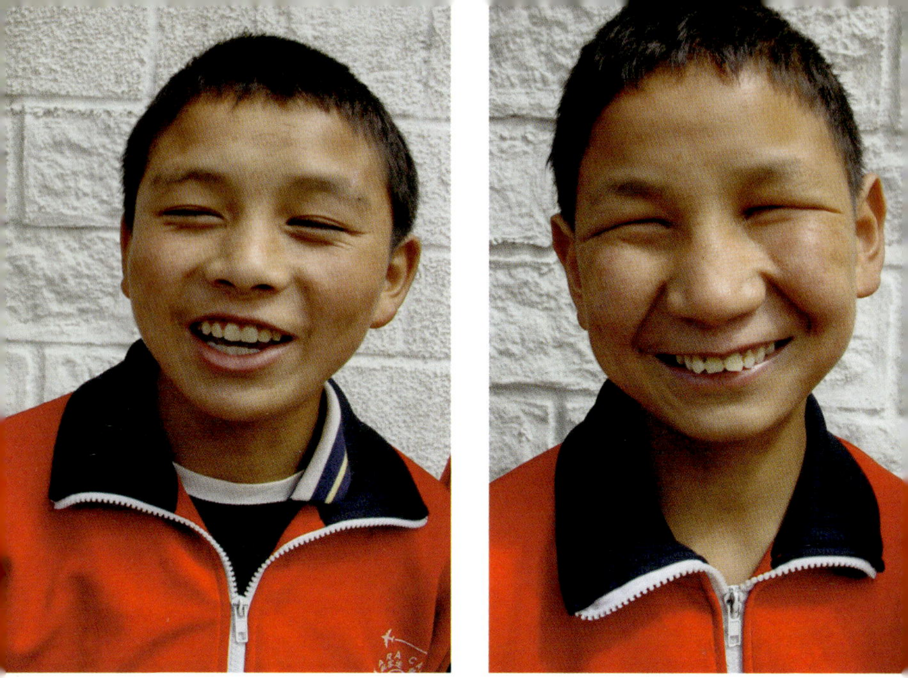

Das Bergteam: Tendsin (links), Dachung (rechts)
Tashi-Passang und Kyila

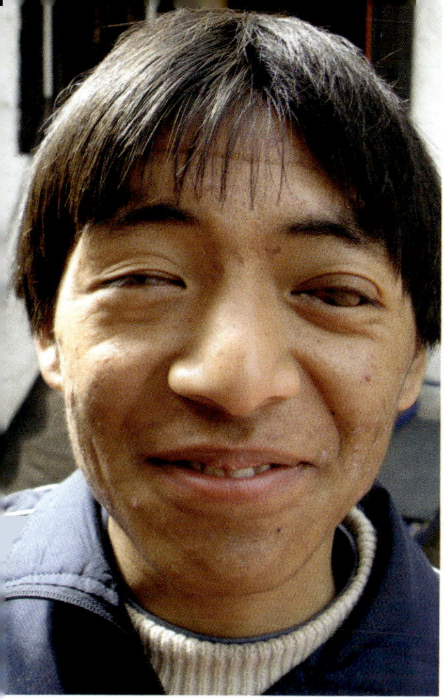

Kiendsen und Bungzo

Lucy und Michael Brown an der Kamera

Sabriye mit Romeo

Die Karawane zieht weiter

Dreharbeiten auf der Luding-Brücke im Westen Sichuans

Tashi-Passang mit seinen Eltern

Die Trainingsfarm

Braille ohne Grenzen

Die Mauseklasse vor dem Potala-Palast

Unterricht im Langdünhaus

Anila, die Seele unserer Schule

Tendsin und Tashi in ihrer Massagepraxis

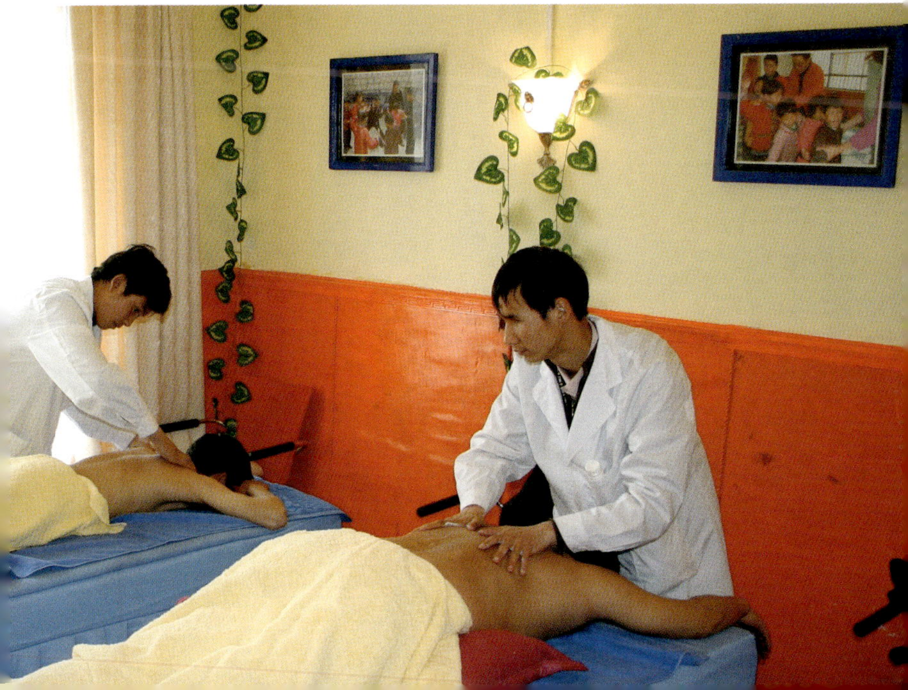

Im Tsurpu-Kloster

Zwischenstopps in Lagern auf Höhen von 5200 bis 6400 Metern

Bereit für den Lhakpa Ri

Achtzig Yaks für die Ausrüstung, einschließlich »Medizin- und Brandy-Yak«

Verschnaufpausen vor dem nächsten Aufstieg

Kerala in Südindien – hier entsteht das neue Projekt

auch noch meines Pferdes anzunehmen, aber Romeo kümmerte sich schon selbst. Denn als sich eine ganze Schulklasse mit begeisterten »Nyingdjebo! Oh, wie niedlich!«-Rufen um ihn scharte, wurde er wieder einmal wild und schuf sich schnell einen Freiraum von mindestens drei Metern. Immer, wenn auf dieser Tour Kinder in seine Nähe kamen, kehrte er fortan den wilden Hengst heraus, sonst hatte er sich wunderbar im Griff.

Nachdem ich alles Nötige für uns besorgt hatte, fragte ich unseren stolzen Begleiter, ob ich irgendwo Futter für die Tiere bekommen könne. Er führte uns auf direktem Wege zu seinem eigenen Haus und bot uns an, sowohl die Tiere als auch uns selbst für die kommende Nacht aufzunehmen. Er als Dorfoberster könne das entscheiden. Wir hätten doch sicherlich Arbeitspapiere, und dann sei das alles kein Problem.

Da wir die Nase vom regennassen Zelten voll hatten, wollten wir das Angebot nur allzu gern annehmen. Das Problem war nur, dass Sharyn ihre Papiere nicht dabeihatte. Um Sharyns Dokumentenmangel zu vertuschen, machte ich ein Riesentheater um meine eigene Legalität, zeigte alle notwendigen und überflüssigen Papiere und erzählte von meiner langjährigen und guten Zusammenarbeit mit den Behörden in Lhasa. Das machte Eindruck und verschaffte mir ungewollt einen Platz auf dem weichsten Lager sowie die größte Schüssel mit Thugpa. Zudem wurde ich genötigt, sitzen zu bleiben, als die Pferde noch mal gefüttert und getränkt wurden. Während ich also stillsitzen und vor einigen Dörflern den Entertainer spielen musste, ritten Sharyn und unser Gastgeber mit den Pferden zum Fluss, um sie zu tränken. Auf dem Rückweg machten sie mindestens drei Runden durch das gesamte Dorf, um allen zu zeigen, welch spektakulären Besuch man an diesem Abend präsentieren konnte.

21

Die Landschaft veränderte sich. Nach Tagen in der Einöde, wo wir nur freundlichen Nomaden mit ihren Yak-, Schaf- und Ziegenherden begegnet waren, sahen wir jetzt wieder die ersten bewirtschafteten Felder; auch die Wege wurden breiter.

»Zurück in der Zivilisation!«, rief Sharyn, die schon den ganzen Tag von nahrhaftem Futter für die Pferde geschwärmt hatte. Doch mit der Zivilisation kam es auch zu einer erneuten Konfrontation mit der tibetischen Landbevölkerung.

Nach einem langen und ermüdenden Ritt hatten wir gerade die Pferde am Rande eines abgeernteten Feldes festgemacht und alle Sättel und Packtaschen abgeladen, als wir lautes Geschrei hörten. Eine Frau kam mit einem Jungen herbeigeeilt. »Was machen die da? Die sollen weg da! Schnell, schnell!«, schrie sie schon von weitem. Und als sie bei uns waren: »Das ist unser Land! Ihr habt hier nichts zu suchen!«

Sharyn blieb freundlich und zeigte auf die Pferde und das abgeerntete Feld.

»Das gehört meinem Bruder!«, brüllte die Frau aufgebracht.

»Die Pferde fressen doch nur Gras«, versuchte der Junge die Frau zu beschwichtigen.

»Das ist egal. Das sind Ausländer, die müssen erst mal zahlen.« Da sie annahm, dass ich kein Tibetisch verstand, fuchtelte sie mir mit den Händen vor dem Gesicht herum, um mir zu bedeuten, dass sie Geld haben wollte.

Der Junge verstand: »Die ist blind.«

»Das ist gut, dann gehen die nicht mehr weiter, und wir können noch mehr verlangen.«

Ich wollte nur noch weg hier, doch Sharyn hatte keine Lust,

die Pferde wieder aufzuzäumen und alles neu aufzupacken. Ich verstand sie gut, denn sie hatte auf dieser Reise sehr viel mehr körperliche Arbeit zu leisten als ich. Während ich mich wegen meiner Sprachkenntnisse um Einkäufe, Wegbeschreibungen, das Futter für die Pferde und natürlich um die allgemeine Kommunikation kümmerte, sattelte, entlud und belud sie oft ganz allein die drei Reittiere.

Ich tat weiterhin so, als verstünde ich kein Tibetisch. Ungehemmt verkündete die Frau jetzt, dass sie uns zunächst kräftig ausnehmen und dann, wenn nötig, mit Gewalt davonjagen wolle. Die »Shargo«, die dumme Blinde, könne sich ja sowieso nicht wehren. »Hol jetzt die anderen!«, kommandierte sie.

Aber der Junge zögerte. Das verschaffte Sharyn Zeit, das Packpferd wieder zu beladen, dann Romeo, der unwillig schnaufte und die Ohren anlegte. Offenbar fühlte er sich noch nicht erholt genug, um wieder loszuziehen.

Die Frau steuerte jetzt auf Sharyn zu, zeigte auf die Pferde und dann auf uns und machte mit der Hand wieder das Zeichen für Geld.

»Ich gebe ihr jetzt sechs Yuan«, meinte Sharyn entnervt, »und dann bleiben wir hier. Das kann ich den Pferden nicht antun, jetzt noch weiterzureiten.«

Ich wollte ihr gerade sagen, dass das nichts nützte, da die Frau uns ohnehin wegjagen wolle, da hatte Sharyn schon ihre Geldbörse gezückt und ihr sechs Yuan in die Hand gedrückt.

Die Frau lachte laut auf. »So wenig! Was für eine Unverschämtheit!«

Ich hätte sie schütteln können. »Nichts wie weg hier«, sagte ich zu Sharyn.

Doch die meinte trotzig: »Ich habe bezahlt und bleibe jetzt hier«, und machte Anstalten, das schwere Gepäck wieder abzuladen.

Jetzt wurde die Frau wild und rief: »Ngül, ngül! Geld, Geld!«

»Komm, Sharyn, wir hauen ab«, flehte ich.

»Dann will ich aber mein Geld zurück«, schimpfte Sharyn und ging mit ausgestreckter Hand auf die Frau zu.

Die wich zurück. »Brüder, Leute, kommt her! Ich werde angegriffen! Das sind Ausländer, jagt sie weg!«

Von den umliegenden Feldern her hörte ich jetzt Männer näher kommen. Das Klappern ihrer Hacken und Spaten klang bedrohlich.

Wir mussten schleunigst hier weg, aber ich hatte nicht genügend Zeit, Sharyn alles zu übersetzen. Sie missverstand die Situation gründlich und wollte mit den Männern verhandeln. »Da gibt es nichts zu verhandeln, wir müssen hier weg! Glaub mir einfach, es ist besser, wir hauen jetzt ab.«

Die Männer begannen uns einzukreisen. Endlich verstand Sharyn.

Wir machten uns auf den Weg, die unwilligen Pferde hinter uns herziehend. Einer der Männer versuchte uns aufzuhalten. Er stellte sich vor Sharyn und hielt Chinda einfach am Halfter fest. Sharyn hatte noch den Eisenspieß in der Hand, mit dem wir immer die Leinen der Tiere am Boden befestigen. Den hielt sie dem Mann unters Kinn und zischte auf Englisch: »Komm bloß nicht näher! Ich mach euch alle klein!« Der Mann verstand die Geste problemlos, ließ abrupt los und gesellte sich kleinlaut zu den anderen.

Einige Männer verfolgten uns noch eine Stunde lang, bis die Dunkelheit einbrach. Wir ritten weiter bis Mitternacht. In einer verlassenen Steinwüste konnten wir endlich das Zelt aufstellen. Wir fühlten uns gejagt und gedemütigt. In aller Frühe suchten wir das Weite.

Später erreichten wir eine kleine Stadt. Ich glaube, uns ging zum ersten Mal wieder ein Lächeln übers Gesicht, als wir bei einem freundlichen Händler für einen fairen Preis heiße Dingmomos, eine Art weiche Brötchen, kaufen konnten. Die Momos waren wunderbar – und das Erste, was wir seit unserer Nacht beim Dorfobersten zu uns nahmen.

Diese Stadt war sonderbar: überbreite Straßen aus Asphalt, aber kein Verkehr. Nagelneue Einfamilienhäuser aus Beton, aber keine Bewohner. Bürgersteige, aber nur wenige Passanten. Verstohlene, ängstliche Blicke. Durch die unnatürliche Stille wirkte das Ganze wie eine verlassene Filmkulisse.

Es gab nur zwei Verkaufsbuden. In der einen waren wir von dem freundlichen Mann bedient worden. Als wir die andere Bude betraten und um heißes Wasser baten, wurde die Verkäuferin blass, drängte uns hinaus und schlug die Tür hinter uns zu.

Wir führten die Pferde ein wenig umher und überlegten, woran uns diese Umgebung erinnerte. Sharyn erinnerte sich an eine Episode der amerikanischen Fernsehserie »Twilight Zone«. Da ging es um eine Stadt, in der sich nur Roboter in Menschengestalt aufhielten. Genauso steril und unheimlich war es hier – ein echter Kulturschock nach den Tagen, in denen wir uns an ein Leben in der Natur gewöhnt hatten.

Wahrscheinlich war das Ganze ein bürokratischer Schildbürgerstreich, dachte ich mir später, eine am Reißbrett entworfene Siedlung, die von den Menschen noch nicht angenommen und mit Leben erfüllt worden war.

Die letzte Etappe unserer Reise war der so genannte Friendship Highway, die Straße zwischen Lhasa und Kathmandu. In diesem Jahr befand sie sich im Großumbau. Der Weg über die aufgerissene Straße war ein einziger Hindernis-Parcours. Er führte uns vorbei an Baustellen, Erdgruben und Sprengkommandos. Es galt, riesigen Bulldozern auszuweichen und betrunkene Straßenarbeiter abzuwimmeln. Nicht selten hörten wir ein gelalltes »Lau wai, xiao jie! Ausländermädchen, kommt doch mal rüber!« Und wenn wir den Kerlen dann keine Beachtung schenkten, wurden sie richtig bösartig, traten nach unseren Pferden oder versuchten sie mit Schlägen anzutreiben. Manche Lastwagenfahrer machten sich einen Spaß daraus, die Pferde mit Dauerhupen zu erschrecken. Alle klopften sich amüsiert auf die Schenkel, sobald die Pferde scheuten und auszubrechen versuchten.

Tierliebe, das hatten wir schon erfahren, zählte nicht unbedingt zu den hiesigen Tugenden. Sobald Sharyn mit den vier unruhigen Pferden irgendwo auf mich wartete, während ich in Läden und Bauernhöfen Futter für die Tiere und Essen für uns besorgte, sammelten sich Straßenarbeiter um sie. Es schien ihnen Spaß zu machen, die genervten Tiere noch mehr in Rage zu bringen. Sie wurden nicht in Ruhe gelassen, bis wir wieder losgeritten waren. Mancher versuchte, sich in meinen leeren Sattel zu schwingen – vergeblich, denn Romeo bockte dann und trat kräftig um sich.

Be'u erging es nicht besser. Das Fohlen hatte inzwischen jegliche Menschenscheu verloren und trabte neugierig jedem entgegen, der es zu sich lockte. Und wenn es dann nah genug war, packte man es grob an der Mähne, um es hinter sich herzu schleifen. Zum Glück lief es ohne Leine frei herum und konnte sich mit Bissen und Tritten zur Wehr setzen.

Wurden wir wütend und schimpften, sie sollten uns und die Tiere endlich in Ruhe lassen, lachten die Arbeiter nur umso lauter und drohten, uns mit Pflastersteinen zu bewerfen.

Sharyn und ich waren uns nicht einig, wie wir den Aggressionen begegnen sollten. Sharyn plädierte für den Angriff als die beste Verteidigung; zumindest sollte man drohen. Mein Einwand war, dass wir mit Drohungen die Wut nur noch weiter schürten. Besser schien mir, mit freundlicher Gelassenheit zu reagieren.

Ironischerweise war ich es dann, die in den folgenden Tagen auf dem »Freundschafts«-Highway alle Freundlichkeit und Gelassenheit verlor, so dass Sharyn mich besänftigen musste.

Einmal bat ich eine alte Bäuerin, uns Futter für die Pferde zu verkaufen. Sie wurde so eifrig, dass ich misstrauisch nach dem

Preis fragte. Den sollten wir bestimmen, sagte sie und war schon mit ihrem Esel auf und davon. Wir warteten eine Stunde auf sie, zusammen mit ihrem angetrunkenen Mann, der auf sein neugeborenes Enkelkind aufpasste. Wir teilten uns ein paar Kekse mit ihm und schenkten ihm eine Flasche Saft.

Als die Frau zurück war, stellte sie stolz einen kleinen Sack Gerste vor uns hin. Es waren vielleicht gerade einmal zwei Kilo, ein kleines Häppchen für vier erschöpfte Pferde. Ich gab ihr fünf Yuan, immerhin fast das Doppelte des üblichen Preises.

Gleich ging die Jammerei los: Sie habe keine Eltern mehr (die Frau war bestimmt schon über siebzig!), sie müsse zwei Kinder, ein Enkelkind und einen kranken Mann versorgen!

Schon etwas genervt, bot ich ihr zehn Yuan an. Doch die Alte jammerte nur umso lauter. Sie sei den weiten Weg gelaufen, um uns zu helfen, aber wir seien so undankbar! Sie wollte mindestens zwanzig Yuan haben, schließlich seien wir ja Ausländer.

Da brannte bei mir eine Sicherung durch. Ich steckte das Geld wieder in die Tasche und warf ihr das Säckchen vor die Füße: »Nur weil wir gelbe Haare und lange Nasen haben, heißt das nicht, dass wir auch Geld scheißen!«

Die Bäuerin und auch Sharyn waren über meinen plötzlichen Wutausbruch erschrocken. Sharyn versuchte mich zu beruhigen; sie dachte natürlich an das Futter.

Doch es hatte keinen Zweck, jetzt war ich in Fahrt. »Ihr bewerft uns mit Steinen, raubt uns aus und versucht uns mit euren Jammergeschichten übers Ohr zu hauen. Cho rimpo sarewa, verdammt noch mal! Schämt euch und futtert eure Gerste selbst!«

Ich machte mein Pferd klar, da hörte ich, wie der Mann mit beklommener Stimme zu seiner Frau sagte: »Zehn Yuan sind doch wirklich mehr als genug.«

Das war sein Glück, denn ich hatte mir gerade überlegt, für die Kekse und die Flasche Saft, die wir mit ihm geteilt hatten, zwanzig Yuan zu fordern.

Die Alte hatte schließlich ein Einsehen. Sie gab mir die Gerste, ich ihr die zehn Yuan, und Sharyn hängte den teuer erkauften Sack an ihren Sattel.

»Kannst du uns ein Messer mitbringen?«, bat ich Paul am Telefon. »Bring mir das schärfste und stärkste Klappmesser, das du auftreiben kannst. Ich habe nachts Angst. Ich habe alles so satt hier!«

Wir bauten die Zelte jetzt erst im Dunkeln auf, um die Aufmerksamkeit der Straßenarbeiter nicht auf uns zu lenken. Diese ermüdenden Vorsorgemaßnahmen nützten oft nichts, denn immer wieder hörten wir Schritte ums Zelt und flüsternde Männerstimmen. Wir schliefen jetzt nur noch mit schweren Stiefeln an den Füßen und Eisenhaken in den geballten Fäusten. Und vielleicht spürten sie durch die Zeltplane, dass hier zwei Explosivgeschosse lagen, die bei dem kleinsten Annäherungsversuch hochgehen würden. Tatsächlich ließ man uns und die Pferde in Ruhe.

Paul und Lodri wollten von Shigatse über die Nordroute zurück nach Lhasa fahren. Unsere Wege würden sich an der großen Brücke über den Yarlung Tsangpo kreuzen. Wir hofften, sie dort um die Mittagszeit in einer Thugpa-Stube zu treffen.

Wir hatten gerade eine äußerst gute Nudelsuppe verschlungen, als die beiden zu uns stießen. Sie hatten schon die Pferde gesehen und waren überglücklich, uns lebendig vorzufinden. Auch wir waren sehr froh, sie wiederzusehen.

Aber als Paul und Lodri uns fragten, wie es uns denn ergangen sei, brach es plötzlich aus mir heraus. Ich fing an zu heulen und überschüttete die beiden mit zornigen Schilderungen. Bei all der Wut, die sich in den vergangenen Tagen angestaut hatte, vergaß ich ganz die schönen Seiten dieser Tour, die freundlichen Nomaden und die herzlichen Dorfbewohner, die uns und unsere Tiere aufgenommen und durchgefüttert hatten. In diesem Moment erklärte ich trotzig, nicht mehr hier leben zu wollen, die Nase gestrichen voll zu haben von all der Hinterlist und Gewalt.

Ja, ich hatte noch nie so viel Angst vor Menschen gehabt. Noch nie war ich auf so viel Dummheit und Feindseligkeit gestoßen. Ich konnte in diesem Augenblick dem Land, das wir über die Jahre schätzen gelernt hatten und das uns eine neue Heimat geworden war, nichts mehr abgewinnen. »Da redet die ganze Welt von dem heiligen Tibet! Und was tun die Menschen hier? Sie quälen und demütigen, betrügen und werfen mit Steinen! Wo ist Tibets fromme Gesellschaft? Wo ist denn das vielgepriesene Mitgefühl?«

Weiter kam ich nicht, denn als hätte man mein Wutgeheul verstanden und wollte mich noch darin bestätigen, ertönte in diesem Moment ein Schrei wie von einem Kind. Es war ein Hund, der vor Schmerzen aufschrie, so dass es uns allen in den Magen fuhr. Ein Schrei, der in lautes, krampfhaftes, fast menschliches Heulen überging.

Paul, Lodri und Sharyn hatten gesehen, was passiert war, und konnten vor Schock einen Moment lang nicht sprechen. Es war ein kleiner Straßenhund, der friedlich in der Sonne gelegen und niemanden gebissen oder angeknurrt hatte oder sonst wie auf die Nerven gegangen war. Und ein tibetischer Landarbeiter, der an dem Hund vorbeigeschlendert war, hatte ihm wie rein aus Spaß mit einer Peitsche das Auge herausgeschlagen!

Wir waren wie versteinert. Die Leute um uns her, die die Szene ebenfalls aus der Nähe beobachtet hatten, schüttelten sich vor Lachen. Lodri untersuchte den Hund und sagte mit Abscheu in der Stimme: »Der Kerl hat es geschafft. Der Hund wird nicht mehr lange leben.«

Es dauerte noch zwei Tage, bis wir endlich hungrig und erschöpft unsere Farm erreicht hatten. Und erst als wir uns ein wenig erholt hatten, schrieb ich einen Brief an Freunde und Verwandte:

Könnt ihr euch vorstellen, dass man Tsampasuppe und Buttertee wie einen guten Rotwein genießen kann? Und dann das Bad ... eine ganze Wanne voll heißen Wassers, das all den Dreck aus den Poren schwemmt und den Zorn auf die Leute und auf das Land, in dem wir leben und arbeiten, besänftigt.

Dass wir vier Pferde heil, zufrieden und sogar ein wenig runder als zuvor auf die Farm bringen konnten, erscheint uns jetzt, nach all dem, was geschehen ist, wie ein Wunder. Und was für eine schöne Rückkehr. Eine Oase, ohne Müll, mit freundlichen Menschen und zufriedenen Tieren.

Endlich konnte der lüsterne Romeo seine Träume verwirklichen. Und jetzt ist es so weit. Päma ist wieder trächtig und bekommt im nächsten Frühjahr ihr zweites Fohlen.

Da hatte ich geglaubt, ein Ritt durch Tibet sei ein abenteuerlicher Spaß, war doch vor sieben Jahren alles gutgegangen.

»Ja«, hat Philippe geknurrt, als er meine Blessuren und Frakturen untersuchte, »damals warst du mit Tibetern unterwegs, und später war Paul dabei, eine männliche Begleitung.« Philippe ist hier in Tibet unser ältester Freund. Seit acht Jahren lebt und arbeitet er als Arzt in Shigatse. Er kennt die Gastfreundschaft der Nomaden in den Bergen, aber auch das Misstrauen der Bauern gegenüber Fremden.

Wir hatten bisher auch hin und wieder schlechte Erfahrungen gemacht, doch überwiegend war man uns mit Freundlichkeit begegnet. Daher war ich voller Zuversicht auf die Reise gegangen. Ich hatte erwartet, dass sich die Menschen so freundlich und offen zeigten wie damals. Was war geschehen? Was hatte die Menschen, auf die wir trafen, so gegen uns aufgebracht?

Unsere Freunde hier vermuten, dass unsere kleine Karawane aus vier Pferden, angeführt von zwei alleinreisenden ausländi-

schen Frauen, auf die Landbevölkerung wie eine Provokation gewirkt haben muss. Vielleicht hat man uns sogar als Hexen verdächtigt und fühlte sich von etwas Bösem bedroht.

Was immer es auch war, jetzt ist es eine gute Geschichte, aber sie wird sich nicht wiederholen, das verspreche ich euch!

22

Die Pferde waren für das Leben auf der Farm ein großer Gewinn. Die Erkenntnis, dass man sich als Blinder getrost einem Pferd anvertrauen kann, war für manche der Erwachsenen eine Offenbarung. Die meisten von ihnen waren früher geritten, hatten es sich seit ihrer Erblindung aber nicht mehr zugetraut. Jetzt erlebten sie eine neue Freiheit und Mobilität, wenn sie auf den neu angelegten breiten Sandwegen über das Gelände trabten.

Die Pferde merkten allerdings schnell, dass ihre Reiter nicht so genau hinschauten, und dann ging es schon mal, zum Missfallen unserer Landwirte, querfeldein, durch Hafer-, Gersten- und Rapsfelder, über Rüben- und Kartoffeläcker, haarscharf vorbei an den Sonnenblumenstauden und Tulpenfeldern. Um die unerwünschten Ausflüge zu verhindern, ließ Paul an der Innenseite der Mauer, die das gesamte Gelände umschließt, einen Reitweg anlegen und mit Kies bestreuen. So können sich die Reiter nun akustisch orientieren und wissen, ob ihr Pferd noch Kurs hält.

Dank der harten Arbeit unserer tibetischen Landwirte hatte sich die Farm in nur wenigen Monaten von einer Wüste in einen lebensfrohen, grünenden Ort verwandelt. Paul und Mike ließen große Wasserreservoirs errichten, in denen das kostbare Regenwasser aufgefangen und durch ein Leitungssystem über Felder, Äcker und Wiesen verteilt wurde. Mike legte eine kleine Plantage mit Pfirsich- und Apfelbäumen an und unterrichtete die Schüler in der Obstbaumpflege. Ngawang ließ, nach einer Idee von Wilfred Schäfer, einem damals in Tibet lebenden Agrarspezialisten, im Innenhof des Hauptkomplexes einen Pflanzenlehrpfad für Blinde errichten. Es handelt sich um ein Hochbeet, über hundert Meter lang und einen Meter breit, an dem man im Stehen arbeiten kann, bepflanzt mit den unterschiedlichsten Getreidesorten, Blumen und Kräutern. Auf kleinen Tafeln ist in Brailleschrift auf Tibetisch, Chinesisch und Englisch alles Wissenswerte über die jeweilige Pflanze festgehalten.

Als nun alles grünte und blühte, die Gewächshäuser von Blumen und vielfältigen Gemüsesorten überquollen, die Werkstätten mit Werkzeug ausgestattet waren und sogar eine kleine Sporthalle mit Rudergeräten und Laufbändern bereitstand, da glaubten wir, es würde ein Leichtes sein, blinde Erwachsene für ein Training auf der Farm zu gewinnen. Doch deren Ermutigung zu einem selbstbestimmten Leben gestaltete sich sehr viel schwieriger, als wir es von den Kindern und Jugendlichen im Langdünhaus gewöhnt waren.

Viele Blinde hatten jahrelang nur vor sich hin vegetiert, in aufgezwungener oder auch selbstgewählter Isolation, und hatten sich angewöhnt, ihren Frust im Chang zu ertränken oder mit Zigarettenqualm zu ersticken. Manche der Kandidaten äußerten den Verdacht, bei unserer Farm handele es sich um eine Aufbewahrungsstätte für lästige Familienmitglieder, und sie verhielten sich unseren geduldigen Ausbildern gegenüber launisch und misstrauisch.

»Warum soll ich etwas lernen?«, fragte etwa Sonam, der nicht aus freien Stücken zu uns gekommen, sondern von seinem Onkel gebracht worden war. »Ich bin blind, die Leute in meinem Dorf müssen sich schon um mich kümmern. Wenn sie mich verhungern lassen, ist es schlecht für ihr zukünftiges Leben.«

Sonam, um die dreißig und von Geburt an blind, war redegewandt und intelligent, aber er empfand es als widersinnig, sich anzustrengen, wo er es doch immer so einfach gehabt hatte, und brach die Ausbildung nach ein paar Wochen wieder ab. All unsere guten Worte von »Eigenständigkeit« und »Unabhängigkeit«

waren an ihm abgeperlt wie Wassertropfen von einer Wachstuchdecke.

Und doch – es gab einen deutlichen Unterschied zwischen geburtsblinden und späterblindeten Erwachsenen. Letztere berichteten oft, wie sie mit der Erblindung ihren Lebensmut verloren und sich ganz aus dem Familienkreis und aus dem Leben in der Dorfgemeinschaft herausgezogen hatten. Im Gegensatz zu Sonam hatten sie jedoch früher einmal erfahren, wie es ist, in Würde zu leben. Nun litten sie darunter, auf Almosen angewiesen zu sein. Die meisten waren früher einer Arbeit nachgegangen, und einige hatten sogar eine höhere Schulbildung. Diese Menschen erkannten bald, dass ihnen auf der Farm eine große Chance geboten wurde. Sie waren überrascht von der Vielfalt der beruflichen Tätigkeiten, in denen sie sich je nach Interesse, Erfahrung und Begabung ausbilden lassen konnten.

So wird ein ehemaliger Automechaniker in der Reparatur von landwirtschaftlichen Geräten und Traktoren geschult, ein späterblindeter Viehzüchter in der Milchverarbeitung, und eine ehemalige Gemüsebäuerin lernt, wie man ein Gewächshaus einrichtet und selbständig bewirtschaftet. Manche der »Auszubildenden« kommen auch aus handwerklichen Berufen und erhalten in den Werkstätten die Gelegenheit, stricken, weben und töpfern neu zu erlernen oder sich in ihrem jeweiligen Handwerk mit neuen Techniken fortzubilden.

Die Möglichkeiten, die das große Farmareal bietet, sind so vielseitig, dass auch Mehrfachbehinderte ausgebildet werden können. Und so nahmen wir auch bald unseren ersten taubblinden Schüler auf.

Dangsang hatte das Gehör verloren, als er fünf Jahre alt war. Für ein paar Jahre ging er in eine Schule für Hörgeschädigte in Lhasa und lernte dort lesen, schreiben und die in China verbreitete Gebärdensprache. Er war ein guter Schüler und hatte unter seinen Schulkameraden viele Freunde. Doch dann, mit dem

15. Lebensjahr, erblindete der Junge, und eine Welt stürzte für ihn zusammen. Er war nun vollkommen isoliert. Dangsangs Mutter gab ihren Beruf auf, um ganz für ihn da zu sein. Sie war auch der einzige Mensch, mit dem er sich verständigen konnte. Dazu hatten beide eine eigene Fingersprache entwickelt.

Eines Tages war die Mutter hilfesuchend ins Langdünhaus gekommen und hatte von ihrem Unglück berichtet: »Ich mache mir so viele Sorgen um ihn. Manchmal habe ich Angst, dass er sich umbringt. Er möchte, dass ich mein Leben normal weiterführe, aber ich kann ihn doch nicht alleine lassen!« Sie bat uns, den Jungen aufzunehmen, doch wir fühlten uns zunächst überfordert. Wie sollten wir Dangsang unterrichten? Wie konnten wir mit ihm kommunizieren? Schließlich entschieden wir uns, den Jungen in der Farm aufzunehmen. Und da wir uns mit ihm nicht direkt verständigen konnten, zog seine Mutter gleich mit ein.

Dangsangs Gesichtszüge waren, wie seine Mutter sagte, seit seiner Erblindung unbewegt geblieben. Doch seit dem Umzug beobachtete sie, wie sich seine Miene aufhellte – manchmal lächelte er sogar. Ngawang brachte ihm bei, sich mit dem Stock zu orientieren, und Mike zeigte ihm, wie er die Sportgeräte benutzen konnte.

Dann zog Norbu auf die Farm. Paul hatte gerade mit dem Bau der Käserei begonnen, und Norbu, der die Realisierung seines Zukunftstraums in greifbare Nähe rücken sah, wollte den Bauprozess von Anfang an mitverfolgen.

Norbu, aufgeweckt und unbefangen, freundete sich schnell mit Dangsang an. Er entriss der überbesorgten Mutter ihren Schützling und nahm ihn mit auf seine Streifzüge durch das Gelände. Hand in Hand sprangen sie über Bewässerungsgräben und manchmal auch mitten hinein, verjagten die Tauben aus dem großen Theatersaal und stibitzten Tomaten und Gurken aus den Gewächshäusern. Norbu vermittelte Dangsang, welch vielfältige Erfahrungen man allein mit den Händen und mit der

Nase machen konnte. Er ließ ihn alles anfassen und an allem riechen, was sie unter die Finger bekamen: von erdigen Steinen über herbsüß duftende Sonnenblumen bis zum modrig stinkenden Wasser des Entenweihers. Sobald irgendwo etwas zu tun war, ob im Gewächshaus Gemüse geerntet, Blumen umgetopft, ob auf den Feldern bewässert oder gedroschen wurde, Norbu sorgte dafür, dass Dangsang so oft wie möglich mitarbeitete.

Dann beobachtete Paul eines Tages, wie die beiden Jungen im Schatten einer Weide saßen und auf Braille-Schreibmaschinen schrieben, die Maschinen austauschten und wieder etwas schrieben. Da erst begriffen wir, dass der taubblinde Junge durchaus in der Lage war, die Brailleschrift zu erlernen; schließlich hatte er schon einmal ein Schriftsystem beherrscht. In wenigen Tagen lernte er alle dreißig Zeichen lesen und schreiben, und bald war er in der Lage, sich mit Norbu und Ngawang, der die Brailleschrift ebenfalls beherrschte, schriftlich auszutauschen.

Der 14-jährige Norbu war von der Farm bald nicht mehr wegzudenken; von Mike und Ngawang wurde er der »kleine Manager« genannt. Er schien immer zu wissen, was auf der Farm vor sich ging. Er wusste, wer etwas benötigte, er stellte Einkaufslisten zusammen und trieb vermisste Schaufeln oder Hacken in irgendwelchen Ställen oder verwaisten Schuppen wieder auf. Wenn die Landwirte oder Ausbilder jemanden suchten, fragten sie als Erstes Norbu, der meist genau sagen konnte, wer an welcher Stelle auf dem 16 Hektar großen Gelände gerade was tat.

Neben der Farm befindet sich eine kleine Dorfschule. Und da Norbu sich mit einigen der Schulkinder angefreundet hatte, ging er eines Morgens einfach in die Schule und nahm wie selbstverständlich am Unterricht teil. Die Lehrer und Schüler freuten sich über den neuen Klassenkameraden. Nach einigen Wochen fragte der Schulleiter, ob wir nicht noch mehr solcher Kinder hätten, die so schnell auswendig lernten und sich so ganz ohne Hemmungen am Unterricht beteiligten. Wir nahmen ihn beim Wort. Der Schulleiter des Internats bei Medrogonkar hatte sich geweigert, weitere blinde Schüler aufzunehmen. Und so zogen Gyurmi, Panden und zu Norbus größter Freude auch Dachung auf die Farm, um die benachbarte Dorfschule zu besuchen.

Mit den vier energiegeladenen Jungen wurde es auf der Farm lebendig. Fußbälle flogen durch neu bepflanzte Blumenbeete und prallten gegen frischgeweißte Hauswände. Lampen klirrten, und hier und da hörte man auch mal ein Fenster zu Bruch gehen. Am liebsten fuhren sie Motorrad, zu unserem Glück noch nicht alleine. Mike saß dann hintendrauf und kommandierte: »Links, rechts, geradeaus!«, und die Zuschauer brachten sich kreischend in Sicherheit.

Wir erkundigten uns besorgt, ob Mike, Ngawang und die Ausbilder sich mit den vier Wilden überfordert fühlten. Doch Mike wehrte ab: »Das geht schon in Ordnung. So hat man zumindest das Gefühl, dass es sich hier um eine richtige Schule handelt.«

Dachung war von Anfang an Norbus bester Freund. Sie waren schon in Lhasa immer dort zu finden, wo irgendein Unfug ausgeheckt wurde. Und wenn sie mal nichts anstellten, übten sie sich in Geschäftemacherei. Das fing zunächst recht harmlos an. Sie sammelten leere Coladosen und erhielten von den Annahmestellen dafür ein paar Mao, wie man die kleinere Währungseinheit nennt. Später trieben sie Handel mit Altpapier, denn davon fiel in der Schule eine Menge an. Mit dem Geld, das ihre Taschen bald füllte, wuchs auch der Eifer. Und wenn der Altwarenhändler mit seiner Rikscha auf der Gasse vor der Schule laut bimmelte und die Papierkisten noch nicht ganz voll waren, konnte es auch vorkommen, dass gerade verfasste Hausaufgaben der Mitschüler und sogar ganze Lehrbücher ihren Weg ins Altpapier fanden.

Als sich Kinder und Lehrer über den Schriftenschwund beschwerten, richtete sich die Aufmerksamkeit der beiden Kleinkapitalisten auf ein anderes, sogar lukrativeres Geschäft. Süße Birnen sind in Lhasa eine Seltenheit. Allerdings wachsen solche Früchte auf den Bäumen im Hinterhof des Langdünhauses. Es ist ein alter, hoher Baumbestand, der mit seinen Ästen weit übers Dach reicht. Sobald der Duft der Birnen den ganzen Hinterhof erfüllte, wurden Norbu und Dachung aktiv. Die beiden kletterten unbekümmert in den hohen Bäumen umher und ernteten alle Birnen, bis sie eine Rikscha gefüllt hatten. Dann sammelten sie ein paar der anderen Kinder um sich und zogen mit der Rikscha in die Stadt, um die Birnen auf dem großen Platz vor dem Jokhang-Tempel zu verkaufen.

Die Kinder machten mit ihren Blindenstöcken, ihren Birnen und ihrem kaufmännischen Sachverstand auf die Bevölkerung von Lhasa großen Eindruck. Sie erzählten den staunenden Passanten, dass sie für diese Birnen ruhig ein bis zwei Yuan pro Kilo mehr zahlen könnten, da »keine Chemie drin« sei. Ich glaube, dass weder die Kunden noch unsere Schüler verstanden, was das heißen sollte, aber immerhin waren in nur wenigen Stunden alle Birnen verkauft, und die Kinder luden für die eingenommenen 600 Yuan alle Lehrer und Schüler zu einem Picknick ein.

Irgendwann nahm die Geschäftemacherei allerdings fast mafiaähnliche Züge an. Plötzlich verschwanden Stöcke, Jacken und Braille-Schreibmaschinen. Die gesuchten Gegenstände tauchten, kurz nachdem sie für verloren erklärt worden waren, wieder auf. Doch nun wollte der Finder, der manchmal auch im Verdacht stand, Urheber des Verlustes gewesen zu sein, einen ordentlichen Finderlohn kassieren. Als uns diese Praktiken zu Ohren kamen, schlugen wir Alarm. Wir holten alle Kinder zusammen und hielten eine lange und wütende Rede.

Noch heute erinnern sich die älteren Schüler, besonders Gyendsen, Dachung, Kyila und Norbu, an diese dunkle Stunde im Langdünhaus. Mit Schaudern erzählen sie den Kleinen: »Es war so schrecklich! Wir saßen da und konnten nichts sagen. Oh, es war uns so peinlich!« Der Tag, der in tränenreichen Entschuldigungsbekundungen endete, wurde zur Legende und ging als »Tag der großen Wut« in die Erinnerungen der Kinder ein.

Nicht lange nach diesem Ereignis lief Norbu zusammen mit ein paar anderen Jungen zum Fluss hinunter. Bei den Kyichu-Fischern kauften sie für all ihr erwirtschaftetes Kapital einen Eimer voll lebendiger Fische. Mit den Fischen liefen sie einen Khora um den Barkhor, um sie dann im heiligen See hinter dem Potala-Palast wieder auszusetzen. Norbu erklärte: Da dürfe nicht geangelt werden. Die Fische seien vor den Netzen der Fischer nun sicher. Ich hatte doch irgendwie das Gefühl, dass die Kinder mit dieser Aktion auch bei den Göttern um Absolution bitten und Besserung geloben wollten.

Bei all der überschäumenden Energie und Ausdauer, die die beiden Freunde Norbu und Dachung an den Tag legten, hätten sie uns gut beide auf der Bergtour begleiten können. Wir entschieden uns aber schließlich für Dachung. Norbu war zwar der Schnellere und Wendigere von beiden, doch er verlor schnell die Lust, wenn etwas zu anstrengend wurde.

Dachung dagegen war unermüdlich. Seine Lieblingsbeschäftigung war ein rauhes Spiel. Dachung nannte es »Hundefußball«, und sein ebenbürtiger Gegner war Puki-Yamdrog, der riesenhafte, glänzend schwarze Nomadenhund, der die Schule bewachte. Während er bei den Besuchern unserer Einrichtung einen eher schlechten Ruf genoss – er nahm seine Bewachertätigkeit sehr ernst und hatte einmal sogar den neuseeländischen Botschafter, der die Schule besuchte, etwas unsanft an der Hose gepackt und kräftig geschüttelt –, war er den Kindern ein freundlicher Spielgefährte, und den Kleinsten diente er sogar als lammfrommes Reittier. Puki war zu allen freundlich, solange sie nach dem Langdünhaus rochen. Doch der riesige Hund gehorchte nur zwei Personen, dem Hausvater Lodri, der sich nur über Handzeichen mit dem Hund verständigte, und dem kleinen und schmächtigen Dachung, der unermüdlich mit dem doppelt so schweren Ungetüm herumtollte.

Im Hundefußball eröffnete stets Puki das Spiel, indem er mit einem Ball im Maul herausfordernd an Dachung vorbeitrabte. Wir hatten Puki eine Schellenkrause umgebunden, damit er für die Kinder nicht zur stetigen Stolperfalle wurde. Diese Krause klingelte nun kräftig, wenn der Hund mit dem Ball in der Schnauze durch den Schulhof jagte. Das war dann auch für Dachung das Zeichen, die Verfolgung aufzunehmen. Und sobald Dachung sich auf Höhe des Balls wähnte, trat er kräftig zu, wobei er oft den Kiefer des Hundes, manchmal aber auch den Ball erwischte, was dann als Punkt für Dachung zählte. Puki schien Dachungs Stärken und Schwächen genau zu kennen. Ja, man konnte fast glauben, er wusste, dass Dachung allein auf sein Gehör angewiesen war. Denn manchmal bewegte Puki sich gar nicht, stand ganz still in der Mitte des Hofes, so dass nicht einmal das leiseste Klingelzeichen seine Position verriet. Und wenn Dachung, die Arme ausgestreckt, den Gegner in immer kleiner werdenden Runden einzukreisen versuchte, sah es so aus, als würde der Hund den blinden Jungen auslachen, denn nur seine Rute wedelte leise hin und her. Plötzlich aber, sobald der Verfolger allzu nahe kam, schoss er wieder hoch und raste durch den Hof, den Jungen bald wieder dicht auf den Fersen.

Bei diesen Spielen hatte sich Dachung einmal den Arm gebrochen. Er sagte nichts, biss die Zähne zusammen und spielte weiter. Erst viel später fand Anila ihn im Hinterhof, den Arm in einem merkwürdig schrägen Winkel im Schoß. Tränen rannen ihm übers Gesicht. Diesmal hatte Dachung genug. Er hatte ohne zu jammern mit nagenden Schmerzen drei lange Tage durchgehalten.

Tibetische Kinder beklagen sich nicht so leicht, sie sprechen auch nicht gerne über Schmerzen und Krankheiten, über all das, was unangenehm ist, vielleicht weil sie befürchten, ihre Leiden dadurch noch zu verstärken. Es ist schon vorgekommen, dass Kinder unserer Schule Schmerzen so lange aushielten, bis sie mit einem Fieberanfall ins Krankenhaus gebracht werden mussten.

Da selbst die kleinsten Kinder nur selten weinen, merken wir nicht unmittelbar, wenn es ihnen nicht gutgeht. Wie wichtig es ist, Unwohlsein besonders in Extremsituationen möglichst frühzeitig zu erkennen und darauf zu reagieren, hatten wir bereits auf der ersten Bergtour erfahren. Deshalb schärften wir den Jugendlichen vor der kommenden Herbstexpedition wieder und wieder ein, alle Anzeichen von Überanstrengung oder Höhenkrankheit sofort zu melden. Auch von den Vätern und Müttern erwarteten wir in dieser Richtung Unterstützung. Doch sie taten genau das Gegenteil und ermahnten ihre Kinder, nicht zu weinen, keine Schwäche zu zeigen und niemals aufzugeben.

Eine Ausnahme war Dachungs Vater, ein älterer Bauer, der in seiner Verschmitztheit dem 14-jährigen Sprössling ähnelte. Dachung und die Filmemacher, die den Vater in seinem Heimatdorf aufsuchten, erinnern sich an seine eindringlichen Ratschläge: »Du musst gut auf deine Bergführer hören, denn sie kennen sich aus und wissen genau, welchen Weg man nehmen muss. Aber sag ihnen, wenn du Bauchweh hast oder müde wirst und besonders, wenn du etwas essen willst. Wenn du mal pinkeln musst, bitte immer um Hilfe. Du könntest sonst irgendwo runterfallen.«

Dachungs Vater war schon seit vielen Jahren Witwer und hatte vier Söhne allein großgezogen. Dachung versuchte seinen Vater zu beruhigen. »Ich habe keine Angst, und du musst auch keine Angst um mich haben.«

Es war das letzte Mal, dass Dachung mit seinem Vater sprach. Ein Dreivierteljahr später überbrachte sein Bruder die Nachricht von dessen Tod. Der Vater war bei einem Autounfall ums Leben gekommen.

Es war eines der wenigen Male, dass wir Dachung weinen

sahen. Er weinte einen Tag und eine Nacht. Dann sagte er, es seien nun genug Tränen geflossen. Kurzerhand erklärte er die Farm zu seinem neuen Zuhause und Paul und mich zu seinen neuen Eltern. Dachung ist über den großen Verlust reifer geworden, aber seine Lebensfreude hat er nicht eingebüßt.

23

Climbing Blind, 21. Juni 2004
http://www.touchthetop.com/press/press-2004.htm

Ich bin jetzt zurück von der ersten Etappe unserer Tibet-Expedition »Climbing Blind« ... zweifellos eine Erfahrung, die mein Leben verändert hat. Wir waren kaum mit unserem »Air-China«-Flug in Lhasa gelandet, da hörte ich alle sechs Kids, dazu Sabriye und Paul, die sich vor der Gepäckabfertigung zusammengedrängt hatten, wie sie mit ihren Stöcken gegen die gläserne Trennwand schlugen, und wusste, dass uns zwei energiegeladene Wochen bevorstanden. In den ersten Tagen haben wir erst mal Bekanntschaft mit den Jugendlichen geschlossen, sie im Unterricht beobachtet, wie sie lautstark auf ihre mechanischen Braille-Schreibmaschinen in drei verschiedenen Sprachen – Englisch, Chinesisch und Tibetisch – eintippten ...
Nach einem lustigen Tag, an dem wir mit den Kids an einem Kliff, das ein paar Minuten von Lhasa entfernt liegt, Klettern geübt hatten, veranstalteten wir ein paar Kommunikationsspiele, unter anderem eines, und das war besonders gelungen, bei dem wir einen Hindernisparcours aus T-Shirts, Plastikstühlen, Bierflaschen, und was immer wir finden konnten, aufgebaut hatten. Jedes sehende Teammitglied führte einen der Jugendlichen mit Zurufen wie »left«, »right«, »forward« und »stop« über den Parcours, um einige der englischen Kommandos zu üben, die auf der Bergtour äußerst wichtig sein würden. Und natürlich, als ich dann an der Reihe war, wurden die Hindernisse ständig klammheimlich versetzt, aber was hätte ich von meinen Freunden auch anderes erwarten sollen.

Nach dem Spiel attackierten mich Tashi, Tendsin und Gyendsen und versuchten, mich mit einem Kletterseil zu fesseln. Während ich alles tat, um nicht als Kletterseil-Mumie zu enden, spürte ich, dass all die Barrieren aus Kultur, Sprache und Alter, von denen ich gefürchtet hatte, dass sie uns trennen würden, sich schon aufzulösen begannen ...

Nach einem chaotischen Tag, an dem es darum ging, all die Jacken, Trekkingstöcke, die Gore-Tex- und Fleece-Keidung auszuteilen und richtig zuzuordnen, fuhren wir drei Stunden bis zum Tsurpu-Kloster, wo unsere dreitägige Trainingstour begann. Der zweite Tag stellte einen echten Test dar, eine Acht-Stunden-Tour über den Lasar-La-Pass, 5800 Meter über dem Meeresspiegel, und ein langer und brutaler Abstieg über scharfkantige Grasbüschel mit tiefen Furchen dazwischen. Die fünfzehn Zentimeter Schnee, die in der Nacht zuvor gefallen waren, schmolzen in der Nachmittagssonne und verwandelten die Furchen, die von Yak- und Pferdehufen noch vertieft worden waren, in Schlamm. Ein einziges Rutschen und Stolpern, während das Bergwetter immer wieder von intensivem Sonnenschein in einen rasenden Schneesturm bei Sichtweite null umschlug, der uns ins Gesicht hämmerte – nicht, dass das mir, Sabriye oder den Kids etwas ausgemacht hätte. Während ich so dem tückischen Leidensweg nach unten folgte, konnte ich mir nicht vorstellen, dass die Bedingungen noch schlimmer hätten sein können, außer wir hätten die Kids mitten im Khumbu-Eisfall am Mt. Everest abgesetzt. Ich musste sogar meinen Stolz schlucken und Kyila, die ruhig vor mir herkletterte, bitten, ein bisschen langsamer zu machen und auf mich zu warten.

Als wir es dann ins Camp geschafft hatten, zitterte Bungzo, Gyendsen war in einen Fluss gefallen, einige der Kids hatten für die letzten Stunden auf den Pferden Zuflucht gefunden, und sogar Kyila durchbrach ihren typischen Stoizismus, als ich sie fragte, ob sie müde sei, und sie antwortete: »Ein wenig.« Dennoch hat es mich am Ende des Trecks völlig umgehauen, wie viel Stärke und Widerstandskraft die Teenager gezeigt hatten, was andererseits aber auch kein Wunder ist angesichts der harten Lebensumstände, die sie alle kennengelernt hatten. Ich bin mir jetzt sicher, dass alle sechs eine echte Chance haben, den Gipfel zu erreichen, wenn wir im Oktober den Lhagpa Ri, einen 7000-Meter-Berg nördlich des Mt. Everest, ersteigen wollen ... In drei Monaten brechen wir zu der großen Expedition auf. Ich halte euch auf dem Laufenden.

Climb High!
Erik

»Was bedeuten Erik und seine Erfolge für dich?«

»Erik ist der erste Blinde, der den Everest bestiegen hat. Wahrscheinlich hat man ihm gesagt, dass er es nicht riskieren soll, aber er hat es trotzdem getan, und dann stand er plötzlich auf dem höchsten Punkt der Erde. Menschen wie Erik öffnen uns Türen. Das heißt aber nicht, dass wir genau so sein müssen wie er. Bergsteigen ist für mich persönlich gar nicht so wichtig, und ich weiß auch nicht, warum Leute überhaupt Berge besteigen.«

»Und warum kletterst du?«

»Wir dürfen uns doch nicht verkriechen – wir müssen rausgehen und alles Mögliche ausprobieren, zeigen, dass wir auch so etwas können.«

Mit Kyila machte ich ein halbes Jahr nach der Bergbesteigung ein ausführliches Interview. Sie war die einzige Schülerin, die es auf Englisch führen wollte. Die englische Sprache habe nichts mit ihrer Vergangenheit zu tun, sagte sie zur Begründung, und so könne sie freiheraus über alles sprechen, ohne wieder verletzt zu werden.

Mit ihren 19 Jahren ist Kyila ein außergewöhnlich aufge-

wecktes Mädchen, das mit viel Lebensfreude, Humor und manchmal auch zynischem Biss durchs Leben prescht. Sie stammt aus Lazze und wuchs in einer armen, im Dorf wenig angesehenen Familie auf.

Ihr Vater und ihre beiden Brüder sind ebenfalls blind, während ihre ältere Schwester den Wert des Sehens nicht zu schätzen weiß, wie Kyila sagt. »Sie wollte nie lesen und schreiben lernen. Da frage ich mich doch, was bringt es Menschen, sehen zu können, wenn sie sich weigern, ihr Hirn einzuschalten?« Mit dieser radikalen, für Tibeter eigentlich untypischen Art irritiert Kyila oft ihre Umwelt. Ich bin von ihrer Art begeistert und habe ihr immer im Stillen applaudiert, wenn sie in der Klasse oder auch bei sonntäglichen Gesprächen in der Küche Traditionen in Frage stellte und mit ihrer klaren Logik hergebrachte religiöse Anschauungen attackierte.

»Die Menschen in meinem Dorf raten mir immer, ich solle den Klöstern Butter spenden und den Armen Geld geben, damit ich im nächsten Leben wieder sehen kann.«

»Und was sagst du dann?«, wollten die anderen wissen.

Kyila lachte hell auf: »Ich sage ihnen, dass ich das Geben dann lieber bleiben lasse, denn mein Leben als Blinde gefällt mir ausgesprochen gut!«

Kyila war von allen Schülern immer am meisten an der Welt außerhalb Tibets interessiert. Sie lernt gerne Sprachen und hat schon lange davon geträumt, irgendwann im Ausland zu studieren.

»Und falls ich einmal heirate«, sinnierte sie mal, »dann wird es ein Inji sein. Die saufen nicht und sind nicht spielsüchtig. Und sie behandeln uns Blinde als gleichberechtigt.«

Ich versuchte bei solchen Gelegenheiten, ihre Idealvorstellungen etwas geradezurücken, und wünsche mir, dass sie eines Tages nicht allzu enttäuscht werden wird. Erik allerdings, mit dem Ansehen, das er genoss, schien ihre Vorstellungen zu bestä-

tigen. Er repräsentierte für sie die Welt außerhalb Tibets und weckte in ihr Neugierde und Fernweh.

Mein Heimatdorf heißt »Digidrongtse«, das bedeutet »Glücksdorf«. Aber die meisten Menschen sind sehr arm und nicht besonders glücklich. Unser Haus steht mitten in einer Wüste. Überall ist Sand. Die einzigen Bäume bei uns zu Hause stehen in einem kleinen Park, sonst aber ist alles kahl und trocken und traurig – genau wie meine Kindheit. Das Leben in dieser Gegend ist also nicht leicht. Aber die Leute kennen nichts anderes. Sie würden sich davor fürchten, wegzugehen und woanders Arbeit zu suchen.

Mein Vater stammt aus einer sehr reichen Familie. Er heiratete meine Mutter, als sie beide Mitte zwanzig waren. Meine Mutter zog bei der Familie meines Vaters ein, doch meine Mola mochte sie nicht, und die beiden stritten immerzu. Wenn mein Vater nicht zu Hause war, gab Mola meiner Mutter nicht einmal zu essen.

Meine Mutter hielt die Demütigungen bald nicht mehr aus und wollte sich scheiden lassen. Alles war schon mit dem Ortsvorsteher besprochen, doch dann fasste mein Vater einen Entschluss: Er wollte lieber seine verwitwete Mutter verlassen, als in die Scheidung einzuwilligen. So groß war die Liebe zu seiner Frau.

Mola wurde böse, als sie von seinem Entschluss erfuhr, so böse, dass sie meinem Vater nichts von ihrem Reichtum abgab. Mit leeren Händen und unter Beschimpfungen mussten sie ausziehen. Mein Vater fand eine Arbeit als Schneider. Und meine Mutter ging zu anderen Familien, um dort Wäsche zu waschen und die Hütten sauber zu machen. Und allmählich sparten sie etwas zusammen, um sich ein eigenes Haus bauen zu können.

Das kleine Haus war gerade fertiggestellt, als meine Schwester geboren wurde. Sie war ein gesundes Kind. Zwei

Jahre später kamen meine Brüder auf die Welt. Sie waren beide blind und sehr schwach. Dann wurde ein Mädchen geboren, aber es starb mit zwei oder drei Jahren. Schließlich kam ich, wie meine Brüder vollkommen blind. Meine Eltern waren über ihr Unglück verzweifelt, und weil sie sich nicht anders zu helfen wussten, gingen sie zu einem Wahrsager. Der riet meinen Eltern umzuziehen, denn der Ort, an dem sie gebaut hatten, sei schon von einem Dämon bewohnt. Doch meine Eltern hatten für einen Umzug kein Geld.

Dann wurde auch mein Vater blind, zuerst auf dem einen Auge, dann auf dem anderen. Nun waren meine Eltern überzeugt, dass sie ein neues Haus finden müssten. Die ganze Verantwortung lag jetzt bei meiner Mutter, denn niemand wollte einem blinden Mann Arbeit geben. Meine Mutter schuftete und schuftete, und schließlich konnten sie auch ihr Haus verkaufen, wenn auch nur zu einem lächerlichen Preis, denn wer wollte schon ein Spukhaus haben.

Meine Eltern bauten ein neues Haus – nicht im Dorfzentrum, wie es meinem Vater zugestanden hätte, sondern weit außerhalb, wo wir ganz für uns sein konnten, aber auch weit weg von anderen Menschen. Zunächst hatten wir nur einen Raum, wo wir alle zusammenwohnten, später wurden weitere Zimmer angebaut, und schließlich war es ein richtiges Haus mit großem Innenhof und Hoftor.

In den Zimmern war es immer sehr dunkel. Wir hatten keinen elektrischen Strom und nahmen Butterlampen und Kerzen zur Beleuchtung. Da unsere Küche nicht sehr groß war, hielten wir uns hauptsächlich im Innenhof auf. Dort gab es einen kleinen Brunnen und einen Unterstand für unsere Tiere, eine Kuh für die Milch und zwei Bullen für die Feldarbeit.

Meine Eltern sind immer sehr früh aufgestanden, dann war es noch dunkel. Zunächst fütterten sie die Tiere und dann gingen sie zur Arbeit auf das Feld. Später ist dann meine Schwester aufgestanden, hat für uns alle Frühstück gemacht, und erst dann hat auch für uns der Tag angefangen. Unsere Eltern sagten immer: »Ihr habt sowieso nicht viel zu tun, also schlaft besser und stört uns nicht bei der Arbeit!«

Tagsüber haben meine Brüder und ich meistens im Innenhof gespielt. Jampa spielte gerne Auto fahren. Er schlug einen kleinen Holzstock gegen einen eisernen Eimer. Das machte »bang, bang, bang«, und er meinte, so müsste sich ein Auto anhören. Autos gab es damals in unserem Dorf noch nicht. Im hinteren Teil des Innenhofes standen zwei Stühle. Da saßen dann mein Bruder Dorje und ich und riefen nach Jampa, dem Fahrer: »Heute wollen wir zu einem Picknickplatz fahren!« Dann kam er angefahren, und wir machten zusammen einen Ausflug. Wir tranken Wasser aus der Flasche und taten so, als wäre es Chang. Manchmal hatten wir Brot, das wir als Fleischmomos ausgaben.

Fleischmomos waren etwas ganz Besonderes, die gab es nur einmal im Jahr zum Neujahrsfest. Normalerweise aßen wir tagsüber nur Tsampa und Haferbrei, hin und wieder auch Kartoffeln. Zum Frühstück gab es gesalzenen schwarzen Tee, in den wir das Tsampa einrührten. Buttertee bekamen wir nur an besonderen Tagen.

Manchmal half ich meiner Schwester beim Geschirrspülen und Saubermachen. Wenn meine Eltern davon erfuhren, forderten sie mich auf, mich hinzusetzen. »Sonst fällst du noch auf die Nase, und wir haben doch kein Geld fürs Krankenhaus.« Meine Brüder hielten sich tatsächlich an das Verbot; sie haben immer im Sitzen gespielt. Ich war nicht so gehorsam und lief umher, natürlich nur, wenn meine Eltern nicht da waren.

Vor unserem Hoftor gibt es einen großen Platz, der sich wunderbar zum Fußballspielen und Fahrradfahren eignet. Wenn ich hörte, wie die anderen Kinder dort schrien und lachten, wollte ich so gerne rauslaufen und mitspielen. Manchmal ist meine Schwester mit mir nach draußen gegangen, und solange sie bei mir war, waren die Kinder sehr nett. Aber sobald sie nach Hause ging, um Hausarbeiten zu erledigen, fingen die Kinder an, mich zu hänseln: »Du bist blind! Wir wollen nicht mit Blinden spielen!« Saßen meine Brüder und ich vor dem Hoftor, dann riefen die Kinder: »Guckt mal, die Blinden! Die dummen Blinden!« Manche warfen auch Steine nach uns.

Es gab nur ein einziges Mädchen, das zu mir hielt und mich niemals ärgerte. Unsere Mütter waren gute Freundinnen und trafen sich häufig, und wir Mädchen waren im gleichen Alter, also wurden wir Spielgefährtinnen. Eines Tages erzählte sie überglücklich, dass sie bald in die Schule käme. Ich wusste, dass ich niemals zur Schule gehen würde, und das machte mich sehr traurig. Ich weiß noch, dass ich auf dem Bett lag und furchtbar heulte. Da meinte meine Freundin, sie würde später, nach der Schule, bestimmt eine gutbezahlte Arbeit finden, und dann würde sie mir eine Augenoperation finanzieren. Sie ist dann aber doch nur ein Jahr lang zur Schule gegangen; ihren Eltern war es lieber, dass sie ihnen bei der Hausarbeit half.

Ich erzählte ihr niemals, wie schlecht mich die anderen Kinder behandelten, denn ich hatte Angst, dass sie sich der Freundschaft mit einer Blinden schämen könnte. Vielleicht war das auch der Grund, warum wir niemals zusammen ins Dorf gingen. Und ich wollte so gerne mal raus aus unserem Hof. Wenn meine Mutter ausging, um eine Freundin zu besuchen, bettelte ich, mitkommen zu dürfen. Ich lief dann einfach hinter ihr her, aber meine Schwester fing mich jedes Mal wieder ein.

Mein Vater besaß ein Gerstenfeld, auf dem meine Eltern im Sommer den ganzen Tag lang arbeiteten. Ich durfte nie mitkommen, denn sie meinten, der Weg sei zu gefährlich, und sie wollten auch nicht ständig auf mich aufpassen. Eines Tages brachte meine Schwester ihnen Tsampa und Tee aufs Feld, und ich lief ihr einfach nach. Auf dem Weg mussten wir mehrere kleine Bäche überqueren, aber sonst war es gar nicht so schwierig. Als ich dann mit meiner Schwester ankam, freuten sich meine Eltern doch, und wir machten zusammen ein Picknick. Es war so schön. Die Vögel sangen, und es gab so viele gute Gerüche, die ich noch gar nicht kannte!

Meine Schwester kümmerte sich immer sehr liebevoll um uns, mehr als meine Eltern. Sie spielte mit uns und erzählte uns Geschichten. Von morgens bis abends hat sie hart gearbeitet. Das Haus war immer sauber und unsere Kleidung auch. Alle beglückwünschten meine Eltern zu ihrer ältesten Tochter. Sie sei wunderschön – und glücklicherweise nicht blind. Ich habe das oft gehört, und das hat mich traurig gemacht. Ich war zwar stolz auf meine Schwester, fühlte mich selbst aber wertlos und überflüssig.

Als ich sechs oder sieben Jahre alt war, hatte meine Schwester heimlich einen Freund. Als mein Vater davon erfuhr, verbot er ihr, den Jungen, der schon mal im Gefängnis gesessen hatte, wiederzusehen. Meine Schwester tat mir leid. Sie weinte viel, und irgendwann war sie plötzlich verschwunden. Leute aus dem Dorf hatten sie zum Fluss gehen sehen. Meine Mutter überlegte nicht lange, nahm mich bei der Hand, und wir liefen los. Der Fluss hörte sich an diesem Abend besonders wild an. Es war Winter, das Ufer war von Eis überzogen, und in der Dunkelheit fiel es meiner Mutter schwer, mich sicher über die eisglatten Felsen zu führen.

Voller Angst riefen wir nach meiner Schwester. Wir brüllten gegen den Wind und die tosenden Wasser an. Ich spürte die Sorge meiner Mutter, zu spät zu kommen. Und dann stolperten wir über die Schuhe meiner Schwester und schließlich über ein Kleiderbündel. Dann sah meine Mutter meine Schwester am Rand einer Klippe stehen, sie war vollkommen nackt. Wir schrien:

»Tu es nicht! Spring nicht!« Meine Schwester rührte sich nicht. Meine Mutter ließ meine Hand los und ging langsam auf meine Schwester zu, packte sie und zog sie vom Rand der Klippe zurück.

Die Winter waren immer kalt. Da wir nicht so viele warme Sachen hatten, gingen wir nur selten raus. Tagsüber, wenn die Sonne schien, war es warm genug, um draußen spielen zu können. Aber wenn es Abend wurde oder Schneewolken aufkamen, wurde es bitterkalt. Dann saßen wir zusammen vor dem Feuer in der Küche, und mein Vater erzählte Geschichten aus seiner Schulzeit, die er in einer Internatsschule verbracht hatte. Es waren eigentlich recht traurige Geschichten.

Er war immer ein guter Schüler gewesen. Seine schnelle Auffassungsgabe und die Tatsache, dass er aus einer der reichsten Familien des Dorfes stammte, verschafften ihm jedoch keine Freunde. Im Gegenteil, das provozierte nur Eifersucht und Missgunst. Oft nahmen die Mitschüler ihm mitten im Winter die Schuhe weg oder schütteten Wasser in sein Bett. Er war darüber nicht verbittert und konzentrierte sich auf die Schule und auf die wenigen Menschen, die gut zu ihm waren. Er riet uns, auch immer stark und aufrichtig zu bleiben: »Irgendwann«, so sagte er, »zeigen sich die wahren Freunde.«

Eines Tages sagte eine Verwandte zu meinem Bruder, der damals gerade mal 14 Jahre alt war: »Vielleicht wäre es besser, ihr bringt euch alle miteinander um, denn ihr seid in diesem Leben zu nichts zu gebrauchen!« Die Dorfbewohner dachten wohl so ähnlich, denn sie behaupteten, unsere Blindheit sei eine Strafe, und rieten uns, besser zu allen freundlich zu sein, damit wir wenigstens im nächsten Leben mehr Glück hätten. Die Freundinnen meiner Mutter taten immer sehr mitfühlend. Einmal sagten sie zu ihr: »Es muss so schwer für dich sein, eine blinde Familie zu versorgen! Vielleicht wäre es besser für dich, wenn du dich davonmachst!« Das erzählte uns meine Mutter empört und fügte hinzu: »Ich werde euch niemals im Stich lassen. Ich werde immer für euch da sein!« Meine Mutter war eine starke Frau, ich habe sie immer bewundert.

Die Leute waren immer schnell dabei, uns Kinder als »blinde Tölpel« zu beschimpfen. Das bedeutete: »Du bist unnütz! Du kannst sowieso nichts!« Da ich mir das immerzu anhören musste, habe ich es irgendwann auch geglaubt. Ich dachte, zu mehr als essen und schlafen seien Blinde nicht fähig.

Die wenigen reichen Menschen im Dorf – sie arbeiteten bei der Bank oder bei der Verwaltung – behandelten uns meist von oben herab oder auf eine Weise, die einfach zu freundlich war. Da gab es eine reiche Familie, die uns manchmal Essensabfälle, Reste von ihren Mahlzeiten, vorbeibrachte. Ich habe dieses Essen nie angerührt, im Gegensatz zu meinen Geschwistern und Eltern, die einfach zu hungrig waren. Gut, wir waren arm und auf Hilfe angewiesen. Aber wir waren doch keine Hunde, denen man irgendetwas vor die Füße werfen kann!

Meine Eltern sprachen immer davon, wie schön es doch wäre, wenn wir sehen könnten. Und irgendwann machten sie die Bekanntschaft eines Augenarztes, der ihnen versicherte, dass er uns helfen könne. Aber Augenoperationen waren teuer. Nach langen Überlegungen liehen meine Eltern sich Geld von der Bank. Während der Operation durften meine Eltern nicht anwesend sein. Nachdem alles vorbei war, wachte ich in einem Krankenhausbett wieder auf. Da war etwas auf meinen Augen, das sich sehr unangenehm anfühlte. Ich schlug um mich, bis jemand meine Hände festhielt. Die Ärzte hatten Angst, dass die Wunde wieder aufplatzte. Einen Monat lang mussten meine Brüder und ich still liegen. Meine Eltern wechselten sich mit der Nachtwache ab. Sie saßen nur da und hielten unsere Hände fest, damit wir uns nicht wehtaten.

Als wir zum ersten Mal wieder aufstehen durften, konnten wir uns vor Schwäche kaum auf den Beinen halten. Als die Ärzte mir die Bandage abnahmen, konnte ich zunächst meine Augen nicht öffnen. Das Licht war zu stark. Ich konnte dann nur Helligkeit und Schatten wahrnehmen und dachte gleich, dass man das nicht »sehen« nennen konnte.

Auch meine Eltern waren sehr enttäuscht, aber sie gaben nicht auf. Einige Jahre später liehen sie sich wieder Geld für eine zweite Operation. Der Arzt kam aus der Schweiz. Ich habe natürlich nicht verstanden, was er sagte, aber er redete so ruhig und war sehr nachdenklich. Dieser Eingriff war im Vergleich zum ersten recht einfach. Wir konnten gleich wieder nach Hause gehen. Aber auch diesmal hielt sich der Erfolg in Grenzen. Ich konnte danach immerhin Farben sehen, aber die musste mir eine Krankenschwester erst noch beibringen.

Wenn ich an das viele Geld, den Aufwand und die Schmerzen denke, dann glaube ich, dass ich es nicht noch einmal tun würde. Meine Eltern hatten so sehr gehofft, dass wir richtig sehen könnten. Sie hatten viel investiert und sprachen ständig darüber, dass das Geld zurückgezahlt werden musste. Erst heute hat meine Familie keine Schulden mehr.

24

Eines Tages stand ein älterer blinder Mann bei uns im Langdünhaus. Er war den weiten Weg aus Lazze gekommen, und seine Geschichte erschütterte uns sehr: Drei seiner Kinder waren ebenfalls blind, seine Frau lag im Krankenhaus, und nur seine sehende Tochter konnte sich um die ganze Familie kümmern. Der Mann war verzweifelt: »Ich weiß nicht, wie ich meine Kinder durch den Winter bringen kann.«

Wir versprachen, sie so bald wie möglich aufzunehmen. Doch es lag nicht allein an uns; erst musste der Ortsvorsteher des Heimatdistriktes den Schulbesuch genehmigen. Oft dauert es Monate, bis die erforderlichen Papiere ausgestellt sind. Wir ließen den blinden Mann nur schweren Herzens gehen. Doch bereits nach vier Tagen war er zurück. Er hatte, zu unserer großen Überraschung, in dieser kurzen Zeit alle Dokumente beisammen und seine drei blinden Kinder, die 16-jährigen Zwillinge Jampa und Dorje und die damals 13-jährige Kyila gleich mitgebracht.

Die Kinder lebten sich schnell ein, alle drei waren ungewöhnlich sprachbegabt und konnten sich bald auf Chinesisch und Englisch unterhalten.

Während Jampa und Dorje sich später auf Gesang und Komposition spezialisierten, absolvierte Kyila als eine der Ersten die von Peking anerkannte mehrjährige Ausbildung zur medizinischen Masseurin und Physiotherapeutin. Gleich darauf eröffnete sie zusammen mit einer Klassenkameradin eine eigene Massagepraxis in der Innenstadt. Sie verdiente gut und war bald in der Lage, ihre Familie zu ernähren. Doch Kyila wollte mehr. »Später werden wir die Schule übernehmen. Wir alle, die Lehrer, Anila, Yudon, Lodri und ich werden zusammen das Langdünhaus leiten.

Wir werden hart arbeiten müssen, aber unser Leben wird wunderschön sein!«

Seit Sommer 2005 studiert Kyila in England. Neben den Englischkursen informiert sie sich bei dortigen Blinden-Einrichtungen und entwickelt bereits eigene Lehrkonzepte für ihre künftige Arbeit in Tibet.

Von der Blindenschule hatte mein Vater durch eine Nichte aus Lhasa erfahren. Als er mir dann von seinem Besuch im Langdünhaus berichtete, wollte ich ihm zuerst nicht glauben. Blinde gingen doch nicht zur Schule! Doch er erzählte mir von einem blinden Jungen, der ihm seine Braille-Schreibmaschine vorgeführt hatte, und sagte: »Die Schule ist wunderschön. Ihr werdet da sehr glücklich sein, viel lernen und Spaß haben!« Von da an freuten wir uns auf das neue Leben, waren aber auch ein bisschen nervös, denn wir waren ja noch nie von unserer Familie getrennt gewesen.

Nach 16-stündiger Fahrt erreichten wir Lhasa. Die erste Nacht schliefen wir im Haus meiner Tante. Dort war alles so ordentlich und sauber, es gab elektrisches Licht, und meine Tante hatte sogar einen Fernseher. Ich stand fasziniert vor den Glühbirnen und vor diesem wunderlichen Fernsehapparat und berührte alles ganz vorsichtig. Meine Cousine zeigte mir, wie man ihn ein- und ausschalten und die Lautstärke regulieren konnte.

Am nächsten Morgen begleitete uns mein Vater zur Schule. Zuerst gingen wir ins Büro, um uns registrieren zu lassen. Paul sagte etwas auf Englisch, jemand übersetzte und fügte hinzu: »Keine Sorge, ihr werdet auch Englisch lernen, und dann könnt ihr euch auch mit Paul unterhalten.« Ich war etwas nervös, aber Nordon saß neben mir. Als ich das erste Mal ihre Stimme hörte, fühlte ich mich ganz warm. Sie klang so entspannt und sie bemühte sich immer, langsam und deutlich zu sprechen. Unser

Dialekt unterscheidet sich sehr von dem, der in Lhasa gesprochen wird, und ich brauchte lange, bis ich alles verstand.

Nordon bat Chilä, uns die Schule zu zeigen. Als Erstes stieß ich mit dem Kopf gegen einen Stützbalken, der mitten im Zimmer stand. Wir fielen alle übereinander. Irgendwer lachte, aber ich hatte mich furchtbar erschrocken. Chilä erklärte uns: »Da ist unser Schlafsaal, und hier unser Esssaal, und dies ist unser Klassenzimmer.« Wie verwirrend, denn er meinte offensichtlich immer denselben Raum. Dann gab er uns Blätter mit Brailleschrift. Ich fuhr mit den Fingerspitzen darüber und konnte mir nicht vorstellen, dass ich das jemals lernen würde.

Der nächste Tag war ein Sonntag. Ngawang, Tendsin und Norbu spielten im Innenhof. Tendsin forderte uns auf mitzuspielen. Ich ging zu ihnen, verstand aber kaum, was er sagte. Das war bei Ngawang anders, denn er kommt ja aus Shigatse, und unsere Dialekte ähneln sich. Sie baten mich, ein Lied zu singen. Aber ich traute mich nicht.

Ich weiß noch, dass ich beim Abendessen auf einem sehr hohen Stuhl saß. Ich hielt mich ängstlich an der Lehne fest. Anila meinte, ich solle keine Angst haben, ich würde schon nicht herunterfallen. Ihre Stimme hörte sich ganz sanft und freundlich an.

Nordon-la hatte mir gesagt, ich solle Anila fragen, wenn es mir kalt sei und ich neue Kleidung benötigte. Kalt war mir eigentlich nicht, aber ich wollte so gerne neue Sachen haben. Nachdem Anila mich neu eingekleidet hatte, fühlte ich mich wohl und warm und das erste Mal an diesem Tag so richtig glücklich. Dann hat Anila mein Bett gemacht, und alles roch so neu und wunderbar sauber. In der ersten Nacht schlief ich bei ihr. Sie hat bis vier Uhr morgens Gebete gemurmelt. Auch wenn ich nicht richtig schlafen konnte, genoss ich ihren Singsang.

Morgens half mir Anila beim Anziehen und meinte, das müsste ich aber bald auch alleine können. Tendsin zeigte mir, wie man sich die Zähne putzt, morgens und abends, das sei sehr wichtig. Zum Frühstück bekamen wir Dingmomos und Buttertee. Ich hatte solch einen Hunger und fing sofort an zu essen. Doch die anderen Kinder warteten erst, bis alle etwas hatten, und dann wurde erst mal den Göttern und der Köchin gedankt. Wie peinlich, denn ich war schon fast fertig! Doch Anila beruhigte mich, ich würde schon noch alles lernen.

Dann gingen wir alle zusammen zum Jokhang-Tempel. Die vielen Autos und der ganze Lärm machten mir Angst. Auf dem Barkhor roch es nach Wacholder, manche rezitierten heilige Texte, andere lachten und redeten miteinander. Im Tempel benutzten wir Geschwister zum ersten Mal eine Treppe; Dorje und Jampa hatten dabei große Schwierigkeiten. Später haben sie es dann gelernt, aber sie bewegen sich bis heute ziemlich langsam und vorsichtig. Die beiden haben sich ja, im Gegensatz zu mir, immer an die Ermahnung meiner Eltern gehalten, nicht so viel herumzulaufen. Und ich glaube nun, gerade das war ein großer Fehler.

In meiner ersten Schulstunde bin ich einfach eingeschlafen. Es war der Chinesisch-Unterricht bei Didon, aber ich verstand überhaupt nicht, worum es eigentlich ging. Ich glaubte damals, ich könnte es nie zwei Stunden in ein- und demselben Klassenzimmer aushalten. Erst später, als ich gelernt hatte, wie man lernt, habe ich mit Spaß mitgemacht.

Meto war erst neben mir das einzige Mädchen im Langdünhaus. Sie freute sich, dass sie nun eine Freundin hatte, und half mir zu Beginn viel. Irgendwann konnte ich sie aber nicht mehr ausstehen, denn sie spielte sich als Anführerin in der Klasse auf, war aggressiv und manchmal richtig gewalttätig. Wenn ich zwei oder drei Minuten zu spät zum Unterricht kam, schlug sie mich, und wenn ich etwas nicht verstand, kniff sie mich heimlich. Sobald ich eine Meinung äußerte, behauptete sie das Gegenteil. Manchmal spielte ich wegen Meto sogar mit dem Gedanken, wieder zurück nach Hause zu gehen, aber die Erinnerung an mein früheres Leben stimmte mich schnell wieder um.

Meine beste Freundin wurde Yudon, die ein paar Wochen nach mir in die Schule kam. Ich hatte in der Zwischenzeit schon viel gelernt und fand mich auf dem Schulgelände zurecht; nun konnte ich Yudon herumführen. Sie besaß einen Luftballon. So etwas hatte ich noch nie in der Hand gehabt. Kaum hatte sie mir den Ballon gegeben, zerplatzte er. So begann unsere Freundschaft mit einer Prügelei.

Die meisten Lehrer mochte ich sehr. Sie waren nie ungeduldig und wurden nie müde, uns etwas wieder und wieder zu erklären, wenn wir es nicht verstanden hatten. Im Fremdsprachen-Unterricht stellten sie sich immer direkt neben die Schüler, um die Aussprache zu korrigieren. Wenn sie uns eine Frage auf Chinesisch oder Englisch stellten und wir auf Tibetisch antworteten, taten sie so, als verstünden sie uns nicht. Das war ganz schön mühsam, aber so lernten wir schneller.

Ein schwächerer Schüler wurde jeweils einem stärkeren zugeteilt, und so unterrichteten wir uns auch gegenseitig. Ich kümmerte mich lange um Sonam-Wangdü. »Es ist deine Aufgabe, dafür zu sorgen, dass er bald so gut ist wie du«, hatten die Lehrer gesagt. Manchmal veranstalteten wir Wettbewerbe, zum Beispiel Mädchen gegen Jungen, und dann waren die Mädchen oft besser.

Ich war 16 Jahre alt, als meine Mutter starb.

Eines Tages rief ein Freund meines Vaters in der Schule an: Wir sollten nach Hause kommen, denn meine Großmutter liege im Sterben. Ich war nicht so besorgt, denn meine Mola war alt, und so besonders hatte ich sie nie gemocht. Dennoch ging ich mit Anila zum Jokhang-Tempel und entzündete Butterlampen für sie.

Dann machten meine Brüder und ich uns auf den Heimweg

nach Lazze. Wir ließen uns sogar noch ein bisschen Zeit und besuchten in Shigatse erst meine Tante. Dort trafen wir jemanden aus meinem Dorf, der uns mitteilte, dass es meine Mutter war, die im Sterben lag. So machen sie es immer! Die Leute lügen, weil sie die Wahrheit nicht ertragen können. Das macht mich so wütend.

Als wir endlich zu Hause angekommen waren, lag meine Mutter im Bett; sie konnte nicht sprechen und war halbseitig gelähmt. In den folgenden Wochen kümmerte ich mich intensiv um sie. Ich machte ihr ein Bett unter freiem Himmel und massierte ihre Glieder mit Öl. Allmählich ging es ihr besser. Sie konnte wieder sprechen und war bald sogar in der Lage, mit Hilfe eines Stocks ein paar Schritte zu gehen. Sie freute sich, dass wir alle bei ihr waren, und ließ sich gerne von der Schule erzählen.

Schließlich mussten wir zurück nach Lhasa. Meine Mutter begleitete uns und zog übergangsweise zu meiner Schwester, die schon seit einiger Zeit in der Stadt wohnte. Dort ging sie täglich zu einem Arzt, und es ging ihr bald immer besser. Nach dem Unterricht kümmerte ich mich um sie und freute mich über ihre Fortschritte.

Die letzte Nacht vor ihrer Rückreise verbrachten wir alle zusammen in der Wohnung meiner Schwester. Meine Mutter schien an diesem Abend sehr glücklich zu sein. Sie war froh, dass sie sich um uns vier keine Sorgen mehr machen musste. Wir redeten bis spät in die Nacht. Irgendwann nahm sie mich beiseite und sagte etwas zu mir, das ich niemals erwartet hätte: Ich solle meiner Schwester nicht alles glauben, dürfe mich ihr nicht in allem anvertrauen. »Du bist die Jüngste, aber doch die Einzige in der Familie, die Verantwortung für alle übernehmen kann. Bitte sorge dafür, dass es deinen Brüdern und deinem Vater gutgeht.«

Wir gingen spät zu Bett, aber mir ging nicht aus dem Kopf,

was sie gesagt hatte, und ich konnte lange nicht einschlafen. Es hatte wie ein Abschied geklungen, aber viel zu ernst und feierlich angesichts einer gewöhnlichen Reise nach Lazze.

Mitten in der Nacht, um etwa vier Uhr, wachte ich auf. Meine Mutter hatte einen erneuten, diesmal viel schlimmeren Schlaganfall. Wir brachten sie sofort ins Krankenhaus. Ich werde diesen Morgen nie vergessen. Sie lag da, war bei Bewusstsein, war aber vollkommen gelähmt. Sie bemühte sich, uns etwas zu sagen, konnte ihren Mund aber nicht bewegen. Sie versuchte, sich mit den Händen mitzuteilen, aber ich verstand sie nicht. Ich war verzweifelt und spürte die Angst meiner Mutter. Irgendwann konnte ich nicht mehr und fiel einfach in Ohnmacht.

Am nächsten Morgen erfuhr ich dann, dass meine Mutter in der Nacht gestorben war. Mein Vater war noch rechtzeitig gekommen, und sie war ganz ruhig geworden, als sie ihn sah.

In der Schule beteten alle für die Verstorbene, und die Kinder und Mitarbeiter sammelten Geld, damit wir die Überführung nach Digidrongtse bezahlen konnten. Mein Bruder Jampa war zu dieser Zeit der Stärkste von uns allen. Er meinte, ich solle nicht die ganze Zeit heulen, denn unser Vater brauche jetzt unsere Kraft. Er selbst besuchte alle Tempel und Klöster in der Umgebung und betete für meine Mutter.

Mein Vater ging ein Jahr später zum Lama, der ihm erklärte, meine Mutter sei bereits wiedergeboren worden. Es gehe ihr gut; sie werde einmal eine Nonne werden. Ich frage mich nur, ob das wirklich ein so viel besseres Leben ist.

Jetzt ist ihr Tod über drei Jahre her. Manchmal träume ich von ihr. In meinen Träumen ist sie schwer krank, sie muss weggehen, aber sie will bei uns bleiben.

In dieser Zeit habe ich nicht nur meine Mutter verloren, sondern in gewisser Weise auch meine Schwester. Als wir in die Schule kamen, war sie zu meiner Tante nach Lhasa gezogen. Später sagte sie mir einmal, sie würde dort nicht gut behandelt, *und so half ich ihr, weil ich die Besitzerin kannte, in einem Hotel eine neue Arbeitsstelle zu finden. Sie verdiente sehr gut, aber meine Eltern sahen keinen Yuan. Als ich sie zur Rede stellte, behauptete meine Schwester, sie habe 3000 Yuan zurückgelegt. Sobald sie das Geld benötigten, wolle sie es den Eltern geben. Dann starb meine Mutter, und wir brauchten das Geld für die Überführung. Doch meine Schwester wollte das Geld nicht herausrücken. Erst als ich sie drängte, die 3000 Yuan meinem Vater wenigstens zu leihen, gab sie zu, dass sie es längst ausgegeben hatte.*

Nach und nach fand ich heraus, was geschehen war: Meine Schwester hatte einen neuen Freund, den wir aber nie zu Gesicht bekommen haben. Dieser Freund hatte das ganze Geld in Chang-Stuben und Spielhallen durchgebracht. Und von der Hotelbesitzerin erfuhr ich, dass man meiner Schwester schon lange nicht mehr traute, weil sie häufig gelogen und gestohlen hatte.

Wir waren alle tief enttäuscht. Meinem Vater ging es sehr schlecht. Ich bat meine Schwester, zu Hause für ihn zu sorgen. Aber sie weigerte sich. Da fragte ich sie, ob sie sich schäme, einen blinden Vater und drei blinde Geschwister zu haben. Sie sagte nichts. Für mich war das eine stille Zustimmung. Ich weiß nicht, was sie heute macht. Wir werden es auch ohne sie schaffen.

Früher haben die Dorfkinder uns immer verspottet und uns nicht mitspielen lassen. Heute bitten sie uns, ihnen Englisch beizubringen. Und wenn sie Karten spielen, dann drängen sie uns mitzumachen. Trotzdem zieht mich nichts mehr zurück. Nur weil wir eine gute Ausbildung und einen gutbezahlten Job haben, behandeln sie uns heute mit Respekt.

Manchmal rede ich mit den Kleinen in der Mäuseklasse über unsere Erfahrungen in den Heimatdörfern. Die sechsjährige Tendsin-Samchö war gerade einmal eine Woche im Langdün-

haus, da stellte sie sich vor die Klasse und fragte: »Warum sind alle hier freundlich, und zu Hause beschimpfen sie mich und werfen mit Steinen?«

Ich wusste nicht gleich zu antworten. Da stand der siebenjährige Dawa auf und erklärte: »Vielleicht sind die Leute in deinem Dorf zu dumm. Mach dir nichts draus, ich komm mal mit zu dir nach Hause und sag ihnen, dass wir genau so viel wert sind wie andere Kinder.«

Als ich so alt war wie Dawa, war ich voller Selbstmitleid und schämte mich, blind zu sein. Wenn die Leute mit der Zunge schnalzten und bedauernd »Nyingdje« sagten, wurde ich früher immer sehr traurig. Die Kinder im Langdünhaus aber werden nicht mehr traurig, wenn sie so von oben herab bedauert werden. Sie werden wütend, denn sie wissen, dass es keinen wirklichen Unterschied zwischen Blinden und Sehenden gibt. Wo Sehende ihre Augen einsetzen, gebrauchen wir unsere Finger, Ohren und Nasen. Im Langdünhaus sagen wir immer: »Move your brains!« Ja, wir Blinde sind darauf angewiesen, ständig unser Gehirn in Schwung zu halten. Und das ist doch ein großes Glück!

25

An einem nebelfeuchten Septembertag hatten wir sie endlich gefunden, die uralte Hängebrücke, geschmiedet aus mächtigen Eisenketten, die hoch über dem Fluss von Ufer zu Ufer gespannt sind. An den Ketten sind kleinere und größere Trittplanken befestigt, die man in Kriegszeiten abmontiert hat, um Feinde aufzuhalten. Aber auch die Überquerung der intakten Brücke war ein reiner Balanceakt. Bei jedem Schritt schaukeln die Ketten und lassen die Trittplanken hin- und herschwingen, so dass sie fußgroße Öffnungen freigeben. Sorgsam darauf bedacht, nicht in die beängstigend aufklaffenden Zwischenräume zu treten, tasteten wir uns Schritt für Schritt bis zum Scheitelpunkt der Brücke vor. Da blieben wir eine Weile stehen, klammerten uns an den ächzenden Halteseilen fest und schwankten wie auf einem Schiff bei hoher See. Tief unter uns tobte bedrohlich der Dadu-Fluss, und über uns, nicht minder bedrohlich, knirschten die schmiedeeisernen Trageketten.

Paul versuchte sich über das Rauschen der Wellen hinweg Gehör zu verschaffen. »Ist das die Brücke, von der du uns erzählt hast?«, wandte er sich an Tashi, der gedankenverloren die tellergroßen Eisenringe der Trageketten betastete, die bei jeder Bewegung kratzend ineinanderrieben. Der Junge schwieg. Irgendetwas hatte seine Stimmung gedämpft, seit wir die Brücke betreten hatten. Wir spürten, dass ihm so gar nicht zum Jubeln zumute war. Es war, als hätte dieser Ort dunkle Erinnerungen wachgerufen, die all die glücklichen Hoffnungen und euphorischen Pläne, die ihn in den vergangenen Tagen erfüllt hatten, überschatteten. »Erinnert dich die Brücke an irgendetwas?« Keine Antwort.

»Warst du schon mal hier? … What's up, Tashi?« Paul klopfte

ihm freundschaftlich auf die Schulter. Er bemühte sich, ruhig zu klingen, aber ich hörte die aufkommende Sorge in seiner Stimme, Tashi würde sich erneut in seinen undurchdringlichen Schutzpanzer zurückziehen. »Du musst mit uns reden! Wir sind schon so weit gekommen!«

»Azih«, stöhnte der Junge. Dann lachte er verlegen, als erwache er plötzlich aus einem unangenehmen Traum. »Tut mir leid! Ich habe mich nur an etwas erinnert …«

Sechs lange Jahre hatte Tashi seine Geschichte wie ein Geheimnis gehütet und uns deutlich zu verstehen gegeben, dass er nicht gewillt war, über seine Herkunft, seine Familie und seine Kindheit Auskunft zu geben. Auf alle unsere Versuche, etwas über sein Leben zu erfahren, reagierte Tashi mit Zornausbrüchen und tagelangem Schweigen. Wir wussten nur, dass er als Betteljunge auf der Straße gelebt hatte. Es hieß, er sei von seinem Vater auf dem Barkhor ausgesetzt und gegen ein sehendes Straßenkind eingetauscht worden. Alles, was Tashi über seinen Vater zu sagen hatte, war, dass er ein »Sandreh«, ein Mistkerl, sei.

Lucy, die Regisseurin, wollte sich nicht mit dem, was wir über Tashi zu wissen glaubten, begnügen. Sie ließ sich nicht von den unsichtbaren Schranken abhalten, und es gelang ihr in ihren Interviews mit ihm, Stück für Stück in seine geheime Welt vorzudringen.

So erfuhren wir, dass er von einem Mann auf dem Barkhor zum Betteln und Stehlen gezwungen worden war. Wenn Tashi nicht genug eingebracht hatte, wurde der Mann gewalttätig, schlug ihn oder gab ihm zur Strafe nichts zu essen. »Ich habe oft daran gedacht zu fliehen. Als ich es dann gar nicht mehr aushielt, bin ich schließlich eines Abends nach dem Betteln nicht mehr zu ihm zurückgegangen. So konnte ich ihm entkommen. Auf dem Barkhor war ich ja vor ihm sicher. Er hätte es nicht gewagt, mich vor allen Leuten zu verprügeln.«

Tashi gab mehr und mehr von seinen Erinnerungen preis: »So allein durch die Straßen zu laufen war ganz schön gefährlich. Damals hatte ich noch keinen Blindenstock und konnte nicht ertasten, was mir im Weg stand. Ich erkannte nur die Lichtreflexe auf den hellen Häuserwänden. Daher dachten die Leute, ich könnte sehen, und wollten mir nicht über die Straße helfen. Manche Menschen waren sehr freundlich; andere ignorierten mich und versuchten mir aus dem Weg zu gehen, so als sei Blindheit eine ansteckende Krankheit.«

Durch die Gespräche über seine Kindheit drängten sich Tashi längst vergessene Fragen auf: Lebten seine Eltern noch? Vermissten sie ihn vielleicht? Warum hatten sie ihn damals nicht bei sich behalten wollen?

»Er will mit uns zu seinen Eltern gehen«, berichtete Lucy nach einigen Tagen, als wäre es das Selbstverständlichste von der Welt. Er habe schon manches Mal mit dem Gedanken gespielt, auf eigene Faust loszuziehen, um seine Eltern zu finden. Er wollte ihnen sagen, dass sie sich um ihn keine Sorgen zu machen brauchten. Denn als ausgebildeter Masseur werde er bald so viel verdienen, dass er die Familie unterstützen könne. Außerdem müsse er zum Polizeiamt seines Geburtsortes, um endlich einen Ausweis zu beantragen. Erst mit einem Ausweis hätte er einen legalen Status in Lhasa und könnte seine eigene Praxis aufmachen.

Wir trauten unseren Ohren nicht. Wo war der Junge, der bisher alle Fragen nach seiner Vergangenheit abgeblockt hatte?

Wir spürten ein leises Schuldgefühl, dass wir selbst nie auf die Idee gekommen waren, ihm anzubieten, uns gemeinsam auf die Suche nach seinem Heimatdorf zu machen. Gleichzeitig freuten wir uns aber sehr über die neue Entwicklung. Was jetzt zählte, war allein die Tatsache, dass er endlich bereit war, sich den Dämonen seiner Kindheit zu stellen.

Doch je näher der Tag der Abreise rückte, desto einsilbiger wurde er. Er hörte auf, mit seinen Mitschülern herumzutoben oder den Kleinen etwas auf der Erhu, der chinesischen Kniegeige, vorzuspielen. Manchmal traf Paul ihn im Hinterhof, wo er allein mit einem Buch saß, aber nicht las, nur leise vor sich hin murmelte. Irgendetwas schien ihn zu quälen. War es die Furcht, seinen Eltern zu begegnen? Fühlte er sich von Lucy in etwas hineingedrängt, dem er nicht gewachsen war?

Der Filmcrew fiel Tashis Rückzug erst auf, als die Reisevorbereitungen schon so weit fortgeschritten waren, dass man nun auch von ihm nähere Hinweise über sein Heimatdorf benötigte. Wir nahmen an, dass es im östlichen Teil der Autonomen Region lag, doch mehr wussten wir nicht. Doch der Junge verweigerte plötzlich jede Auskunft. Jede von Lucys Fragen beantwortete er mit einem abweisenden »I don't know!«. Er wisse weder den Namen seiner Eltern noch die seiner Geschwister und könne sich auch sonst an nichts erinnern.

Wir waren ratlos. Was war geschehen? Was hatte ihn dazu bewogen, sich erneut zurückzuziehen?

Die Stunde der Wahrheit kam in einer stillen Augustnacht. Die meisten Kinder waren während der Sommerferien nach Hause gefahren. Tashi war den ganzen Abend wie ein unruhiger Geist durch die leeren Zimmer des Langdünhauses geschlichen. Paul und ich hielten es beinahe nicht mehr aus. Wir spielten mit dem Gedanken, ihn zur Seite zu nehmen und nach dem Grund seines Stimmungsumschwungs zu fragen. So hätte man es wohl mit europäischen Jugendlichen gemacht. Doch in den vielen Jahren in Tibet hatten wir gelernt, geduldig abzuwarten. Und das taten wir auch diesmal.

Irgendwann klopfte es an der Tür. Es war Kyila. Sie bat mich, ihr auf den Schulhof zu folgen. Auf den unteren Treppenstufen, die zur Galerie führen, saß Tashi, unruhig mit der Zunge schnalzend. Kyila stellte sich vor ihn und redete eindringlich auf ihn ein: »Los, sag's jetzt, dann ist alles überstanden!«

Ich spürte, wie Tashi innerlich mit sich rang.

»Lab dang! Sag's doch!«, zischte Kyila und stampfte ungeduldig mit dem Fuß auf.

Tashi zog geräuschvoll die Luft ein und fingerte nervös am Treppengeländer herum. Lange war nur das unruhige Trommeln seiner Fingerkuppen auf den Eisenverstrebungen zu hören. Ich setzte mich zu ihm auf die Stufen und wartete.

Unterdessen lief Kyila unruhig im Hof auf und ab. Dann blieb sie abrupt vor Tashi stehen und flüsterte, fast drohend: »Wenn du's ihr nicht sagst, dann rede ich.«

»Mare ta! Untersteh dich!« Jetzt kam Leben in den Jungen. Er sprang auf, stellte sich vor mich hin, nahm tief Luft und begann zu reden, erst stockend, dann immer schneller: »Ich habe gelogen. Ich habe euch alle angelogen! Ich bin kein Tibeter. Ich heiße Fang Qing Hong, nicht Tashi-Passang!«

Ich war verwirrt und wusste gar nicht, worin denn nun das Problem bestand. Doch bevor ich nachfragen konnte, wurde er richtig gesprächig. Wie ein Packpferd, das sich seiner Lasten entledigt hat, galoppierte er los und redete auf Tibetisch und Chinesisch auf mich ein. Er erzählte, dass er auf dem Barkhor nur dann Geld und Lebensmittel bekommen habe, wenn Pilger und Passanten ihn für ein tibetisches Straßenkind hielten. Er musste also tibetische Eigenarten annehmen und, um die Tarnung perfekt zu machen, Tibetisch lernen, so wie es auf der Straße gesprochen wurde.

Kyila unterbrach ihn unsanft: »Dann hast du Chinesisch immer schon gekonnt?« Sie schnaufte: »Kein Wunder, dass du immer der Beste warst! Und da hast du uns weismachen wollen, du hättest Chinesisch auf dem Bakhor gelernt!«

Tashi wurde verlegen. »Ich habe das nur so gesagt, denn …«, er holte tief Luft und wandte sich wieder mir zu, »ich habe geglaubt, ihr nehmt nur tibetische Kinder und keine Han-Chinesen.«

Dann war also nicht der Zorn auf seine Eltern der Grund,

seine Herkunft über all die Jahre geheim zu halten. Es war die Angst, die neue Identität in Gefahr zu bringen. Er hatte ständig in der Furcht gelebt, alles um ihn her, die über Jahre gewachsenen Freundschaften mit Tendsin, Gyendsen und Norbu, seine liebgewonnenen Hauseltern, die Schule und natürlich seine Zukunft aufs Spiel zu setzen, wenn wir die Wahrheit herausfanden.

»Seid ihr mir böse?« Er stockte und flüsterte nervös: »Wird Paul mir böse sein?«

»Warum denn?«, fragte ich erstaunt.

»Weil ich kein Tibeter bin!«

Dieser Satz riss mich vollends aus meiner Verwirrung. Ich musste plötzlich loslachen. Ich fühlte mich befreit, so, wie sich Tashi wohl in diesem Moment fühlen musste. Ich sprang auf und klopfte ihm auf die Schulter. »Keine Sorge, Tashi! Wir sind gar nicht so wählerisch.«

Kyila stimmte in mein Gelächter ein, knuffte ihn freundschaftlich in die Seite und meinte: »Für die beiden gilt doch: Hauptsache, blind!«

26

In den folgenden Tagen war Tashi wie ausgewechselt. Sonst eher still und fast verschlossen, schien er sich in ein übermütiges Kind verwandelt zu haben. Als wären seine Gedanken zuvor gewaltsam zurückgehalten worden, sprudelte es jetzt mit lebhafter Kraft aus ihm heraus: Ja, er wolle seine Familie wiedersehen, er wolle ihnen Geschenke mitbringen, Weihrauch, Kleidung, Butterlampen …

Er wolle ihnen sagen, dass sie sich um ihre Zukunft keine Sorgen mehr zu machen brauchten, denn er könne sie bald finanziell unterstützen. Er lachte viel und laut, war immer in Bewegung und alberte herum, sodass die kleineren Kinder leicht verstört meinten: »Tashi ist so komisch!«

Doch Tendsin beruhigte sie: »Tashi ist nicht komisch, er freut sich nur, seine Familie wiederzusehen.«

Doch wie sollte man das Dorf, in dem seine Eltern lebten, ausfindig machen? Wir wussten nur so viel, dass der Junge wohl aus Sichuan, einer chinesischen Nachbarprovinz der Autonomen Region Tibet, stammte. Aber Sichuan ist groß, und Tashi konnte sich an keinerlei Ortsnamen erinnern. Auch hatte er keine visuellen Erinnerungen an seine Heimatregion, denn er war schon als Kleinkind erblindet.

»Es gab da eine Brücke«, überlegte er halblaut, »eine alte, schaukelnde Brücke, zu Fuß nur eine Tagesreise von meinem Dorf entfernt.«

Paul stöhnte auf: »Ist das alles? Hast du keine anderen Hinweise für uns? Du glaubst gar nicht, wie weit man an einem Tag in die falsche Richtung laufen kann.«

Tashi lachte vergnügt: »Mach dir mal keine Sorgen, ihr werdet mein Dorf schon finden, da bin ich mir sicher!«

Tashis ungebrochene Zuversicht hatte sich auf Sybil und Lucy übertragen, die nun mit detektivischem Spürsinn Landkarten und Reiseführer von Sichuan nach alten, schaukelnden Brücken durchsuchten. Schließlich wurden sie fündig. Seine Angaben deckten sich mit den Beschreibungen der Luding-Brücke in der Nähe von Chengdu, der Provinzhauptstadt Sichuans. Es war eine jahrhundertealte Kettenbrücke, berühmt geworden durch eine Schlacht auf Mao Zedongs großem Marsch.

»Wir fliegen«, verkündete Lucy. »Wir fliegen nach Chengdu, und da mieten wir uns Fahrzeuge.«

Die Nachricht vom Fliegen elektrisierte alle Kinder im Langdünhaus und schien sogar für Tashi fast noch aufregender als der eigentliche Grund der Reise. Unter den Kindern, die sich überhaupt kein Bild von einem Flugzeug machen konnten, kursierten die unterschiedlichsten Vorstellungen darüber, wie eine so große Maschine gebaut sein müsse, wenn sie Tashi, uns, das gesamte Filmteam und all die schweren Kameras in der Luft halten könne. Und während die Kleinsten wie Fliegen brummend durch den Innenhof der Schule schwirrten, saßen die älteren Schüler aufgeregt um Tashi gedrängt und bombardierten ihn mit guten Ratschlägen. Er solle sich gut festhalten, damit er nicht rausfalle, und er müsse sich warm anziehen, denn da oben in der Luft sei es ungemütlich kalt.

Ungemütlich kalt war es bereits in der Wartehalle des Flughafens von Lhasa. Hier gab der Junge uns einen weiteren erschütternden Einblick in seine Geschichte. Tashi-Passang oder Fang Qing Hong, wie er von seinen Eltern genannt wurde, war im Alter von zwei Jahren an einer Augeninfektion erkrankt. Der Vater brachte ihn zu einem Arzt im Nachbardorf, konnte sich aber die Behandlung nicht leisten.

Tashis Erinnerung nach war die Familie immer sehr arm gewesen. Seine Eltern waren Bauern, die ihre drei Kinder mit dem Verkauf von gerösteten Esskastanien und gesalzenen Erdnüssen durchbrachten. Sie lebten in einer kleinen Hütte am Dorfrand und waren im Ort nicht besonders angesehen. Sein Vater beschloss daher, eine neue Hütte gleich in der Dorfmitte zu bauen. Dafür lieh er sich Geld von Verwandten und Nachbarn. Da die Erdnuss- und Kastanienernte allein nicht genug einbrachte, um die Schulden bezahlen zu können, sah sich der Vater nach anderen Einkünften um. Und so, erzählte Tashi, habe wohl alles angefangen.

Der Vater schickte seinen blinden Jungen, vermutlich ohne Wissen der Mutter, zum Betteln in die größeren Dörfer und Städte der näheren Umgebung. Doch Tashi bettelte offenbar nicht genug zusammen, und so nahm er ihn mit auf eine lange Reise. Auf der überfüllten Ladefläche eines Lastwagens, eingequetscht zwischen Holzplanken und Reissäcken, ging es immer nach Westen, und erst nach Tagen erreichten sie durchgerüttelt, hungrig und erschöpft die Grenze zur Autonomen Region Tibet. In Chamdo, einer kleinen Stadt auf der tibetischen Seite, sollte Tashi wieder betteln gehen.

Vermutlich brachte auch das nicht genügend ein, so dass sein Vater ihn für 300 Yuan an einen Chinesen abtrat, der gerade auf der Durchreise nach Lhasa war.

Wir waren schockiert. »Dein Vater hat dich für 300 Yuan verkauft?«

Tashi wurde verlegen. »Ja. Ich kann es ihm heute nicht mehr übel nehmen. Er brauchte Geld und wusste sich wohl anders nicht zu helfen. Er dachte vielleicht, der Chinese würde mich irgendwann wieder zurückbringen.« Er lachte hell auf. »Und jetzt komme ich tatsächlich zurück, aber nicht mit einem Lastwagen, sondern mit dem Flugzeug. Ozih la, was werden die staunen!«

In Chengdu mieteten wir mehrere Kleinbusse. Bis zu der Region, wo wir Tashis Heimatdorf vermuteten, war es vielleicht gerade mal eine Tagesreise, doch die Kolonne wurde für Filmaufnahmen immer wieder angehalten, so dass die Fahrt doppelt so lange dauerte.

Tashi war ungeduldig, er wollte weiter. Aber wo sollten wir mit der Suche nach seinen Eltern beginnen, in einem Gebiet, vielleicht so groß wie das Rheinland? Der Junge wusste weder den Namen seines Heimatdorfes noch den einer größeren Stadt in der Nähe, doch er war optimistisch, dass wir Erfolg haben würden.

»Aber was ist«, wandte ich ein, »wenn sie inzwischen umgezogen sind?«

»Das glaube ich nicht, und wenn, dann finden wir sie eben in ihrem neuen Zuhause.«

»Und was, wenn sie gar nicht mehr leben oder ihn nicht sehen wollen?«, raunte Paul mir auf Deutsch zu.

Dann hatten wir endlich die Luding-Brücke erreicht. Da standen wir nun über dem Dadu-Fluss, auf schwingenden Planken, und horchten auf die Wellen und den aufkommenden Wind, der an den Ketten zerrte. Vom Ufer her, durch das Tosen der Wassermassen hindurch, ertönten Klänge, die an geschichtsträchtige Zeiten erinnern sollten.

Aus übersteuerten Lautsprechern, die man an den Brückenaufgängen aufgebaut hatte, dröhnten Märsche, Fanfaren und heroische Chorgesänge, jubelnde Lobpreisungen des großen Vorsitzenden, und die Brücke, so schien es, wippte gehorsam dazu im Viervierteltakt.

»Liegt dein Dorf an diesem Fluss?«, wandte sich Paul an Tashi, der schweigend dastand und auf uns plötzlich wie benommen wirkte.

Der Junge überlegte, bevor er mit Bestimmtheit sagte: »Nein, das ist er nicht. Der Fluss, der bei meinem Dorf vorbeifließt, klang anders!«

An einem Ende der Brücke wartete Lucy und machte aufgeregte Handzeichen. Paul stöhnte leise: »Oh, nein! Nicht schon wieder!«

Schwankend balancierte Lucy auf uns zu. »That was great!« Sie war tatsächlich begeistert. »Die nachdenklichen Blicke, das ernste Gespräch, die ganze Szenerie, einfach phantastisch! Nur die Mikrofone … die haben zwischenzeitig ausgesetzt. Jetzt gehen sie wieder!« Lucy lachte aufmunternd: »So … can you do that again?«

So genervt wir auch waren, wir ließen es uns nicht anmerken, denn Lucy hatte einiges gut bei uns. Sie war es gewesen, die Tashi so weit gebracht hatte, sich nach all den Jahren des Schweigens von den dunklen Geheimnissen, die ihn umgaben, zu befreien. Und sie war es auch, die ihn später an diesem Tag, als wir die Brücke und die heroischen Chöre hinter uns gelassen hatten, dazu brachte, die Namen von Verwandten aus dem Gedächtnis zu graben. Tatsächlich erinnerte er sich an den Namen eines Onkels, der als Steuerbeamter tätig gewesen war. Nach längerem Grübeln fiel ihm sogar der Name der kleinen Stadt ein, in der sich die Behörde befunden hatte.

»Mit dem Onkel werde ich aber nicht sprechen«, erklärte er trotzig. »Er hat meine Familie beleidigt!«

»Ach, komm schon, Tashi«, stöhnte Paul, »was nützt es, wenn wir jetzt einen Namen kennen und dann nicht mit demjenigen sprechen können.«

Die kleine Stadt war schnell gefunden. Doch seinen Onkel kannte niemand, er arbeitete vielleicht schon längst nicht mehr in der Steuerbehörde.

Ratlos fuhren wir von Stadt zu Stadt und von Dorf zu Dorf und versuchten Tashis Erinnerung durch die Nennung von Dorfnamen wieder aufzufrischen. Bei jedem Fluss, den wir passierten, stiegen wir aus und ließen ihn horchen, ob es sich um den Fluss handelte, der durch sein Heimatdorf geflossen war. Doch jedes Mal erklärte er, dass dieser zu laut rauschte, jener zu leise plätscherte, der eine zu breit sei und der andere zu schmal. Ich dachte gerade daran, dass sich die Geräusche eines Flusses nach jeder Biegung ändern können, als Tashi die Gegend plötzlich bekannt vorkam.

Wir befanden uns gerade in der Nähe eines Dorfes, und so fragten wir die vorbeischlendernden Bauern, die uns mit großem Interesse beobachteten, ob sie seinen Onkel kannten.

Eine Frau schaute neugierig ins Fahrzeug und rief aufgeregt, als sie Tashi erblickte: »Da ist er, das ist der Blinde. Sie haben ihn überall gesucht!«

Ihr Ausruf löste einen Tumult aus. Von überallher kamen plötzlich Menschen herbeigeeilt, drängten sich um unser Fahrzeug und stierten hinein, um den verlorengegangenen Blinden, der nach so vielen Jahren zurückgekehrt war, in Augenschein zu nehmen.

Wir erreichten das Dorf und wurden von einer Menschenansammlung empfangen. Sensationelle Nachrichten wie diese verbreiten sich in China schneller, als man es sich erklären kann.

Wir wollten gerade aus dem Kleinbus springen, als schon der Vater den Kopf hineinsteckte. Er rief: »Mein Sohn, mein Sohn, wo bist du gewesen?«, und zog den Jungen aus dem Fahrzeug und mit sich fort.

Wir warteten eine Weile vor dem Eingang einer ärmlichen Hütte, in der die beiden vor der aufgeregten Menschenmenge Zuflucht gesucht hatten, bis Tashi seinem Vater erklärt hatte, wer wir seien. Der Vater bat uns hinein, und Paul und ich setzten uns auf eine Holzbank. Die Stimmung war angespannt. Tashi saß neben uns, vor Aufregung zitternd.

Auch der Vater war nervös. Unruhig lief er in dem kleinen kahlen Zimmer umher und redete auf Tashi ein: »Was hat der Mann mit dir gemacht? Hat er dich gut behandelt?«

»Er hat mich verprügelt«, erwiderte Tashi, »ich bin weggelaufen.«

»Dein Bruder hat dich überall gesucht.«

In diesem Moment trat ein junger Mann ins Zimmer. Er setzte sich neben Tashi, der augenblicklich ruhiger wurde. Erst als der Vater aus dem Haus ging, um die Mutter zu holen, fingen sie an, miteinander zu sprechen, anfangs noch stockend, doch dann in vertrautem Ton.

Anschließend erzählte uns Tashi, dass sein Bruder wütend gewesen sei, als der Vater ohne ihn von der Reise zurückgekommen war. Er habe ihn aufgefordert, zurückzufahren und nach ihm zu suchen. Doch dann sei er selbst losgezogen. In Chamdo habe man ihm gesagt, dass man ein blindes Kind in der Nachbarprovinz Yunnan gesehen habe. Auch dort habe sein Bruder nach ihm gesucht.

»Sie haben mich vermisst«, wandte sich Tashi überglücklich an uns, »mein Bruder hat tatsächlich nach mir gesucht.«

Irgendwann stürmte die Mutter herein. Als sie ihren Jungen erblickte, fing sie an zu weinen. Wie sich ihren gestammelten Worten entnehmen ließ, hatte sie geglaubt, er sei tot. Tashi wurde mit Freude von Mutter und Bruder empfangen. Jetzt war er zu Hause angekommen.

Leise schlichen wir uns aus der Hütte. Draußen auf der Straße hielten wir nach dem Filmteam Ausschau. Wir hatten uns schon über Lucys Ausbleiben gewundert und sie vor der Hütte mit ihren Kameras erwartet. Stattdessen fanden wir eine chaotische Menge durcheinanderbrüllender Menschen vor, durch die sich aufheulende Fahrzeuge einen Weg zu bahnen suchten. Einer der Kameramänner trat zu uns: »Es ist vorbei, man hat uns alle verhaftet!«

27

Tashis Begegnung mit seiner Familie war von Lucy, Sybil und dem Kamerateam mit Spannung erwartet worden. Es sollte ein Höhepunkt des Dokumentarfilms werden. Alles stand bereit, um den entscheidenden Moment festzuhalten. Doch dann war ein aufgebrachter Polizist auf sie zugestürzt und hatte den Dreh abgebrochen. Argumente halfen nichts, der Beamte blieb eisern. Sybil und Lucy, die sonst nicht so schnell einknicken, konnten nicht anders, als nachzugeben, denn sie hatten bei all der Hektik die offizielle Drehgenehmigung in Lhasa vergessen.

Nun standen wir alle unter Hausarrest. In einem Konvoi aus wichtig hupenden Polizeifahrzeugen und unseren zwei Kleinbussen ging es zurück zu unserem Hotel. Dort sollten wir so lange unter Polizeibewachung stehen, bis das lokale Büro für öffentliche Sicherheit über die Fortsetzung oder den Abbruch der Dreharbeiten entschieden hatte. Die Beamten wollten alle auf der Reise bereits aufgenommenen Bänder ansehen und, sollte sich etwas Regelwidriges finden, einbehalten.

Ausländische Filmteams können in China nur mit einer von oberster Stelle abgesegneten Drehgenehmigung arbeiten, die unter Umständen eine Menge Geld kosten kann. Da der geplante Film für die Kinoleinwand gedacht war, waren absurd hohe Gebühren angesetzt worden. Sybil, die Produzentin, hatte den Sommer über sämtliche Hebel – ihre Beziehungen und die eigene Überzeugungskraft, von beidem hatte sie mehr als genug – in Bewegung gesetzt, um die Kosten wieder in realistische Dimensionen zu rücken.

Nach unzähligen Telefongesprächen und stundenlangen Sitzungen hatte sie einen halbwegs vernünftigen Betrag ausgehandelt und sich mit den Beamten auf die folgenden Bedingungen geeinigt: Streng verboten, und das hatte der chinesische Verhandlungsführer gar nicht oft genug sagen können, sei das Filmen von religiösen oder militärischen Einrichtungen. Es durften also keine Klöster und Tempel, keine Kasernen und keine Armeestützpunkte gefilmt werden – und auch keine Brücken. Der kleinste Verstoß gegen die Vorschriften hätte das Ende des Films bedeutet, denn dann würde keines der aufgenommenen Bänder jemals das Land verlassen.

Während der Filmaufnahmen sollte das Team einen so genannten Begleitschutz erhalten, der auf die Einhaltung dieser Vorschriften und der Gesetze der Volksrepublik China im Allgemeinen sowie jener der Autonomen Region Tibet im Besonderen zu achten hatte. Nach dem Abschluss der auf vier Monate angesetzten Dreharbeiten sollten alle Bänder vom Außenministerium in Lhasa gesichtet und, wenn es nichts zu beanstanden gebe, zur Ausfuhr freigegeben werden.

Sybil hatte keine Bedenken, sich auf diese Bedingungen einzulassen. Schließlich ging es in diesem Film ums Bergsteigen und um blinde Kinder, nicht aber um religiöse oder politische Fragen. Für den Begleitschutz in Person des Genossen Ling, eines eifrigen, aber doch ganz sympathischen Staatsdiener, war Sybil sogar dankbar, so brauchte sie sich nicht ständig Gedanken darüber zu machen, ob eine Einstellung oder ein Interview gegen irgendein Gesetz verstieß. Der Begleitschutz würde schon rechtzeitig einschreiten. Doch Herr Ling hatte gemeint, in Sichuan seien die Gesetze nicht ganz so streng. Er müsse also nicht ständig anwesend sein und vertraue ganz auf Zering, den Übersetzer, was die Sorge um die Einhaltung der Regeln angehe.

In Erwartung peinlicher Befragungen stellte sich das Team nun immer wieder die Frage, ob man auch wirklich allen Auflagen entsprochen hätte. Auch wir gingen im Kopf die Aufnahmen der vergangenen Tage durch: keine Militärfahrzeuge.

Keine Tempel. »Aber Brücken!«, rief Paul. »Ihr habt jede Menge Brücken gefilmt!« Tatsächlich hatte sich Lucy auf der Fahrt gerade auf dieses Motiv eingeschossen, da unser einziger Anhaltspunkt eine alte, schaukelnde Brücke war. Ständig hatten wir anhalten und, wenn die Kameras in Position gebracht waren, die jeweilige Brücke in beide Richtungen überqueren müssen, mal schnell, mal langsam, mal nachdenklich, mal ins Gespräch vertieft.

Die Sichtung der beschlagnahmten Bänder, die Vernehmungen und Verhandlungen fanden hinter verschlossenen Türen statt und dauerten den ganzen Tag an. Gegen Abend erklärte der sichtbar erschöpfte Verhandlungsführer, er habe genug gesehen und diskutiert, nun könne man zum fröhlichen Teil übergehen. Das Filmteam konnte die plötzliche Wende gar nicht fassen. Hieß das, man behielte die Dreherlaubnis und bekäme die Bänder zurück? »Kommt darauf an, wie lustig der Abend noch wird«, erklärte Paul den Filmemachern.

Das Bankett im Festsaal des Hotels begann. Froh über den unerwarteten Stimmungswechsel, aber auch in Sorge, der Staatsdiener könnte seine gute Laune wieder verlieren, prosteten wir ihm und seinen fünf Untergebenen in einer Hektik zu, dass man hätte meinen können, es handele sich um einen Trinkwettbewerb. Die scharfen Getränke taten bei uns, aber auch beim obersten Verhandlungsführer – wir gaben ihm den Spitznamen »der Oberst« – ihre Wirkung.

Je mehr der Oberst in Fahrt kam, desto gefühlvoller wurden seine Reden, bis er sich schließlich mit Tränen in den Augen bei uns für all das bedankte, was wir für China getan hatten. Er machte den Frauen galante Komplimente und geriet ins Schwärmen über die anrührende Geschichte des blinden Jungen, der nach so vielen Jahren voller Abenteuer im fernen Tibet endlich wieder in seine Heimat zurückgefunden habe. Schließlich verkündete er, wie gern er selbst einmal nach Tibet reisen wolle, und erging sich in Lobpreisungen der tibetischen Landschaften und der frommen Bergmenschen, bis er schließlich eine Dame an unseren Tisch kommen ließ. Kunstvoll in eine reichverzierte Chuba, ein traditionelles Mantelkleid, verpackt, sang sie eine alte tibetische Weise und tanzte dazu.

Ich revanchierte mich mit einem bekannten chinesischen Volkslied, in dem es um Kangding, ein malerisches kleines Städtchen, ging, das nur eine Tagesfahrt von unserem jetzigen Aufenthaltsort entfernt lag. Vor mehr als sieben Jahren hatte ich dort einmal nach blinden Kindern Ausschau gehalten. Nach allem, was mir seitdem geschehen war, kam das mir wie eine Ewigkeit vor. »Kangding liu liu de shan chang«, setzte ich gleich mit dem Refrain ein – ich wusste, ich konnte mich auf meine chinesischen Gastgeber verlassen. Und tatsächlich sprangen sie von ihren Stühlen hoch, sobald sie die ersten Worte hörten, und fielen in meine Darbietung ein.

»Auf die Freundschaft!«, riefen sie, nachdem wir unser Lied beendet hatten. »Gam bei, ein Glas auf ex, auf unsere Freundschaft!« Und wieder wurden die Gläser geleert, und wieder wurde gesungen, nicht nur, wie wir hofften für die Freundschaft, sondern auch für die Freiheit der Filmtapes.

Wer an diesem Abend am leidenschaftlichsten sang und am wildesten tanzte, als ginge es um ihr Leben, das war Sybil. Sie stammt aus Oklahoma, und folglich gestaltete sie den Höhepunkt des Programms mit wilden Tänzchen zu Country-Songs wie »Oklahoma Cowgirl«. Die Darbietung gelang ihr so überzeugend, dass die Genossen in Jubel und wir in nicht enden wollende Lachkrämpfe ausbrachen. Schließlich waren wir bei »Ewige-Freundschaft«-Schwüren angekommen und feierten unsere Verbrüderung, das Filmprojekt und die Heimkehr Tashis mit, wie konnte es anders sein, »Imagine me and you, I do, I think about you day and night …«, und zum Refrain »Happy together, happy together, how is the weather, we're happy together!« hakten wir uns bei den angeheiterten Genossen unter und tanzten um den Tisch, so dass die Gläser klirrten und die Getränke spritzten.

Fast hatten wir den eigentlichen Anlass der Feier vergessen, als plötzlich alles verstummte. In der Tür zum Festsaal lehnte schweigend ein Mann, der unser ausgelassenes Ringelreihen schon eine Zeitlang beobachtet haben musste, bevor er sich donnernd Gehör verschaffte. In diesem Moment wurden alle schlagartig nüchtern. Angesichts der Art und Weise, wie der Oberst plötzlich untertänig zu stammeln begann, musste es sich um einen Vorgesetzten handeln, der nun unter unüberhörbaren Drohungen auf der Neuaufnahme der Filmverhandlungen bestand.

»Das war's dann wohl«, meinte Paul, als wir uns auf ein Zeichen Sybils hin leise aus dem Staub machten.

Schlafen konnten wir jedoch nicht. Mit Spannung warteten wir in unserem Hotelzimmer auf das Ende der Verhandlungen. Weit nach Mitternacht klopfte es an die Tür. »Wir haben es geschafft. Sie haben uns die Bänder gelassen!«, verkündete Sybil müde, aber überglücklich. Nur 17 Sekunden, den Auftritt der Polizei in Tashis Heimatdorf, hatten sie löschen müssen, sonst hatte es keine weiteren Beanstandungen gegeben.

Die Filmaufnahmen am nächsten Tag wollte man tolerieren, solange sie nicht für Unruhe bei der Dorfbevölkerung sorgten. »Wir bleiben unauffällig«, hatte Lucy versichert, und wir fragten uns staunend, wie das wohl möglich sein sollte. Die Dorfbewohner, von denen viele wohl noch nie einen Ausländer zu Gesicht bekommen hatten, waren viel zu neugierig, als dass sie brav zu Hause geblieben wären. »Keine Sorge«, meinte Lucy optimistisch, »wir filmen erst mal im Haus von Tashis Eltern.«

Doch entgegen Lucys Erwartung, wir seien dort ungestört, drängten von Minute zu Minute mehr Menschen in die kleine Hütte, um den Jungen, der von so weit her gekommen war und von der Welt draußen so wunderliche Dinge zu erzählen hatte, anzustarren. Tashi genoss die Aufmerksamkeit der Menschen. Er war jetzt in Hochstimmung und erzählte von der Schule in Lhasa, und alle machten »oh« und »ah«, als er ihnen seine Braillebücher zeigte und daraus vorzulesen begann. Kurzum, die Einwohner waren zutiefst beeindruckt von der Tatsache, dass ein Kind ihres Dorfes es so weit gebracht hatte; allein schon, wie gut er gekleidet war. Ehrfürchtig betasteten sie die Geschenke, Butterlampen vom heiligen Jokhang-Tempel, kostbar verzierte Weihrauchhalter und ein kleines Fotoalbum, das Paul vor der Abreise für Tashis Eltern zusammengestellt hatte.

Die Fotos boten einen Überblick über die Jahre, die er im Langdünhaus verbracht hatte: ein sehr viel kleinerer und noch recht magerer Tashi, der gerade erst sein Leben als Straßenkind hinter sich gelassen hatte. Tashi an der Braille-Schreibmaschine und einige Jahre später grinsend mit einem großen Globus im Arm. Wieder einige Jahre später: Tashi am Computer. Und dann gab es da noch ein Foto, das erst vor wenigen Monaten aufgenommen worden war: Tashi in weißem Arztkittel bei einer Massage. Besonders das letzte Bild hatte es den Dorfeinwohnern angetan. Weder mit einem Globus noch mit einem Computer hatten sie viel anfangen können. Aber Fang Qing Hong, der blinde Junge aus ihrem Dorf – ein Arzt! Das war mehr als beeindruckend. Sie rissen den eingeschüchterten Eltern das Album aus der Hand und schrien vor Begeisterung, während sie wie wild darin blätterten.

Einige Stunden später saßen wir ungestört in einem Garten hoch über dem Dorf; Zering hatte auf dem schmalen Pfad, der nach oben führte, Wachen aufgestellt, um die nachdrängende Schar Neugieriger aufzuhalten. Wir saßen aufgereiht auf einer kleinen Steinmauer, von links nach rechts Paul, Zering, ein weiterer Übersetzer, daneben der Vater, Tashi und ein Stückchen weiter die Mutter und ich. Hier, an diesem ruhigen Ort, wollte Lucy Tashi und seinen Vater befragen.

Wir alle, Tashi eingeschlossen, hatten diesem Gespräch mit hoffnungsvoller Spannung entgegengefiebert. Der Junge brannte darauf, den Eltern zu berichten, wie es ihm nach der Trennung von seinem Vater in Chamdo ergangen war. Er wollte nicht, dass sie sich schuldig fühlten. Er wollte ihnen sagen, wie dankbar er sei, dass es sich so und nicht anders ereignet hatte, denn schließlich sei er auf diese Weise ins Langdünhaus gekommen. »Ich bin ein glücklicher Mensch«, hatte Tashi noch am Morgen vor dem Interview seiner Familie versichert. »Ihr braucht euch um mich keine Sorgen zu machen. Sobald ich Geld verdiene, kümmere ich mich um euch.«

Doch das Gespräch wurde, von allen ungewollt, durch den Vater selbst zum Tribunal. Mal fluchend, mal um Verständnis heischend redete er sich um Kopf und Kragen und manövrierte sich selbst auf die Anklagebank.

Er habe seinen Sohn niemals schlecht behandelt! Ja, er habe ihn zum Betteln geschickt, aber schließlich sei er damals schon fünf oder sechs Jahre alt gewesen. Zu Beginn habe er ihn selbst beaufsichtigt. Später habe er ihn für zwei Jahre zur alten Brücke geschickt und da einem Fremden anvertraut. Das Geschäft an der Brücke sei anfangs noch gut gegangen, aber dann habe der Mann das Geld nicht mehr ausgehändigt. Ja, es gebe schlechte Menschen auf der Welt. Er habe sich dann mit dem Jungen auf die Reise gemacht und da – er sprach jetzt hektisch und laut, fast so, als müsse er sich selbst überzeugen – sei er ihm an einer Busstation abhandengekommen. Eineinhalb Tage habe er nach seinem Sohn gesucht, habe dann aber aufgegeben, weil er ihn sowieso nicht wiederzufinden glaubte.

Es folgte ein kurzer Moment erstarrter Stille. Dann fragte jemand, wie er denn so einfach die Suche aufgeben konnte.

Der Vater antwortete hastig und wieder viel zu laut: Er habe doch gedacht, es würde Tashi schon gutgehen.

Neben mir saß Tashis Mutter. Sie war wie erstarrt. Wie Paul

mir später sagte, hatte sie während des gesamten Interviews keine Miene verzogen. Manchmal wollte sie wohl etwas sagen, wurde aber dann vom Vater übertönt.

Zering ließ nicht locker: »Wolltest du ihn wirklich finden?«

»Ja, natürlich! Verdammt noch mal! Ich wollte ihn finden. Ich hatte doch Angst um ihn.«

Ich fragte ihn, ob er gewusst habe, was mit seinem Sohn geschehen sei.

Der Vater verneinte entschieden. In dem Moment stand Tashi, der bis dahin neben seinem Vater gesessen hatte, auf und setzte sich neben mich. Ich wandte mich an ihn: »Möchtest du ihm jetzt sagen, was passiert ist?«

»Nein«, sagte er knapp, und aus seiner Stimme klang tiefe Verachtung, »ich habe alles vergessen.«

In diesem Moment wünschte ich mir, wir hätten dieses Interview niemals geführt. Der Vater, das wurde uns jetzt allen klar, hatte seine Familie angelogen. Er hatte genau gewusst, wo Tashi zu finden war. Nicht in Chamdo und nicht in Yunnan. Er wusste von dem Mann, der ihn nach Lhasa mitgenommen hatte, hatte er sich doch gleich nach den ersten Wiedersehensworten nach ihm erkundigt. Doch niemand aus der Familie hatte etwas von dem Menschenhandel geahnt, nicht die Mutter, nicht die älteren Geschwister.

Tashi hatte sich gewünscht, über alles reden zu können, ja, er wollte verzeihen und einen neuen Anfang machen. Mit der Lebenslüge des Vaters konnte er nicht fertig werden. Er scharrte mit den Füßen im raschelnden Laub und rieb nervös die Finger aneinander. Ich war mir sicher, dass er der wehleidigen Schilderung des Vaters, wie er selbst auf der Busfahrt beinahe verunglückt sei, gar nicht mehr zuhörte.

»Er ist ein Lügner, ein verdammter Mistkerl!«, schimpfte Tashi. »Ich will mit ihm nichts mehr zu tun haben! Er hat meine Mutter und meine Geschwister belogen! Er wusste ganz genau, wo ich zu finden war!« Wir hatten für einen Moment das Filmteam erfolgreich abgeschüttelt und saßen nun zu dritt in der kleinen Dorfschenke. »Ich will keine Nacht mehr hierbleiben«, sagte er niedergeschlagen. »Ich will weg, so schnell wie möglich.«

»Was ist mit deinem Ausweis?«

»Den wird mein Bruder besorgen. Jetzt will ich zurück nach Lhasa! Ich gehöre ins Langdünhaus. Das ist mein wirkliches Zuhause!«

28

Die Ereignisse, die uns im siebten Sommer unseres Tibetaufenthaltes in Atem hielten – die unerwartete Konfrontation mit den Lebensgeschichten der Schüler, wie wir sie so noch nicht kannten, der Aufbau der Trainingsfarm, der Ritt durch ein Tibet, das mir fremd war, und schließlich die dramatische Begegnung mit Tashis Familie –, das alles hatte die bevorstehende Besteigung des Lhagpa Ri seltsam verblassen lassen. Es war, als erinnerten wir uns an das Vorhaben nur durch einen nebligen Schleier, wie an eine kühne Sektlaune. Sicher machten wir frühmorgens noch unsere Konditionsübungen, aber sie waren zur vertrauten Routine geworden. Erst als die Sommersonne an Kraft verlor, die kalte Jahreszeit sich durch heftige Sandstürme ankündigte und Erik und seine Bergsteiger-Kameraden wieder in Lhasa eintrafen, rückte die lang geplante Herbstexpedition so plötzlich in den Mittelpunkt, dass wir alle überraschend von Abenteuerlust gepackt wurden.

Wir saßen zusammen mit Erik, Gavin und Jeff auf der Dachterrasse unserer Schule und besprachen die Tage und Wochen, die vor uns lagen. Gavin, einer der Älteren unter den Bergsteigern, ein stämmiger Kerl mit leicht schleppendem neuseeländischem Akzent, war von Erik als Logistikmanager engagiert worden. Er skizzierte nun unsere Route, die verschiedenen Etappen und den vorgesehenen Zeitplan. Es sollte von Tingri aus losgehen, einem kleinen Ort auf 4300 Meter Höhe, von da in den folgenden Tagen auf leicht ansteigendem Weg in Richtung Everest-Basislager. Das Basislager, 5200 Meter über dem Meeresspiegel, sei die letzte Station, die mit einem Fahrzeug erreicht werden könne. Von da an würden wir auf Yaks angewiesen sein.

Die Route war so angelegt, dass wir genug Zeit haben würden, uns an die Höhe zu gewöhnen. Nach ein paar Ruhetagen sollte es in drei Tagesmärschen zum Advanced Base Camp (ABC), dem vorgeschobenen Everest-Basislager auf 6400 Meter Höhe, gehen.

»Und dann wird es spannend, denn wir kommen zum Finale!« Jetzt hatte Erik das Wort ergriffen. Er schilderte den Verlauf des Abenteuers mit jungenhafter Begeisterung. »Hinter dem ABC liegt der Crampon-Point, der Nordsattel, von dort geht es zum Höhenlager auf etwa 6900 Metern. Und dann weiter zum Gipfel des Lhagpa Ri, 7100 Meter über dem Meeresspiegel. Ich sag's euch, Freunde«, Eriks Stimme bebte leicht, »es wird euch von diesem Punkt an nicht mehr loslassen! Wir werden Rekorde brechen! Sechs blinde Teenager, auf 7100 Metern! Climbing blind! Mann, was für ein Symbol!«

Als wir so dasaßen und nicht ohne Faszination Eriks schwärmerischen Schilderungen lauschten, wurde uns wieder bewusst, welches Ausmaß die ganze Aktion angenommen hatte. Ursprünglich hatten wir uns eine Begegnung zwischen Erik und den Schülern des Langdünhauses vorgestellt, zu der auch eine gemeinsame Wanderung beitragen sollte. Dann hatte sich dieses eher harmlose Vorhaben zu dem ehrgeizigen Projekt einer Gipfelbesteigung ausgewachsen.

Wir wollen unsere Schüler nicht zu sehr behüten. Wir wollen ihnen auch nicht die normalen Risiken des Alltags ersparen. Sie müssen frühzeitig lernen, mit ihnen umzugehen, nur so haben sie die Chance, einmal ein selbstbestimmtes Leben zu führen. Wir geben ihnen die Möglichkeit, in verkehrsfreien Zonen Fahrrad zu fahren, lassen sie auf Bäumen herumklettern und veranstalten mit ihnen Kanutouren auf dem Kyichu-Fluss. Sobald unsere Schüler die Stocktechnik beherrschen, sich orientieren und verantwortungsvoll im Straßenverkehr zurechtfinden können, lassen wir sie in den Ferien auch getrost allein in ihre Heimatdörfer fahren. Ja, wir wollen sie nicht zu sehr einschränken. Aber musste es denn gleich ein Siebentausender sein?

Kein Grund zur Panik, beeilte sich Erik, uns zu beruhigen. Der Lhagpa Ri sei ein vergleichsweise einfacher Berg, ohne technischen Anspruch, die Wege zwar anstrengend, aber nicht gefährlich. Fast ein Spaziergang, nur eben auf großer Höhe. Auch seien die sechs Schüler stark genug, es mit dem Lhagpa Ri aufzunehmen. Kurzum, für sie würde es eine bereichernde Erfahrung werden.

Unsere Bergführer, erfahren im Umgang mit Extremsituationen aller Art, waren jedoch auf die bereichernde Erfahrung nicht gefasst, mit der sie sich schon bei uns im Langdünhaus konfrontiert sahen. Kaum hatten sie sich von den Strapazen des langen Fluges erholt, brach Panik unter ihnen aus. Läuse-Alarm! Man hatte auf den Köpfen zweier Schüler weiße Pünktchen erspäht.

»Willkommen in Tibet!«, lachte Paul, als man uns mit Grabesstimme den Tatbestand meldete.

»Mit Läusen ist nicht zu spaßen«, wies Jeff uns zurecht.

Erik, der sich seine gute Laune nicht verderben ließ, versuchte die Sache von der komischen Seite zu nehmen. Doch Jeff, der so viele gefährliche Abenteuer bestanden und mit Erik den Everest-Gipfel bezwungen hatte, war nicht zum Witzemachen zumute: »Für mich ist diese Expedition beendet, wenn nicht sofort die gesamte Schule unter Quarantäne gestellt und auch die letzte Laus vernichtet wird!«

Da wir auf unseren Team-Doc nicht verzichten wollten, wurde das Unmögliche möglich gemacht und im Langdünhaus ein Großwaschtag abgehalten. Normalerweise werden die Waschzeremonien die Woche über auf kleine und große Kinder, auf Mädchen und Jungen aufgeteilt. Doch wegen höchster Seuchengefahr musste alles auf einmal geschehen. Wir gaben Jeffs Anordnung an die verständnislos dreinblickenden Hauseltern weiter. Wegen der Shi, der tibetischen Kopflaus, hat man sich hier noch nie Sorgen gemacht. »Sie kommt und sie geht«, meinte Lodri lakonisch, »dagegen gibt es keine Medizin.« Tatsächlich war in ganz Lhasa kein Antiläusemittel aufzutreiben, und so behalfen sich Lodri und Anila unter der Hand mit normalem Shampoo.

Alle verfügbaren Wannen, Bottiche und Eimer wurden mit eiskaltem Wasser gefüllt und in die Sonne zum Erwärmen gestellt. Dann wurden die aufgeregt quiekenden Kleinkinder von den Hauseltern und den älteren Schülern für das Bad im immer noch recht kalten Wasser eingefangen. Bald war die Luft erfüllt von den Wohlgerüchen des Seifenschaums, und der Innenhof des Langdünhauses hallte wider von den Schreien der um sich spritzenden Schüler. Um unsere amerikanischen Freunde wieder zu beruhigen, wurden 35 Kinderköpfe, die der Hauseltern, dazu Kleidung und Bettwäsche und nicht zu vergessen der unwillige Nomadenhund Pucki-Yamdrog gewaschen und geschrubbt.

Die Aktion hatte Erfolg. Unsere kritischen Teamgefährten stellten mit Erleichterung fest, dass die weißen Pünktchen von den Köpfen der Jugendlichen verschwunden waren, und so war der Weg frei zu höheren Zielen.

Die erste Etappe, ein dreitägiger Treck, führte uns auf breiten, leicht ansteigenden Wegen von Tingri näher und näher an die Riesen des Himalajas heran. Paul blieb oft sprachlos stehen, überwältigt von den majestätisch vor uns thronenden Achttausendern. Er versuchte wieder und wieder, mir einen Eindruck von der grandiosen Landschaft zu vermitteln. An den ersten beiden Tagen war der Everest stets als unbestritten höchster Berg wahrzunehmen. Dann aber wurde er von näher liegenden Gipfeln verdeckt, und erst, als wir am dritten Wandertag ins Rombuck-Tal einbogen, hatte man die volle Sicht auf den Berg der Berge, der schon so viele Menschen in seinen Bann gezogen hat. Paul konnte es nicht fassen, wie nah er schien, trotz der dreißig Kilometer, die uns noch von ihm trennten. Von uns blinden Expeditionsteilnehmern konnte wohl nur Erik ermessen, wie groß und übermächtig dieser Riese wirklich war. Für die sechs Jugendlichen und für mich blieb der höchste Berg der Erde eine abstrakte Vorstellung. »Greifbar« war nur sein kühler Schatten.

Trotz der großen Höhe, der langen Wandertage und der stechenden Sonne waren alle guter Dinge, und wir kamen recht schnell voran. Auf regulären Wanderwegen oder auch schmaleren Bergpfaden waren wir, die blinden Expeditionsteilnehmer, nicht etwa mit einem Seil an unsere sehenden Begleiter gebunden. Stattdessen benutzten wir zwei Teleskop-Trekkingstöcke, mit denen wir wechselseitig die Beschaffenheit des Bodens vor uns abtasteten, um nicht in eine unvorhersehbare Fußfalle zu treten. Die Bergführer hatten sich zu unserer Orientierung Glöckchen an den Rucksack gehängt und liefen, stetig wie Yaks bimmelnd, im Abstand von eineinhalb bis zwei Metern voraus. Diese Technik, Erik hatte sie auf seinen vielen Bergtouren entwickelt und später sogar patentieren lassen, sollte uns in die Lage versetzen, in unwegsamem Gelände sicher und weitgehend unabhängig voranzukommen.

Einigen bewegungshungrigen Jugendlichen jedoch war diese Art der Fortbewegung viel zu umständlich. Sie pfiffen auf die klingelnden Führer und auf Eriks Patent, denn wer wollte schon wissen, wo beim nächsten Schritt der Fuß landete, ob in einem Loch oder in einem frischen Yakfladen, das war doch total egal. Besonders Gyendsen und Tendsin schienen über unerschöpfliche Energiereserven zu verfügen. Die beiden unzertrennlichen Freunde liefen oft, solange es nicht allzu gefährlich werden konnte, ihren Bergführern Jeff und Michael voraus. Stockschwingend sprangen sie bergauf, bergab, sausten über Felsblöcke und segelten über Schlammlöcher, manchmal haarscharf an einem reißenden Bergbach vorbei.

Paul und ich gingen die Wanderung etwas geruhsamer an, um die Bergwelt mit allen uns zur Verfügung stehenden Sinnen wahrzunehmen. Da gab es Wasserfälle, die eine leichte Brise verursachten und das Gesicht mit kühlem Sprühregen erfrischten, schmale wackelige Stege über wild schäumende Bäche, Wiesen mit süßen, bitteren und aromatisch würzigen Kräuter- und Blumendüften und manch frischem, penetrant riechendem Yakfladen. Kleine Kinder tauchten urplötzlich aus dem Nichts auf und gaben mit ihren schmutzverkrusteten Rotznasen für Paul herrliche Fotomotive ab; gefährlich knurrende Nomadenhunde konnten nur mit lauten Tschusch-Rufen auf Abstand gehalten werden. Wir hörten Adlerschreie und Yakgebrüll, Wind, der gespenstisch durch Felsöffnungen pfiff, donnernde Geröll-Lawinen in der Ferne, und hin und wieder, wenn der Wind günstig stand, ahnten wir das leise Galoppieren fliehender Antilopenherden.

Die sechs Jugendlichen, besonders Kyila und Bungzo, schienen in den ersten Tagen nur wenig Notiz von der Bergwelt zu nehmen. Die beiden liefen oft zusammen und waren sich offensichtlich selbst genug. Sie sangen laut, kicherten leise und tauschten Heimlichkeiten aus. Manchmal hörte ich, wie sie sich über die Eigenarten der Inji-Bergführer amüsierten. Ja, vom tibetischen Standpunkt aus betrachtet, boten wohl alle Injis, die hier versammelt waren, Anlass zu recht amüsanten Studien.

So unterschiedlich Eriks Begleiter auch waren, sie hatten eines gemeinsam: Alle waren Hochleistungssportler und Abenteurer, »starke Kerle«, die es sich nicht nehmen ließen, unermüdlich ihre körperliche Aktivität und Fitness zu demonstrieren. Wenn wir uns bei Sonnenaufgang aus den Schlafsäcken herausschälten, hörten wir schon, wie sie sich eifrig über ihre morgendlichen Fitnessleistungen austauschten. »Ach, ihr geht jetzt erst laufen? Ich bin gerade neun Kilometer ums Kloster gejoggt. Na ja, mein Körper braucht eben ein bisschen Bewegung!«

Zu den besonders eifrigen Sportlern gehörten Kyilas und Bungzos Bergführerinnen Stefanie und Sally, zwei in jeder Hinsicht engagierte Frauen. Stefanie beeindruckte die Mädchen durch die Tatsache, dass sie sich überwiegend joggend durchs

Leben bewegte und dabei ausschließlich von Energiesnacks mit unappetitlichem Bananen- und Schoko-Geschmack ernährte. Sally machte durch ihre feministischen Proklamationen Eindruck.

Sowohl die motzige Bungzo als auch die aufmüpfige Kyila waren für die Themen »Frauenpower« und »Frau soll sich von den Kerlen nichts gefallen lassen« recht aufgeschlossen. Fasziniert und belustigt zugleich lernten sie Sallys Faustregeln auswendig: »Stärke zeigen! Nicht aufgeben! Augen zu und durch!«

Nur die Heftigkeit, mit der Sally verkündete, dass Frauen dem männlichen Geschlecht in körperlicher Stärke um nichts nachstünden, stieß bei den beiden auf Unverständnis; in Tibet weiß doch jedes Kind, dass es die Frauen sind, die gewöhnlich alle körperliche Arbeit verrichten. Denn während die Frauen in Tibet pflanzen, ernten und Gerstensäcke schleppen, sitzen die Männer meist mit einem Krug Chang in der Hand da und beobachten die Schufterei aus sicherer Entfernung.

Trotz der starken Worte hatte ich bei Sally und Stefanie manchmal den Eindruck, dass sie unter einem enormen Leistungsdruck standen, um neben den Männern im Team in puncto Ausdauer, Kondition und Schnelligkeit zu bestehen. Und hin und wieder fragten wir uns besorgt, ob der Leistungswahn und Konkurrenzdruck, den einige der Bergsteiger pflegten, sich auf die Jugendlichen übertragen könnte. Ja, wir machten uns Sorgen, das »Schneller, weiter und höher«-Gerede der Bergsteiger könnte die eigentliche Mission in Vergessenheit geraten lassen.

Während Tendsin und Gyendsen vom Wettkampfgeist angesteckt schienen, machte sich Tashi nicht viel daraus, zu den Langsamen in der Truppe zu gehören. Er genoss das Zusammensein mit seinem Bergführer Gavin, der ihm viel erzählte und Zeit gewährte, sich in der Gruppe zurechtzufinden und all die neuen Eindrücke zu verarbeiten.

Seit den Ereignissen in seinem Heimatdorf hatte er sich erneut von der Außenwelt abzuschotten versucht. Enttäuscht über die Lügen des Vaters, glaubte er wohl, diesmal endgültig seine Familie verloren zu haben. Zurück in Lhasa, hatte er sich auf der Flucht vor Lucys Interviewwut in seinen Schlafsaal verkrochen und manchmal bei Anila Zuflucht gesucht. Erst das Eintreffen Eriks und seiner Bergsteiger-Kameraden, die Vorbereitungen auf die Expedition und schließlich die Wanderung und das Gefühl, einer Gemeinschaft anzugehören – das alles hatte ihn wieder lebendig werden lassen. Und sogar Lucy und ihre Kameraleute, die von morgens bis abends die Geschehnisse verfolgten, durften sich ihm wieder nähern.

Ja, Lucy war immer und überall dabei. »Ich werde ausnahmslos alles, was ihr sagt und macht, filmen! Ihr werdet also immer eine Kamera in der Nähe haben, aber tut einfach so, als wären wir nicht da. Benehmt euch ganz natürlich!«, hatte ihre paradox anmutende Anweisung gelautet. Als Regisseurin war sie immerzu auf der Suche nach ihrer Story, nach Leidenswegen, Konflikten, großen Taten und spektakulären Panoramen.

Die Expeditionsteilnehmer reagierten auf die Allgegenwart der Regisseurin auf ganz unterschiedliche Weise. Den Jugendlichen machten Lucys Nachstellungen nur wenig aus, sie ertrugen den Filmmarathon mit erstaunlicher Gelassenheit. Vor der Kamera verhielten sie sich frei und ungezwungen und blieben auch bei den hartnäckigsten Befragungen höflich und mitteilsam. Auch die Bergsteiger hatten an der ständigen Präsenz der Filmemacher meist nichts auszusetzen. Einige schienen geradezu nach Lucy und den Kameras Ausschau zu halten, um ein paar kluge Sätze von sich zu geben. Paul beschlich der Verdacht, dass der eine oder andere gern ein bisschen mehr Dynamik zeigte und einen Schritt zulegte, sobald das Filmteam sich näherte.

Dabei tat sich besonders Jeff hervor. Er war, wie er mir selbst anvertraute, ein gutaussehender und fotogener Mann, der, wie mir wiederum Paul erzählte, es nicht versäumte, auch bei schneidender Kälte seine nackten, mit Muskeln bepackten und mit Tätowierungen verzierten Oberarme vorteilhaft ins Bild zu rücken. Jeff hatte offenbar einen leichten Hang zur Selbstverliebtheit. Und seit er im Frühsommer 2001 zusammen mit Erik den höchsten Berg der Erde bezwungen hatte, schien er von dort nie mehr so richtig abgestiegen zu sein.

Charlie, Dachungs Bergführer, gab sich dagegen eher grob und unnahbar. Er reagierte voller Wut, wenn Lucy einen von uns bat, das Gesagte noch einmal zu wiederholen oder eine Szene, die sie verpasst hatte, so natürlich wie möglich nachzuspielen. »Can you do that again?« war der Satz, der Charlie – und nicht nur ihn – auf die Palme brachte. Ihm ging es allein um das Bergsteigen und um die sportliche Leistung, und er wollte nicht, dass das Filmteam die Aktion in irgendeiner Weise störte. Auch Paul und ich befürchteten, dass die Präsenz der Kameras das Verhalten der Bergsteiger beeinflussen und sie zu unvorsichtigen Aktionen provozieren könnte, bei denen nicht mehr die Sicherheit der Jugendlichen Vorrang hätte.

»Ich weiß, welche Verantwortung ihr habt«, versicherte Erik, als wir ihm unsere Bedenken mitteilten, »macht euch keine Sorgen. Es wird nichts ohne eure Zustimmung geschehen, das garantiere ich euch.«

29

»Alasso, alasso, tashi sho, alasso! Chung se mo, chung se mo!« Es war das Nomadenlied über das Glück, das Gyendsen schon immer so gerne gesungen hatte. Weit über uns auf einer Klippe standen Gyendsen und Tendsin und sangen aus voller Kehle. Sie sprangen und tanzten, und ihre Stimmen kollerten vor Lebensfreude.

»Ich frage mich, wo die beiden ihre Energie herholen«, japste ich. Hinter uns lag ein mehrstündiger Treck in brennender Sonne. Für die beiden Jungen konnten die Anstrengungen offenbar nicht groß genug sein. Sicherlich spürten sie auch die Begeisterung der Sportler für ihre Bewegungslust. Ich hörte oft, wie ihre Bergführer die Jungen mit Rufen anfeuerten: »Come on, guys! Let's go, guys«, was die beiden sicherlich anspornte, noch mehr aus sich herauszuholen.

»Weißt du, Erik«, zog Jeff seinen langjährigen Freund und Kletterpartner auf, »es wird Zeit, dass wir dich gegen ein jüngeres Exemplar austauschen.« Und an Tendsin und Gyendsen gewandt ,meinte er: »Was haltet ihr davon, wenn wir mit euch in, sagen wir einmal, in zwei Jahren den Everest besteigen? Ihr wärt dann nicht die ersten Blinden, aber bestimmt die jüngsten.«

Mehr verwirrt als geschmeichelt, fragten sie mich nach meiner Meinung. »Blödsinn!«, entgegnete ich. »Bevor ihr euch da oben alle Finger abfriert, kann ich euch besser unten gebrauchen.«

Abenteuer, bei denen es lediglich darum geht, der Erste, Höchste, Schnellste oder meinetwegen auch der Jüngste zu sein, lösen bei mir keinerlei Bewunderung aus. Im Gegenteil, ich ärgere mich oft über die Sinnlosigkeit von Aktionen, die nur unternommen werden, um Rekorde zu brechen oder Gefahren zu trotzen. In Lhasa begegnen wir oft Everest-Besteigern, die mit ihren bestandenen Abenteuern prahlen. So berichtete einer der »Helden«, wie er zwei Versuche, den Everest zu besteigen, nur mit knapper Not überlebt hatte. Dabei hatte er starke Erfrierungen an Händen und Füßen davongetragen, die er stolz präsentierte.

»Ich halte das für überflüssig«, erklärte ich Gyendsen und Tendsin. »Erik hat gezeigt, dass es geht. Das reicht. Ihr braucht euer Leben nicht auch noch aufs Spiel zu setzen.«

Bei allen Vorbehalten, die ich solchen Unternehmungen gegenüber habe – bei Erik mache ich eine Ausnahme. Schon lange vor seiner Besteigung im Mai 2001 wusste ich von seinen Plänen. Den Everest als erster blinder Bergsteiger bezwingen zu wollen, akzeptiere ich als ein wichtiges Symbol dafür, dass wir Blinden uns keine Grenzen setzen lassen dürfen. Ich sehe Erik als »Türöffner« für Blinde im Allgemeinen und für unsere Grundsätze im Besonderen. Denn wer kann einem Blinden noch sagen, er könne nicht in gleichberechtigter Weise an der Welt der Sehenden teilhaben, wenn man den Skeptikern entgegenhalten kann, dass ein Blinder erfolgreich den höchsten Berg der Erde bestiegen hat?

Ich hatte also allen Grund, Erik und seinem Team die Daumen zu drücken, und fürchtete fast, dass er es nicht schaffen könnte. Denn wäre sein Plan, aus welchen Gründen auch immer, fehlgeschlagen, hätte es geheißen: »Was will auch ein Blinder auf dem Everest? Das kann ja nur schiefgehen!« Man hätte sein Scheitern nicht mit regulären Maßstäben gemessen. Schlechte Wetterbedingungen oder gesundheitliche Defizite, Probleme, die für alle, sehend oder nicht, gelten, hätte man nicht als Erklärung für sein Scheitern akzeptiert, sondern allein seine Blindheit dafür verantwortlich gemacht.

Darum freute es mich, als im Frühsommer 2001 ein tibetischer Nachbar uns die Nachricht überbrachte: Ein Blinder hatte den höchsten Berg der Erde bezwungen. Doch wiederholt werden musste eine solche Aktion meiner Ansicht nach nicht.

»Es ist wirklich zu gefährlich«, pflichtete mir Kami, ein nepalesischer Bergführer, bei, den Erik auf seiner Everest-Tour kennengelernt und für unsere Expedition gewonnen hatte. »Zu viele Bergsteiger kehren verletzt oder gar nicht mehr zurück.«

Kami hatte, von westlichen Gipfelstürmern angeheuert, schon als Jugendlicher auf den höchsten Bergen der Welt sein Leben riskiert und eine eigene, sehr realistische Einstellung zum Bergsteigen entwickelt. Schon oft hatte er am Everest auf weit über 8000 Metern Höhe gearbeitet, aber sich niemals zum nahen Gipfel vorgekämpft. Der Gipfel bedeute ihm nichts, verriet er mir, er habe lediglich einen Job zu erledigen, nämlich die zahlenden Kunden sicher hoch- und vor allem sicher wieder herunterzubringen.

Kami spricht neben Sherpa, seinem Heimatdialekt, auch fließend Nepalesisch, Englisch und Tibetisch und konnte sich daher mit allen sechs Jugendlichen mühelos verständigen. Die Jungen suchten oft seine Nähe, tauschten sich mit ihm über die Absurditäten der »Langnasen« aus und besprachen mit ihm den tieferen Sinn und Unsinn des Kletterns. Ich freute mich über die Anwesenheit des Nepalesen. Er setzte in meinen Augen ein Gegengewicht zu der hier zelebrierten Sportkultur. Auch merkte ich, wie die beiden verunsicherten Teenager aufatmeten, als Kami mich in meiner Skepsis gegenüber Everest-Abenteuern unterstützte.

»Dann bleiben wir doch lieber unten«, meinte Tendsin erleichtert, »und helfen Braille ohne Grenzen.«

Das kleine Nonnenkloster am Fuße des Rombuck-Tals ist eine beliebte Zwischenstation auf dem Weg zum Everest, in der sich die Bergsteiger seit je mit Segenswünschen für ihre kühnen Taten rüsten. Auch wir hatten beim Eintreffen im Rombuck-Kloster eine aufmunternde Pooja-Zeremonie erwartet, doch jetzt standen wir da und trauten unseren Ohren nicht.

»Nyingje, nyingje! Was für ein fürchterliches Schicksal!«,

riefen die Nonnen erschüttert, als sie uns sahen. So etwas sei ihnen noch nie begegnet, so viele Menschen, die nicht sehen konnten, und alle mussten auf diese hohen Berge klettern! »Was für ein Elend!«

Die gesamte fromme Gemeinde schien bei unserem Auftauchen in Depressionen zu verfallen. Die Nonnen seufzten »Azih« und stöhnten »Ololo«. Sie schnalzten mit der Zunge und schluchzten und schnieften, bis unsere Schüler sich ein Herz fassten. Mit gurgelnden Lauten sprachen sie auf die niedergeschlagenen Nonnen ein, ganz so, wie man in Tibet weinende Kleinkinder zu trösten pflegt. Sie erzählten, wie schön das Leben sei und wie viele Freunde sie hätten. Diese Freunde zeigten ihnen, dass es nichts ausmache, ob man blind oder sehend sei. Es komme nur darauf an, den Verstand einzusetzen. »Wir können alles«, erklärte Bungzo, »wir können lesen und schreiben und Berge besteigen.«

Ich weiß nicht, ob die Nonnen all das wirklich verstanden, aber die Stimmung änderte sich schnell, und der Klosterhof war bald erfüllt von lachenden und jubelnden Menschen. Das ist typisch für Tibet. Man lebt in einer extremen Welt und mit extremen Gefühlsschwankungen. Depressionen halten nie lange vor, aber auch euphorische Gemütszustände können von einem Moment zum anderen ins Gegenteil umschlagen. Wurden wir gerade noch als bemitleidenswürdige Kreaturen bedauert, so bewunderte man uns jetzt für das große Glück, das wir in uns trugen.

Ich kann mich nicht mehr an eine Pooja erinnern – ich glaube, man hat bei all der plötzlich aufgekommenen guten Laune die Segenswünsche vergessen. Die ausgelassene Stimmung hielt auch auf der Wanderung an, und nach wenigen Stunden erreichten wir das auf 5200 Meter Höhe gelegene Everest-Basislager.

Im Camp war schon alles für einen mehrtägigen Aufenthalt vorbereitet. Die von Erik angeheuerte tibetische Trekking-Organisation Windhorse Adventures hatte Wunder gewirkt und eine beeindruckende Zeltstadt aufgebaut. Außer den rund zwanzig Schlafzelten gab es ein Küchenzelt, ein geräumiges Speisezelt mit Tisch für vierzig Personen, zwei Toilettenzelte und sogar ein Computerzelt mit solarbetriebenem Satellitentelefon, von dem aus täglich Internetdepeschen um den Globus geschickt werden sollten. Paul erkundigte sich scherzhaft, wo sich denn das Badezelt und das Fernsehzelt mit DVD-Player und Stereoanlage befänden.

Doch unsere Sportsfreunde waren nicht zu Scherzen aufgelegt. Sie waren mit dem, was sie vorfanden, gar nicht zufrieden. Das »Catering« ließe doch sehr zu wünschen übrig; vom Nachbarland Nepal sei man da ganz anderen Service gewöhnt! Da gab es frühmorgens heißen Tee und ein Schüsselchen mit warmem Waschwasser ans Bett, und auch das Essen war nicht so fremdländisch, sondern eher wie zu Hause. Es war schon kurios, wie sich diese gestandenen Abenteurer ihrer großen Entbehrungen rühmten, hier aber jede Unbequemlichkeit beklagten. Vermutlich machte ihnen die Höhe zu schaffen, denn 5200 Meter über dem Meeresspiegel konnten auch den durchtrainiertesten Bergsteiger in die Knie zwingen. Die einfachsten Tätigkeiten, sei es zur Toilette gehen oder vor dem Zelt die Stiefel ausziehen, brachten einen vollkommen außer Atem.

Wie Jeff vorhergesehen hatte, benötigten wir alle einige Ruhetage, um uns an die Höhe zu gewöhnen. Und so vertrieben wir uns die Zeit bis zum Eintreffen der Yaks mit Kartenspielen und Teetrinken, während die Bergsteiger täglich Besprechungen abhielten, um die kommende Besteigung vorzubereiten. Am zweiten Tag unseres Aufenthaltes im Basislager wurden wir Zeugen eines dieser Gespräche.

»Es wird Zeit, die Leistungen der Schüler grundlegend zu evaluieren.«

»Ganz richtig! Ich denke, wir müssen anfangen, der Wahrheit ins Auge zu sehen. Einige werden es nicht bis zum Gipfel schaffen.«

»Wir müssen es ihnen sagen. Wir haben die Verantwortung, und dazu gehört, dass wir auch unbequeme Entscheidungen treffen.«

»Hey, Leute, immer mit der Ruhe.« Das war Erik. »Ich will diese Aussonderungspolitik nicht. Ich bin dafür, alle einzubeziehen. Wir sind ein Team und bleiben ein Team und bringen alle sechs Kids nach oben, so sicher wie nötig und so weit wie möglich.«

Von Anfang an hatte sich Erik dafür stark gemacht, dass alle Jugendlichen mit ihren jeweiligen Fähigkeiten ernst genommen und gefördert würden. Später gestand er mir, dass es ihn mitgenommen habe, wie manche der Bergführer über die schwächeren unter den Jugendlichen redeten. Er könne sich gut in diese Kids hineindenken. Auch er habe sich bei seinen ersten Klettertouren schrecklich abmühen müssen. Als Teenager sei er schlaksig und linkisch gewesen. Oft gehörte er zu den Letzten, und das habe ihm sehr zugesetzt. »Wir dürfen sie nicht so früh entmutigen. Wir können nicht einfach Türen aufstoßen und sie dann am Durchgehen hindern.«

Am dritten Ruhetag unternahmen Paul und ich zusammen mit den sechs Jugendlichen einen kleinen Streifzug durch die nähere Umgebung. Paul beschrieb ihnen die Landschaft und malte mit ihren Händen die Silhouetten der vor uns liegenden Bergspitzen in die Luft. »Da hoch über uns ist der Everest, und gleich dahinter ist Nepal. Und ungefähr da ist Indien.«

»Indien«, wiederholte Tendsin träumerisch, »das klingt so weit und wunderbar.«

Indien hatte für viele unserer Schüler einen zauberhaften Klang. Sie liebten Geschichten vom indischen Dschungel, von Schlangen, Tigern und Elefanten. Sie sangen Hindi-Songs und schwärmten für Bollywood-Stars. Die Schüler wussten, dass Paul und ich in allernächster Zukunft nach Indien gehen würden, um dort ein neues Projekt ins Leben zu rufen. Das beunruhigte sie in keiner Weise. Das Langdünhaus in Lhasa und die Farm in Shigatse würden sie schon übernehmen.

»Macht euch wegen der Schule keine Sorgen«, versicherte uns Kyila, »wir werden hart arbeiten. Und dann besuchen wir uns gegenseitig. Ihr kommt nach Tibet, und wir fahren zu euch nach Indien. Das wird ein großer Spaß.«

Die folgende Nacht war kalt und sternenklar. Es war vollkommen windstill. Nur das leise Plätschern eines nahe gelegenen Baches und die murmelnden, durch die Zeltwände gedämpften Stimmen durchbrachen die Stille. Wir hörten, wie Dachung im Nachbarzelt an seinem kleinen Radiogerät drehte. Erst zischte es leise, dann ertönte ein Funksignal und schließlich eine Stimme. »Indien«, flüsterte Dachung aufgeregt, »das ist eine Stimme aus Indien.«

Der Radiosprecher war nur schwer zu verstehen. Es knackte und rauschte. Doch irgendwie hatten diese Klänge etwas Verlockendes, ein Signal aus Indien, ein Gruß aus der Welt da draußen … Ich musste wohl kurz eingeschlafen sein, denn jetzt waren die murmelnden Stimmen in den Zelten der Bergsteiger verstummt. Nur Dachungs Radio spielte noch, jetzt war der Sender klar, und aus dem Lautsprecher ertönten die Beatles. Vertraute Klänge, und doch merkwürdig fremd in dieser Umgebung. »In the town, where I was born«, sang Ringo Starr, und jetzt hörte ich, dass einige der Kids leise mitsangen. Sie waren also noch wach, wie wohl viele andere auch, denn in dieser Höhe schliefen nur die wenigsten durch. »So we sailed off to the sun, till we found a see of green!«

Die Schüler im Langdünhaus kannten die meisten Beatles-Songs von unseren Inji-Abenden. Manche Texte kannten sie sogar auswendig, und wenn sie die Worte nicht genau verstanden, dann dichteten sie sie kurzerhand um. So entstanden die ganz speziellen Langdünversionen »Baby Could You Ride My Yak« und »Lucy In The Sky With Demons«.

Noch im Halbschlaf fragte ich mich, was sie wohl mit dem schwierigen Wort »Submarine«, Unterseeboot, anstellen würden, als ich schon Gyendsens und Tendsins rauhe Jungenstimmen vernahm: »We all live with Paul and Sabriye, Paul and Sabriye, Paul and …« Dann bin ich wohl wieder eingeschlafen.

30

Die Yaks sind da! Kommt alle raus, die Yaks sind da!«, ertönte ein Ruf. Tatsächlich, jetzt hörten wir sie auch. Das Tal war erfüllt von tiefen und hohen Glockentönen, die jede Minute an Lautstärke und Klarheit gewannen. Es dauerte noch eine Stunde, bis schließlich eine stattliche Karawane mit etwa achtzig Yaks vor unserem Zeltplatz aufmarschierte.

Fassungslos standen wir vor dem überwältigenden Aufgebot. Noch nie waren wir so vielen Yaks auf einmal begegnet. Paul und ich hatten uns noch nie zuvor einer organisierten Tour angeschlossen und waren bei Bergwanderungen, Fahrradtouren mit dem Tandem oder Ausritten stets für das eigene Gepäck verantwortlich gewesen. Deshalb erschien uns das, was hier veranstaltet wurde, fast absurd. Die gesamte Ausrüstung, Toiletten-, Satelliten-, Küchen- und Speisezelte mit Tischen und Stühlen, Essensvorräte sowie die Kletterausrüstung samt Schlafsäcken, Matratzen und Bergstiefeln wurde in etwa vierzig Kilogramm schwere Pakete verpackt und auf die breiten Rücken der geduldigen Tiere gebunden. Zudem gab es ein »Medizin-Yak« für die vierzig Kilogramm Medikamente und ein »Brandy-Yak« eigens für ausgesuchte Brandy- und Whisky-Sorten.

16 Yaks dienten allein dem Filmteam. Sybil, Lucy und den beiden Kameramännern, dem Tschechen Petr und dem Schotten Keith, hatten sich für das Lhagpa-Ri-Abenteuer noch fünf weitere Personen angeschlossen: der britische Regieassistent Seb, drei professionelle Bergführer – Oli, Paul, auch »British Paul« genannt, und Mike – und nicht zuletzt unser langjähriger Freund Toan, der vietnamesische Arzt.

Wir hatten vorgeschlagen, Toan als zusätzlichen Mediziner

auf die Tour mitzunehmen. Er arbeitete schon viele Jahre in Tibet, war bergerfahren und darüber hinaus ein ausgezeichneter Arzt, dem unsere Schüler sehr vertrauten. Doch Jeff hatte sich durch unseren Vorschlag zurückgesetzt gefühlt. »Ich dachte, ich hätte meine Arbeit auf dem Probetreck gut gemacht«, war seine leicht beleidigte Reaktion.

»Nimm's nicht persönlich«, meinte Paul. »Wir wollen nur sichergehen, dass im Notfall nicht alles an dir hängen bleibt. Und außerdem, was tun wir, wenn du selbst höhenkrank wirst?«

Um keine Missstimmung aufkommen zu lassen, entschied Sybil zu unserer Erleichterung, Toan als Arzt für das Filmteam anzuheuern. Auf diese Weise waren wir abgesichert, und Jeff blieb unangefochten der hauptverantwortliche Expeditions-Doc. »Aber dass mir niemand in meine Entscheidungen reinredet«, meinte er, »die Diagnose von Höhenkrankheiten ist meine Spezialität!«

Endlich war es so weit, nach vier langen Tagen im Everest-Basislager konnten wir mit dem eigentlichen Aufstieg beginnen. Die Route zum ersten Zwischenlager, dem British Camp, führte zunächst durch ein trockenes Flussbett. Ein nicht ganz einfacher Weg, denn überall lagen Felsbrocken, groß wie die uns begleitenden Yaks, die umgangen oder kletternd überwunden werden mussten. Es war, als habe uns ein Riese in einem Wutanfall den Weg künstlich erschweren wollen.

»Wo kommen die vielen Felsbrocken her?«, fragte ich Paul.

»Von oben«, meinte er nach kurzem Zögern, »sei froh, dass du nichts Genaueres weißt.«

Ich fragte lieber nicht nach. Erst später erfuhr ich, dass unser Weg unter Riesenquadern hindurchführte, die auf dem schmalen Rand der über uns hängenden Klippe zu balancieren schienen.

Kurz vor dem British Camp führte der Weg ein steiles Seitental hinauf. Der Pfad war mit kopfgroßen Steinen übersät. Tief unter uns hörte ich den Fluss, und weit über uns, geführt von Jeff, kletterten, gut erholt und vollkommen akklimatisiert, Gyendsen und Tendsin. Die Sonne schien, und es war windstill. Hinter mir hörte ich die klingelnden Bergführer, die ihren Schülern leise Kommandos gaben. »Ein bisschen mehr nach links … großer Stein vorm rechten Fuß. Nicht zu weit nach rechts, da geht's runter.«

Obwohl der Pfad längst nicht so schmal und gefährlich war wie die Wege, die ich vor wenigen Monaten zu Pferd bewältigt hatte, begann ich mir Sorgen zu machen. Unaufhörlich bat ich Paul, nach Gyendsen und Tendsin Ausschau zu halten, denn sie waren so weit voraus, dass ich sie nicht mehr hören konnte.

»Keine Sorge«, meinte er ruhig, »sie klettern zwar schnell, aber sehr sicher.«

Die beiden Mädchen waren mit ihren Bergführerinnen dicht hinter uns. Ich konnte ihre Schritte und Atemzüge hören und hatte das Gefühl, dass ich mir um sie keine Sorgen zu machen brauchte. »Was ist mit Tashi und Dachung?«

Paul wandte sich um. Ein Stück weiter unten schob sich eine große Gruppe von Bergführern und Filmemachern den gewundenen Pfad hoch. Unter ihnen auch Tashi und Dachung, die sich einer eigenen Bergwandertechnik bedienten. Gavin und Charlie hatten je einen Trekkingstock nach hinten gestreckt, und die beiden Jungen hielten sich daran fest. Erik war bei ihnen und redete ihnen aufmunternd zu: »Bald haben wir es geschafft, Jungs! Nur nicht die Balance verlieren!«

Plötzlich hörte ich ein Poltern und einen kurzen Aufschrei. Trotz der Hitze fühlte ich, wie mich ein kalter Schauer überlief. Für einen Augenblick schien es, als hätten alle den Atem angehalten, bis endlich die Entwarnung kam. »Kein Problem! War nur ein Stein! Dachung hat sich das Schienbein gestoßen!«

Da war es passiert. Ich verlor die Nerven. Auf einem kleinen Felsplateau setzte ich mich hin und fing an zu heulen. »Das ist kein Spaziergang mehr! Das ist mir zu gefährlich! Ich sehe sie vor mir, wie sie vor einem Abgrund klettern und stolpern – und dann?«

Jeff versuchte mich zu beruhigen, doch ich spürte, dass er sich über mich ärgerte. »Du verschwendest deine Energie, wenn du dir um die Kids solche Sorgen machst!«

Allmählich schlossen auch die anderen Bergsteiger mit ihren Schülern zu uns auf. Die Stimmung war angespannt.

»Lasst mich mal eines sagen!« Erik bemühte sich, die Ruhe zu bewahren, doch auch er klang entnervt. »Ich glaube, es hört und fühlt sich für einen Blinden sehr viel gefährlicher an, als es in Wirklichkeit ist. Ich weiß, dass du dir Sorgen machst, und ich weiß, wie viel Verantwortung ihr habt. Aber wenn du deine Angst zeigst, überträgt sie sich auf die Kids.«

In der folgenden Nacht, wir hatten unser Zeltlager auf einer Klippe hoch über dem Fluss errichtet, hörten wir ein ohrenbetäubendes Poltern. Ein Felsblock, ich stellte mir vor, so groß wie eine Waschmaschine, hatte sich von der Klippe gelöst und war in die Tiefe gestürzt. Ich machte mir keine Gedanken, denn ich hörte genau, dass es in sicherer Entfernung geschehen war. Doch rund um unser Zelt, wahrscheinlich alarmiert durch meine Heulerei ein paar Stunden zuvor, wurde es plötzlich lebendig. Ein Reißverschluss nach dem anderen riss auf, und ich hörte die besorgten Stimmen von Jeff, Gavin und Michael: »Tendsin, is everything alright?« – »Where are you, Tashi?« – »Gyendsen! Are you o. k.?«

31

Am nächsten Tag ging es durch eine hügelige Moränenlandschaft; der Weg führte drei Meter hoch, einen Meter runter, wieder vier Meter hoch und so weiter – eine kräfteraubende Angelegenheit, auch wenn wir nicht wesentlich an Höhe gewannen. Auch von einem Weg konnte eigentlich nicht die Rede sein. Es waren Geröllhalden mit fußballgroßen Steinen, die bei jedem Schritt wegzurollen drohten.

Das Wandern in unwegsamem Gelände war für alle blinden Expeditionsteilnehmer äußerst ermüdend. Die Ohren stets auf die voraustanzende Klingel gerichtet, mussten wir uns gleichzeitig voll auf unsere Füße konzentrieren. Jeder Schritt barg eine Überraschung.

Der Fuß konnte in einem Loch verschwinden, im Schnee oder auf Eis ausrutschen und zwischen Geröll stecken bleiben. Dazu die ständige Selbstermahnung, auf den schmalen, unbefestigten Bergpfaden bloß nicht das Gleichgewicht zu verlieren. Ich war überzeugt, dass wir deutlich mehr Ruhepausen brauchten, um die Umwelt auf uns wirken zu lassen. Denn während das Auge alles mit einem Blick in sich aufzunehmen scheint, brauchen die anderen Sinne Zeit, um die Fülle der Eindrücke einzuordnen und zu verarbeiten.

Paul konnte sich einfühlen. Er blieb an einem vereisten Bergsee stehen. »Haltet mal, ich glaube, hier gibt es was Schönes zu hören!« Er warf einen flachen Stein auf das dünne Eis. Das Eis knackte und begann zu vibrieren, erst leise, dann immer lauter, mit einem tiefen auf- und abschwingenden Unterton. Erst als der Klang des Eises verstummte, merkten wir, wie still die Welt um uns war. Kein Wind, keine Glöckchen und keine trampelnden

Wanderstiefel. Es war so still, dass man das Blut in den Ohren pochen hörte.

Paul drückte Tashi einen Stein in die Hand. Er warf, und alle hielten den Atem an. »Uaou uaou uaou«, tönte das Eis.

»Es gibt ein Echo«, flüsterte Kyila andächtig, als alles wieder still war. Der See lag in einer Gletscherbucht, und es waren wohl die glatten, vereisten Uferwände, die den Klang zurückwarfen.

»Ich kann hören, wie groß der See ist«, meinte Dachung. Er warf einen weiteren Stein.

Paul beschrieb uns den Bergsee und die überwältigenden Farben. Das Wasser leuchtete durch die Eisfläche tiefschwarz und dunkelblau. Doch weiter in Richtung Gletscher schillerte der See in hellen Türkis-, Grün- und Blautönen.

»Ki bu la! Wie schön das ist!«, flüsterte Bungzo aufgeregt.

Sie wollte das Eis gerade erneut mit einem Stein zum Klingen bringen, als von vorne eine ungeduldige Stimme rief: »Hurry up, guys! No time for playing around in the mountains!«

Am Nachmittag erreichten wir das Interim Camp, ein Zwischenlager, das die meisten Profibergsteiger nicht in Anspruch nehmen. Erik jedoch hatte hier einen Zwischenstopp eingeplant, damit wir alle in wenigen Tagen gut akklimatisiert den Lhagpa Ri in Angriff nehmen konnten.

Das Gelände war abschüssig und erinnerte eher an eine Rodelbahn als an einen Zeltplatz. Da das Camp nicht viel Platz bot, wurden die achtzig Yaks zwischen unseren Zelten angebunden. Einer der Yaktreiber warnte uns, den Tieren nicht zu nahe zu kommen, denn sie könnten leicht in Panik geraten und bei einem Fluchtversuch die Zelte und ihre Insassen niedertrampeln. »Bleibt also still liegen, dann passiert nichts.« Schöne Aussichten für die kommende Nacht. Jeff hatte uns den ganzen Tag über angehalten, literweise Flüssigkeit in uns hineinzuschütten. Irgendwann, und mir grauste vor dem Moment, würde ich das schützende Zelt verlassen müssen. Sich mitten in der Nacht aus dem Schlafsack wühlen, Daunenhose und Daunenjacke überziehen, die Wanderstiefel anschnüren und dann mit Hilfe eines Trekkingstockes einen sicheren Ort zum Pinkeln finden war auch ohne die Nachbarschaft der Yaks kein einfaches Unterfangen.

In dieser Nacht kam ich bis zum Schnüren der Wanderstiefel. Plötzlich merkte ich, dass der Zelteingang versperrt war. Ich tastete nach dem Hindernis und hörte ein tiefes, bedrohliches Brummen, als ich mit dem Kopf gegen einen in unserem Vorzelt platzierten Yakhintern stieß. Vor Schreck fuhr ich zurück und verkroch mich wieder ins Innere des Zeltes, um auf eine günstigere Gelegenheit zu warten. Yaks sind äußerst stur, und an Schlaf war bis zum Morgengrauen nicht zu denken.

Auch den Jugendlichen war es nicht viel besser ergangen. Sie hatten Angst zu trinken, denn sie wollten ebenfalls keine nähere Bekanntschaft mit den wolligen Berggefährten machen. Als sie am Morgen aus den Zelten krochen, hatte keiner von ihnen ein Auge zugetan. Alle sechs waren dehydriert und gaben erst auf mehrmalige Nachfrage zu, unter bohrenden Kopfschmerzen zu leiden.

Der folgende Tag war für alle, auch für die Bergführer, eine Tortur. Uns machte weniger das Gelände zu schaffen – es war relativ flach und leicht zu bewältigen –, vielmehr war jetzt die große Höhe zu spüren, die das Atmen erschwerte und die Glieder zu lähmen schien. Hinzu kam die stechende Sonne, die uns ausdörrte und allen auch den letzten Rest Energie raubte.

»Ihr müsst trinken, trinken, trinken!«, rief Jeff, sobald er einen von uns, aufgestützt auf die Trekkingstöcke, nach Luft schnappen sah. Tatsächlich hatte die Flüssigkeitsaufnahme eine sonderbar erleichternde Wirkung. Mit jedem Schluck spürte ich, wie der Druck auf die Schläfen nachließ und sich die Sinne wieder schärften.

Gegen Mittag, wir waren schon viele Stunden auf weit über 5500 Metern gewandert, erreichten wir einen Felsgrat. Links und rechts ging es fünfzig bis siebzig Meter in die Tiefe. Kein Grund zur Panik, meinte Paul, denn der Grat sei breit genug. Ich solle mich nur immer genau hinter ihm halten, dann passiere schon nichts. Der Weg war steil und so sandig, dass meine Wanderschuhe oft ausglitten, wie auf Glatteis. Jedes Mal, wenn ich den Halt verlor, fragte ich mich mit Schreck, wie nah ich dem Rand des Grates wohl gekommen war. Dann blieb ich kurz stehen, ertastete mit den Teleskop-Trekkingstöcken die Ränder des Grates, positionierte mich wieder in die Mitte und nahm erneut die Verfolgung des wegweisenden Glöckchens auf, das nun einige Meter weiter vor mir an Pauls Rucksack auf- und abhüpfte.

Hinter mir liefen Kyila und ihre Bergführerin Stefanie, die dem Mädchen unaufhörlich die Landschaft mit Worten zu vermitteln versuchte. Stefanie beschrieb die mächtigen Bergspitzen um uns her, die weißgepudert wie Kegel in den azurblauen Himmel stachen, die Hänge und Dünen, die in Braun-, Gelb- und Rottönen leuchteten, die Gesteinsbrocken in Grau, strahlendem Weiß und glänzendem Schwarz. Sie beschrieb kleine vereiste Tümpel, die grünlich schimmerten, dünne Eisplatten, die wie Vorhänge an den Klippen herunterhingen und im Sonnenlicht in allen Regenbogenfarben schillerten, und mannshohe Eiszapfen, die als Stalaktiten in die Tiefe wuchsen und von der Sonne angestrahlt weiß und hellblau leuchteten.

Die Schilderungen waren so anschaulich, dass ich gerne stehen geblieben wäre, um mich ganz auf diese Bilder zu konzentrieren. Als hätte Kyila meine Gedanken gelesen, sagte sie: »Stefanie, es ist so schön, wie du alles beschreibst. Aber können wir nicht kurz anhalten, ich kann mich sonst nicht auf den Weg konzentrieren.«

Stefanie verstand. Auch ich blieb stehen, dankbar für die Verschnaufpause und dankbar für die gewonnenen Eindrücke, die uns für unsere harte körperliche Arbeit ein wenig entlohnten. Wir wollten uns gerade in eine Sandmulde am Rande des Felsgrates setzen, als die anderen Bergführer, die weiter oben liefen, uns zur Eile antrieben. Wir seien nicht so schnell wie geplant und dürften darum nicht herumtrödeln.

Nach einem weiteren dreistündigen Marsch, der sich wie eine Ewigkeit hinzog, trafen wir im 6000 Meter hohen Changtse-Basislager ein. Das Lager hatte, wie man uns beschrieb, etwas Märchenhaftes. Im Halbkreis war es von Eistürmen umstellt, die zehn bis fünfzehn Meter hoch in den strahlend blauen Himmel ragten und, von der Abendsonne angeschienen, weiß, blau und grünlich schimmerten. Leider waren wir so matt, dass wir unsere Umgebung gar nicht richtig zu würdigen wussten. Geschützt vor der immer noch stechenden Sonne, hockten wir im schattigen Speisezelt, tranken heißen Tee und warteten auf die nach und nach eintreffenden Expeditionsteilnehmer.

»Wie geht's euch?«, fragte Paul die Jugendlichen, die sich aufseufzend in die Klappstühle fallen ließen.

»Prima, kein Problem«, wimmerte Bungzo, während sie sich den schmerzenden Kopf hielt.

»Gut, gut, alles gut«, murmelte Dachung und war gleich darauf eingeschlafen.

Auch Tashi, der lange nach uns mit Gavin im Camp eintraf, schien erschöpft und sagte kaum ein Wort. Kyila, Gyendsen und Tendsin machten zwar einen müden, aber doch gesunden Eindruck. »Es geht ganz gut«, meinte Tendsin. »Ich frage mich nur, wann wir endlich klettern. Sie haben doch immer vom Klettern geredet, und jetzt wandern wir den ganzen Tag. Und das ist manchmal ein bisschen langweilig.«

Paul und ich waren alarmiert. Später am Abend – wir hatten ohne Appetit jeder eine kleine Schüssel Nudelsuppe mit etwas Trockenfleisch heruntergewürgt, und die Schüler waren schon in ihre Zelte geschlichen – meldete sich Paul zu Wort: »Tut mir leid, Leute, aber ich würde gerne über einen Punkt mit euch sprechen.« Alle Aufmerksamkeit richtete sich auf ihn. »Ich wüsste gerne, was die Jugendlichen von alledem haben.«

Ratloses Schweigen auf Seiten der Bergsteiger. »Was meinst du damit?«, fragte schließlich Gavin verblüfft.

Ich schaltete mich ein: »Es gibt auf dieser Tour so vieles wahrzunehmen. Wir Blinden aber, und da spreche ich für die sechs Schüler und für mich, wir brauchen mehr Zeit, um das Ganze auf unsere Art genießen zu können.« Ich erzählte von Stefanies Schilderungen der farbenprächtigen Landschaft und von dem vereisten Bergsee, den die Jugendlichen mit Steinen zum Klingen gebracht hatten.

»Lass mich mal eines sagen«, fiel mir Jeff ins Wort. »In den Bergen wirft man nicht mit Steinen. Das könnte eine Lawine auslösen und Menschen in Gefahr bringen. Nein, Freunde, wir sind hier, um ein gemeinsames Ziel zu erreichen! Wir können es uns nicht leisten, wertvolle Zeit mit Spielchen zu vergeuden.«

»Worum geht es uns dann eigentlich?«, fragte Paul in die Runde, und ich hörte die Anspannung in seiner Stimme.

Die anderen begannen zu flüstern, teils irritiert und teils verärgert.

»Also, ich dachte, es geht hier um sportliche Leistung«, wunderte sich Charlie, »und Bergsteigen ist eben Leistungssport.« Andere pflichteten ihm bei. »Es gibt keine sportliche Leistung ohne Anstrengung.«

»Damit wir uns richtig verstehen«, sagte ich und spürte, wie ich langsam ärgerlich wurde. »Wir haben nichts gegen Leistung und Anstrengungen. Wir glauben aber, dass unsere Jugendlichen nicht die Motivation von Leistungssportlern haben, sich von morgens bis abends zermürbenden Anstrengungen zu unterziehen. Es sind junge Menschen, die das Leben in vollen Zügen genießen wollen. Was zählt, ist der Augenblick. Sie sind aufgeweckt und neugierig, interessiert an allem, was um sie herum geschieht! Aber es handelt sich auch um Blinde, denen es eben nicht genügt, in Rekordzeiten durchs Gebirge zu rasen, ohne von ihrer Umwelt Notiz nehmen zu dürfen.«

Uns lag nicht an einem Streit. Wir wollten eine offene und ehrliche Auseinandersetzung. Doch das abschätzige Zischen und ungeduldige Aufstöhnen unserer Teamgefährten verriet mir, dass manche sich angegriffen fühlten.

Auch Erik schien die aufkommende Missstimmung auf beiden Seiten zu spüren, denn seine Stimme klang besorgt, als er sich zu Wort meldete: »Hey guys, please calm down! Nur die Ruhe bewahren!« Und an Paul und mich gewandt: »Wir wissen, ihr beide seid keine Bergsteiger. Aber lasst mich mal Folgendes sagen: Bergsteigen ist ein Sport, der erst im Rückblick richtig zu würdigen ist. Im Moment tut jeder Schritt weh. Es ist zu kalt oder zu heiß, man ist erschöpft, hat starke Kopfschmerzen, bekommt keine Luft. Wenn es so richtig an die Reserven geht, wäre man am liebsten wieder zu Hause. Mal ganz ehrlich, wer von uns sehnt sich nicht nach seinem Zuhause, nach seiner Familie, nach Blueberry Muffins, Hotdogs und Hamburgern. Aber später, wenn wir es geschafft haben, wenn wir diese Expedition erfolgreich hinter uns gebracht haben, dann werdet ihr, werden die Kids, ja, wir alle mit Stolz auf unsere Leistungen zurückblicken!«

32

Auch in dieser Nacht war an Schlaf kaum zu denken. Es wurde so kalt, dass sich alle Gegenstände im Zelt – Schlafsäcke, Wasserflaschen und Kleidungsstücke – mit einer dünnen Eisschicht überzogen. Lange lag ich da und horchte auf Pauls rasselnde Atemzüge. Immer wenn ich ihn anstieß, fuhr er verschreckt hoch und versicherte mir schlaftrunken, selbst kein Auge zugetan zu haben. Schließlich gab ich es auf und richtete mich darauf ein, vor Kälte bibbernd auf den Morgen zu warten. Da hörte ich plötzlich ein dunkles, beunruhigendes Geräusch. Ich legte meinen Kopf auf den vereisten Zeltboden und lauschte. Von Ferne drang ein leises Rumoren an mein Ohr, ein Knirschen, als wenn sich etwas weit unter uns bewegte und drehte, alles unterlegt von einem tiefen, durchdringenden Basston. Konnten das die Vorboten eines Erdbebens sein? Ich legte die Hände auf den Boden, doch ich spürte keine Vibrationen.

Später erzählte ich den tibetischen Küchenjungen, die uns auf dieser Tour begleiteten, davon. Auch sie hatten die Geräusche gehört. »Manche sagen, es sind Bergdrachen, die tanzen. Aber vielleicht ist es nur das Eis, das sich bewegt.«

Der Morgen kam und mit ihm der Aufstieg zu dem auf 6400 Metern gelegenen Advanced Base Camp (ABC). Wir saßen zusammen bei Haferbrei und süßem Milchtee. Jeff und Toan, die beiden Ärzte, gingen herum und verteilten Kopfschmerztabletten, gute Ratschläge und aufmunternde Klapse, als plötzlich Gyendsens Bergführer Michael ins Speisezelt gestürmt kam. Leise bat er Erik und die anderen Bergsteiger um eine dringende Besprechung. Paul und ich ließen unseren Haferbrei stehen und gesellten uns ungefragt zu ihnen.

»Es gibt eine Schlechtwetterwarnung für die Nordflanke des Everest. Die betrifft auch das ABC und den Lhagpa Ri.« Michaels Stimme klang besorgt. »Sollen wir es trotzdem wagen?«

»Was bedeutet die Warnung?«, fragte ich.

»Das kann man nie genau wissen, wahrscheinlich Sturm und heftige Schneefälle.«

»Dann sollten wir doch besser zusehen, so schnell wie möglich runterzukommen!«

Erik blieb ruhig. »Hier oben sind Wettervorhersagen immer schwierig. Wir haben sicher genug Zeit, um den Gipfel zu erreichen und sicher wieder herunterzukommen.«

»Moment mal«, unterbrach ich ihn, »so eine Schlechtwetterwarnung wird doch nicht zum Spaß ausgegeben!«

»Meiner Erfahrung nach bedeutet das aber nicht, dass man sofort umdrehen muss. Das Schlimmste, was uns passieren kann, ist, dass wir wegen des Schnees ein paar Tage im ABC feststecken.«

»Klar, wir haben keine Erfahrung«, sagte ich, »aber ich höre ›Schnee‹, ›Sturm‹ und ›Kälte‹. Ist das nicht Grund genug, uns so schnell wie möglich in Sicherheit zu bringen?«

»Nein, nein!« Einer der Bergsteiger klopfte mir kameradschaftlich auf die Schulter. »In die Berge geht man immer mit einer klaren Zielsetzung. Wenn alle gleich nach Hause gingen, nur weil man kalte Füße bekommt oder ein bisschen müde wird, würde niemand mehr Berge besteigen. Man braucht in den Bergen schon ein kleines bisschen Entschlossenheit. Macht bitte keine Panik. Das Wetter wird schon gut!«

Paul wurde ärgerlich: »Ich weiß, ihr wollt unbedingt da rauf, deshalb wird alles schöngeredet. ›Das Wetter wird schon gut!‹ Und was, wenn nicht?«

Murren auf Seiten der Bergsteiger. Die Stimmung drohte umzukippen. »Wie wär's«, versuchte ich die Situation zu retten, »wenn wir noch eine andere Meinung einholen und die Bergsteiger-Profis vom Filmteam fragen. Sie haben Erfahrung, sie führen doch jedes Jahr Kunden durch den Himalaja.«

Mein Vorschlag war eigentlich als Friedensangebot gedacht, doch er hatte den gegenteiligen Effekt. Selbst Erik, der bis dahin auf Harmonie und Vermittlung eingestellt war, ließ jetzt einen missmutigen Unterton in der Stimme hören. »Das ist nicht nötig«, meinte er, »wir haben alle ausreichend Erfahrung. Wir sind selbst professionelle Bergsteiger.«

Jetzt wurde ich trotzig. Auch wenn das die Gefühle unserer Teamgefährten verletzen sollte, rief ich die beiden Briten Oli und Paul und den Amerikaner Mike hinzu. Mike, ein erfahrener Bergsteiger und langjähriger Lehrmeister Eriks, war diesmal vom Filmteam angeheuert worden. Wie seine britischen Kollegen schien er Erik und seinen Expeditionsgefährten nicht in den Rücken fallen und den Filmemachern keinen Strich durch die Rechnung machen zu wollen. Alle drei wählten ihre Worte mit Bedacht: Solange es allen gutgehe, gebe es keine Sicherheitsbedenken. Wir sollten das Team aber nicht aufspalten und möglichst zusammenbleiben, sonst könnten die Ressourcen knapp werden.

»Ganz richtig«, Erik klang erleichtert, »wir müssen nur alle zusammenbleiben!«

Zusammen ging es dann auch zum 500 Meter höher gelegenen ABC. Obwohl diese Etappe zuvor als schwierig beschrieben worden war und Erik die Bergführer angewiesen hatte, sich für die Steigungen und auch für die Bedürfnisse der blinden Expeditionsteilnehmer ruhig ein wenig Zeit zu nehmen, löste dieser Tag das anfängliche Versprechen Eriks, die ganze Bergbesteigung werde eine Art Spaziergang, am ehesten ein.

Trotz der Auseinandersetzungen vom Morgen und vom Tag zuvor waren alle bester Stimmung. Michael forderte uns immer wieder auf, langsam zu gehen, und wann immer er eine behagliche Sitzmöglichkeit ausmachte, sollten wir uns niederlassen. Sally, Stefanie und Charlie verteilten großzügig Schokoriegel und Power-Snacks, und Jeff erzählte lustige Geschichten aus seinem Klinikalltag. Die ganze Aktion ähnelte eher einem Klassenausflug als einem Treck auf weit über 6000 Metern Höhe.

Diesmal war es Jeff, der an einem kleinen Bergsee haltmachte. Der See war mit einer dicken Eisschicht bedeckt und leuchtete in einem tiefen Dunkelgrün. Jeff nahm Anlauf und sprang übermütig auf das Eis, das unter dem Aufprall weder knackte noch vibrierte. »Kommt mir alle nach!«, rief er.

Das ließen wir uns nicht zweimal sagen. Im Nu war die Eisfläche voller schlitternder, schreiender und übereinanderkugelnder Gestalten. Als gäbe es hier oben keinen Mangel an Sauerstoff, sausten wir in wilder Fahrt über die spiegelglatte Eisfläche, schoben uns an, rangen uns nieder und zogen uns gegenseitig an den Trekkingstöcken wieder hoch. Die Mitte des Sees war mit Schnee bedeckt, dort saßen Tendsin und Bungzo und malten mit ihren Fäustlingen grüne Figuren in den Schnee. Beide haben noch einen kleinen Sehrest und genossen in diesen Tagen die ungewöhnlich leuchtenden Farben der Bergwelt.

Ein wenig später hielten wir an einer Eishöhle, die sich über einen schwarzgrünen halbvereisten Tümpel wölbte. Von der Höhlendecke hingen Eiszapfen herab, und auch aus den Wänden wuchsen sie heraus, ein Gewirr von bleistiftdünnen bis armdicken Stäben aus Eis.

Wieder war es zu unserer Überraschung Jeff, der einen Stein nahm und auf einen der größeren Eiszapfen zielte. Dieser zerbarst mit knirschendem Laut, und die handgroßen Stücke sausten klirrend auf die anderen aus den Wänden ragenden Zapfen nieder. Zapfen um Zapfen zersprang nun mit hellem oder dumpfem Klang, bis schließlich alles mit Gedonner in den schwarzen Tümpel krachte. Dann war es wieder so eigentümlich still um uns her, und für ein paar lange Sekunden standen auch unsere Sportsfreunde da und hielten wie verzaubert den Atem an.

In diesem Moment machte sich Jeffs Funkgerät knisternd bemerkbar: »Jeff, Jeff, bitte kommen!« Wie aus einer anderen Welt drang die verrauschte Stimme Ollis an unsere Ohren. »Wir haben Tashi hier unten. Er ist müde, ihm ist kalt, er will nicht mehr weiter. Wir haben mehrmals haltgemacht. Toan glaubt, er schafft es nicht bis zum ABC. Jeff, wir möchten eine zweite Meinung, over!«

»Tashi!«, entfuhr es mir voller Schreck. Bei all dem Zauber der letzten Stunden hatten wir alle nicht bemerkt, dass Tashi, Gavin und das gesamte Filmteam nicht mehr bei uns waren.

In den letzten Tagen war Tashi deutlich hinter den anderen zurückgeblieben. Ja, er konnte selbst mit dem vier Jahre jüngeren Dachung nicht mehr Schritt halten. Dachung, so klein und schmächtig er war, hatte sich bald zu seinen größeren und stärkeren Teamgefährten Gyendsen und Tendsin vorgekämpft. Tashi dagegen wurde mit zunehmender Höhe immer langsamer. Hin und wieder stolperte er über seine eigenen Füße, fiel hin und rappelte sich, von Gavin unermüdlich ermuntert, wieder auf.

An einem der Abende hatten Paul und ich gehört, dass einer der Bergführer den Jungen aus der Gruppe auszusondern gedachte. »Ich habe kein gutes Gefühl, ihn mit Steigeisen und Eispickeln auf den Gletscherbruch mitzunehmen. Er stellt eine echte Gefahr für den Gipfelerfolg dar«, hatte er gesagt.

Doch Erik hatte die Vision, mit allen sechs Teenagern auf dem Gipfel zu stehen. Und besonders Tashi, so Erik, gehörte dazu. »Gebt ihm ein bisschen Zeit«, meinte er energisch, »er wird es schon schaffen! Wir bleiben zusammen.«

Auch Paul und ich wollten, dass wir alle zusammenblieben. Uns ging es aber vor allem um den Zusammenhalt im Team, in dem es ruhig schwächere und stärkere Teilnehmer geben durfte. Wir wollten, dass die Stärkeren lernten, für die Schwächeren da zu sein. Und solange Tashi nicht ernsthaft krank wurde, war es uns gar nicht unrecht, wenn er den Wettlauf durch die Berge ein wenig aufhielt. Bislang gab es keine Anzeichen, dass er an akuter Höhenkrankheit litt.

Tashi selbst schien seine Leistung mit gesunder Lässigkeit zu beurteilen. »Es gibt eben Schnellere und weniger Schnelle«, hatte er gesagt, als er sich ein paar Tage zuvor erschöpft, aber doch guter Dinge ins Camp schleppte. Doch jetzt wollte er nicht mehr weiter. Das schien ernst zu sein.

»Jeff an Ollie! Jeff an Ollie! Du willst mir also sagen, dass Tashi wirklich krank ist?«

»Er wird den Drei-Stunden-Treck nicht mehr schaffen; ihr müsstet ihn schon tragen!«

Jetzt ertönte Gavins Funkgerät: »Ich bekomme hier einen Mordsdruck von der britischen Fraktion. Sie wollen ihn auf keinen Fall weiterlassen. Er sitzt hier, dick eingewickelt in hundert verschiedene Klamotten, und sie machen um ihn ein ziemliches Geschiss! Ich wollte es dir nur sagen, bevor du runterkommst. Over!«

Wieder knackte ein Funkgerät: »Hey, Leute, die Yaks kommen! Sie haben alles abgeladen und kommen gerade vom ABC runter. Ihr müsst euch überlegen, ob ihr sie nutzen wollt, um Tashi ins Basis-Lager hinunterzubringen! Over.«

»Er ist nicht krank, das alles überzeugt mich nicht.« Jeff schien erregt. »Ich warte jetzt hier auf ihn, und wenn er noch ein bisschen Energie hat, nehmen wir ihn mit hoch. Der Junge hat ein Recht auf sein Erfolgserlebnis!«

»Ich bin ganz deiner Meinung«, versicherte Gavin, der jetzt ohne Tashi zu uns aufgeschlossen hatte.

Ich war verwirrt. Die gleichen Teamgefährten, die noch vor wenigen Tagen die Schwächsten ausschließen wollten, machten sich jetzt dafür stark, den Jungen, koste es, was es wolle, mit zum ABC zu schleppen. War es wirklich die Sorge um Tashi, der nicht um seinen Gipfelerfolg gebracht werden sollte? Oder war es Erik, der auf keinen Fall enttäuscht werden durfte?

Während die anderen Jugendlichen, Erik und die Bergführer ihren Weg zum ABC fortsetzten, blieben Paul und ich bei Jeff und Gavin, um auf Tashi zu warten, der jetzt von Seb, dem britischen Regieassistenten, behutsam zu uns hochgeleitet wurde.

»Paul«, sagte Seb besorgt, »schau ihn dir nur an, es geht ihm wirklich nicht gut! Er friert und weigert sich, etwas zu sich zu nehmen.« Seb hatte in seiner ruhigen und verständigen Art in den vergangenen Wochen Tashis Zuneigung und Vertrauen gewonnen. Besonders in den letzten Tagen hatte er sich um den Jungen gekümmert, hatte ihm, als es so kalt wurde, seinen Ersatzschlafsack geliehen und ihm, nachdem Tashi bei einem Sturz seine Handschuhe verloren hatte, seine eigenen geschenkt. »Wir sollten zusehen, dass jemand ihn hinunterbringt!«

»Es gibt kein Problem«, entgegnete Gavin, »er wird es schaffen, genau wie alle anderen!«

Jeff hockte sich vor Tashi hin und untersuchte ihn eingehend. »Puls normal, Sauerstoffwert ist in Ordnung, kein Fieber – Tashi ist nicht krank. Er ist nur müde und hat keine Lust mehr.«

Paul und ich fühlten uns vollkommen überfordert; wir wussten nicht, was wir glauben sollten. Ich gab dem Jungen meine Trinkflasche, in der ich für Notfälle Aspirin, in Wasser aufgelöst, aufbewahrte. Er trank gierig und seufzte erleichtert auf.

»Lassen wir ihn doch selbst entscheiden«, raunte Paul mir zu. Und zu Tashi gewandt: »Was willst du? Runter zum Basis-Lager oder rauf zum ABC?«

Tashi überlegte. Er trank noch ein paar Schlucke und sagte dann: »Ich glaube, es geht. Ich will hoch zu den anderen.«

»Wir haben es geschafft!«, rief Gavin, als wir nach ein paar Stunden gemeinsam mit Tashi im ABC eintrafen. »Tashi, du hast Geschichte geschrieben! Los, das muss gefeiert werden!«

Nachdem wir uns alle mühsam in unseren Zelten eingerichtet hatten, trafen wir uns im Speisezelt.

»We did it! We did it! Yeaaah, Yeaaah!!«

Obwohl sich Erik und Gavin alle Mühe gaben, die Leistungen aller Teamgefährten gebührend zu würdigen, fiel der Enthusiasmus von Seiten der Schüler und ihrer Bergführer eher kläglich aus, denn zum Jubeln und Applaudieren braucht man eine Menge Energie, die uns hier oben fehlte. Die Jugendlichen hatten ihren Appetit vollends verloren und saßen vornübergebeugt und hielten sich die schmerzenden Schläfen.

»Hey, guys, young team members!«, wandte sich Erik an seine Mannschaft. »Mensch, Leute, es ist großartig! Ihr habt heute einen Weltrekord gebrochen: Ihr seid die jüngsten Blinden auf dieser Höhe! Ist das nicht sensationell?!«

»Warte mal!«, meldete sich Sally aus dem Hintergrund, »was ist mit dem Frauen-Rekord, die ersten blinden Frauen auf dieser Höhe!«

»Ein Hoch auf die Frauen! Ein Hoch auf die jungen Expeditionsteilnehmer!«

»Hey, guys!«, rief einer der Bergführer voll Übermut: »Das ABC ist der erste große Erfolg! Und in wenigen Tagen werden wir …« – weiter kam er nicht.

Stefanie betrat das Zelt. »Kyila fühlt sich nicht gut. Sie hat rasende Kopfschmerzen. Ich denke, sie muss sofort runter!«

33

Es war in den Nachmittagsstunden, der Himmel hatte sich zugezogen, und der erste Schnee wirbelte um die Zelte, als Sybil und Keith, der schottische Kameramann, in unserem Zelt Zuflucht suchten.

»Wie steht's mit euch?«, keuchte Sybil und rollte sich bibbernd auf meiner Matratze zusammen.

»Wir sind verwirrt«, gab ich zu. »Wir wissen nicht, wie es weitergehen soll, und wir machen uns Sorgen um die Jugendlichen.«

Eine einzige Nacht hatten wir vollzählig im Camp verbracht, dann war die Gruppe auseinandergefallen. »Kyila, du musst runter!« Das war früh am Morgen gewesen. Jeffs Stimme klang eindringlich.

»Ich will nicht!«, schluchzte sie, »mein Kopf ist wieder in Ordnung!«

»Das ist die Medizin«, erklärte Jeff. Er hatte ihr am Abend zuvor ein Medikament gespritzt, das die Symptome der Höhenkrankheit für eine Zeitlang lindert. »Du musst heute noch mindestens tausend Höhenmeter absteigen, sonst wird es gefährlich.«

Bungzo und Tashi, die vergangene Nacht ebenfalls leichte Symptome von Höhenkrankheit gezeigt hatten, sollten Kyila bei ihrem Abstieg begleiten. Während Bungzo sich gegen Jeffs Entscheidung lautstark wehrte, wieder und wieder versicherte, dass sie nicht krank sei, nahm Tashi das Los, die Expedition vorzeitig abbrechen zu müssen, recht gelassen hin. Ja, wir hatten sogar das Gefühl, er sei froh, all den Unannehmlichkeiten, der schneidenden Kälte, dem Sauerstoffmangel und dem ohrenbetäubenden

Wind endlich den Rücken kehren zu können. »Wir gehen zur Farm«, versuchte er die beiden Mädchen aufzumuntern, »da warten wir auf Erik und die anderen.«

Doch Kyila und Bungzo waren nicht zu beruhigen. »Wir haben versagt«, wimmerte Bungzo, »wir waren so sicher, dass wir es schaffen könnten!«

Ich war überrascht von der Heftigkeit ihrer Reaktion. Aber war es wirklich verwunderlich? Hatten die langnasigen Sportsfreunde den Jugendlichen nicht allzu deutlich gemacht, dass die Expedition erst mit der Eroberung des Gipfels als Erfolg verbucht werden könne? Die Bergführer, zu denen sie in den vergangenen Wochen großes Vertrauen gefasst hatten, kamen aus einer Sportkultur, in der es als Versagen gilt, wenn man das, was man sich vorgenommen hat, nicht erreicht. »Das Beste zu geben ist noch nicht gut genug!« – »Die Nummer eins zu sein, auf einem Gipfel zu stehen ist das Einzige, was zählt.« Bei all diesen markigen Sprüchen war es kein Wunder, dass die beiden Mädchen mit dem Gefühl zu kämpfen hatten, die Erwartungen Eriks und ihrer Bergführer nicht erfüllt zu haben.

Schneewolken waren aufgekommen, die Schlechtwetterwarnung vom Tag zuvor schien sich zu bestätigen. Die Entscheidung, wer wen hinunterbegleiten sollte, hatte sich gefährlich lang hingezogen, bis in die Mittagsstunden. Kyilas Zustand verschlechterte sich, sie musste runter, so schnell wie möglich. Stefanie, Michael und Toan opferten sich schließlich und verzichteten damit auf ihren eigenen Gipfelerfolg.

Noch ein letztes Teamfoto, »smile!«, wir lächelten – ein Lächeln, das wohl nicht nur wegen der Eiseskälte wie eingefroren schien –, dann machten sie sich auf den langen Abstieg und ließen uns beklommen auf 6400 Metern Höhe zurück.

»Eines haben unsere Schüler auf diesem Treck nicht gelernt, nämlich, ehrlich zu sein«, sagte ich zu Sybil, die zu uns ins Zelt gekommen war, um ein weiteres Interview aufzunehmen. »Sie wollen es allen recht machen, uns, Erik und natürlich ihren Bergführern. Auch Tendsin, Gyendsen und Dachung drucksen herum, wenn man sie fragt. Wir merken, dass sie von alldem genug haben, sie sagen aber nichts, um Erik und uns nicht zu enttäuschen.«

Nach dem Aufbruch von Kyila, Bungzo und Tashi hatten wir ein Gespräch mit den drei übrig gebliebenen Jugendlichen, die bei all dem Wirbel um ihre schluchzenden Teamgefährtinnen ganz in den Hintergrund geraten waren. Auch sie schienen deprimiert, doch sie versicherten tapfer, dass es ihnen gutgehe. Erst als ich ihnen sagte, dass mir ein wenig übel sei, gaben sie zu, dass es ihnen nicht anders erginge.

»Jeder hier ist derjenige mit der größten Erfahrung, jeder beteuert, wie gut es ihm geht. Niemand hat Kopfschmerzen, nein, sie fühlen sich fit, sie können weiter, und sie können höher! Die Botschaft ist: Nur der Stärkste kommt weiter, die anderen sind zur Umkehr verdammt!«

»Ich verstehe euren Unmut«, sagte Sybil. »Aber was habt ihr jetzt vor?«

»Keine Ahnung. Wir wissen nicht, wem wir glauben sollen.«

Seit sich das Team aufgeteilt hatte, war die Stimmung auf dem Nullpunkt. Erik und die im Basislager verbliebenen Bergführer versuchten, uns von allen Lagebesprechungen fernzuhalten, wohl aus der berechtigten Sorge heraus, wir würden die Notbremse ziehen und auf einen schnellen Abstieg drängen.

»Die Frage ist doch: Auf wen sollen wir hören? Da gibt es professionelle Bergsteiger und erfahrene Hobbykletterer. Letztere sagen: ›Keine Panik, alles ist in bester Ordnung!‹ Die Profis sagen etwas anderes. Sie machen finstere Prognosen.«

»We have to get the hell out of here!« Das waren Mikes Worte gewesen, gleich nachdem sich die drei Jugendlichen mit ihren Bergführern auf den Weg gemacht hatten. »Das Essen wird knapp, das Wetter verschlechtert sich, es gibt nicht mehr genügend Bergführer, um sicher weiter hochzukommen.« Diese Worte, ausgesprochen von einem erfahrenen Himalaja-Experten, hatten uns in unserer Überzeugung bestärkt, dass wir die Expedition vorzeitig beenden sollten.

»Wir brauchen keinen Gipfelerfolg«, erklärten wir Sybil und Keith. »Wir haben doch schon Rekorde gebrochen. Nicht, dass uns das in Ekstase versetzen würde, aber für Erik muss es reichen. Viel wichtiger aber: Wir haben zusammen etwas unternommen, und wir haben eine gemeinsame Sprache gefunden. Wir haben neue Freundschaften geschlossen und wunderbare Eindrücke gesammelt. Der Erfolg dieser Expedition muss umdefiniert werden. Erfolg ist auch, wenn wir alle schnell und sicher wieder runterkommen!«

»Auch für uns ist der Gipfel nicht so wichtig«, versicherte Sybil. »Ich würde am liebsten auch gleich morgen absteigen.«

Sybil und Keith gehörten zu den letzten Mitgliedern des Filmteams, die in Begleitung ihrer Bergführer Mike und British Paul hier oben ausharrten. Lucy und Seb waren zusammen mit Olli, ihrem dritten Bergführer, wegen leichter Höhensymptome abgestiegen, und Petr hatte beschlossen, den Abstieg der Jugendlichen zu filmen.

Sybils Erklärung überraschte uns, hatten wir doch geglaubt, das Filmteam hätte den Gipfelsturm als Höhepunkt des Dokumentarfilms fest eingeplant.

»Das ist für den Film nicht entscheidend«, erklärte sie, »es sind die Kids und ihre Geschichten, die mich faszinieren. Seht sie euch doch alle an! Tashis Schicksal, Tendsins Kindheit und Kyilas Familiengeschichte, Dachungs Zähigkeit, Bungzos Durchsetzungsvermögen und Gyendsens neu entdeckte Lebensfreude – diese Kids brauchen den Lhagpa Ri nicht unbedingt, sie haben ihren eigenen Gipfel schon längst bestiegen!«

»Ich traue den Medien nicht«, verkündete Gavin ein paar Stunden später missmutig. »Ich frage mich, welches Bild der Film von uns zeigen wird. Ich will nicht, dass wir zu Hampelmännern der Medien werden.« Die anderen murmelten zustimmend.

Wir waren verblüfft. Gavin, Jeff und die meisten ihrer Kollegen hatten doch bisher nichts gegen die ständige Präsenz der Kameras und Mikrofone einzuwenden gehabt. Wie war der plötzliche Stimmungsumschwung zu erklären? War es die offensichtliche Gleichgültigkeit des Filmteams einem Gipfelsturm gegenüber? War es die Befürchtung, das Heldenimage könnte Kratzer bekommen?

Die Nachricht, der blinde amerikanische Kletterstar wolle sechs blinde Teenager aus Tibet auf den Gipfel eines Siebentausenders führen, hatte in der Welt der Medien großes Interesse ausgelöst. Stefanie, Hochleistungssportlerin und Radiojournalistin, machte täglich Interviews; NBC und CNN hatten seit Beginn der Tour aktuell berichtet, und Didrik, einer der Bergsteiger, hatte über Satellitentelefon täglich Erlebnisberichte verschiedener Teamgefährten ins Internet gestellt. Später erfuhr ich, mit welch großem Interesse diese Berichte in aller Welt verfolgt worden waren – und wie erstaunt man war, als sie plötzlich abbrachen, nämlich zu dem Zeitpunkt, als die ersten Expeditionsteilnehmer sich an den Abstieg machen mussten und der Gipfelerfolg in Gefahr geriet.

Noch an diesem ersten Tag auf 6400 Metern Höhe kam es zur entscheidenden Aussprache. Wir saßen zusammen im Speisezelt, als der aufgestaute Missmut explodierte. Gavin hatte unser Gespräch mit Sybil und Keith mitgehört und meinte verstanden zu haben, dass wir den Bergführern Vernachlässigung der Jugendlichen und Missmanagement vorwarfen. »Was ich gehört habe, war voll davon, wie wenig sich die Bergführer um die Kids kümmern …«

»Gavin«, unterbrach ich ihn unsanft, »wir sagen hinter eurem

Rücken nichts anderes als in Besprechungen. Von Vernachlässigung oder Missmanagement war nie die Rede. Mensch, Leute, versteht doch, wir haben keine Bergerfahrung. Woher sollen wir wissen, wem wir glauben können?«

»Wir haben das Gefühl, dass ihr uns nicht traut.« Gavin klang verletzt. »Dauernd fragt ihr alle möglichen Leute. Und das macht mich sauer.«

Nun mischte sich Paul in die Diskussion ein: »Hört mal, wir hatten alle einen schweren Tag. Drei unserer Schüler sind abgestiegen. Gestern hieß es, wenn einige gehen müssen, dann alle. Aber heute war davon nicht mehr die Rede. Als Amateure müssen wir uns auf die Informationen anderer verlassen. Die Frage ist nur, wem würdet ihr an unserer Stelle vertrauen? Denen mit der größten Erfahrung oder denen mit der fast größten Erfahrung? Manche von euch wollen um jeden Preis da oben rauf, wir aber nicht!«

»Ihr seid auf der Tour zu neunzig Prozent nervös!«, blaffte Jeff, »ihr wollt die Kids zu sehr behüten!«

»Aber es gibt doch gute Gründe!«, entgegnete Paul. »Schlechtes Wetter ist einer davon!«

Weder Jeff noch die anderen gingen auf Pauls Argument ein. »Ihr wollt mehr Kommunikation, aber das ist keine Einbahnstraße. Ich kann euch Informationen geben, aber ihr müsst uns auch danach fragen!«

Jetzt schaltete ich mich wieder ein: »Wenn ich zu dir oder zu Erik gehe, heißt es immer: ›Keine Panik, alles ist in bester Ordnung.‹ Aber ich habe ein Recht auf mehr und klarere Informationen!«

»Ich glaube, das Ganze beruht auf einem großen Missverständnis.« Das war Mike, der Profi-Bergführer des Filmteams. »Es gibt hier zwei Gruppen, die in ihren Zielen klar auseinanderdriften. Eine Expedition muss aber einen zentralen Fokus haben. Sonst fällt alles auseinander.«

»Ich dachte, wir hatten von Anfang an ein gemeinschaftliches Ziel«, wunderte sich Charlie.

Erik pflichtete ihm bei: »Ja, ich habe geglaubt, das Ziel sei klar gewesen: der Gipfel des Lhagpa Ri.«

Aus ihrer Sicht hatten Erik und seine Teamgefährten sicherlich recht. Sie hatten kein Geheimnis daraus gemacht, dass es ihnen von Anfang an vor allem um den Gipfel ging. Für uns aber stand etwas anderes im Vordergrund: der Austausch zwischen Erik und seinem Team und den blinden tibetischen Jugendlichen. Wir wünschten uns, dass sie bei einer gemeinsamen Bergwanderung Menschen aus anderen Ländern kennenlernten. Auch sollten sie erfahren, gemeinschaftlich Herausforderungen anzugehen. Ja, diese Jugendlichen, die sich in ihrer Kindheit oft als Einzelkämpfer durchs Leben schlagen mussten, würden, so hofften wir, besser verstehen, wie wichtig es ist zusammenzuhalten. Eine erfolgreiche Besteigung des Lhagpa Ri hätte dem nicht entgegenstehen müssen – ein klarer Verzicht auf den Gipfelerfolg, zugunsten von Sicherheit und Zusammenhalt, wäre in unseren Augen jedoch die überzeugendere Botschaft.

Mike hatte zu Recht von einem großen Missverständnis gesprochen. Und um das dünne Eis, auf dem wir uns bewegten, nicht endgültig zu zerbrechen, wählte ich meine Worte mit Bedacht: »Für Paul und mich war das Ziel der Expedition vielleicht ein bisschen anders als für euch. Wir hofften, die Jugendlichen würden lernen, füreinander da zu sein. Einige mussten jetzt absteigen, andere bleiben. Wir haben uns alle ein Team gewünscht. Das Team gibt es nicht mehr! Dass es in zwei Gruppen aufgeteilt wurde und wir nicht zusammen abgestiegen sind, hat in unseren Augen falsche Zeichen gesetzt. Auch die Entscheidung, bei wem wir bleiben würden, ist uns nicht leichtgefallen.«

»Michael an ABC, Michael an ABC, bitte melden!« Es war Gavins Funkgerät, das sich knisternd in Erinnerung rief. Die Stimme gehörte Michael, Gyendsens Bergführer, der zusammen mit Stefanie und Toan die drei Jugendlichen hinunter zum Everest-Basislager begleitete. »Toan ist ernsthaft krank, er bekommt keine Luft!«

Toan hatte schon im ABC stark gehustet und um Atem gerungen. Er war sich sicher, das würde sich bessern, wenn er nur einige hundert Meter absteige. Doch seine Atemprobleme waren von Stunde zu Stunde schlimmer geworden. »Er kann nichts mehr tragen. Ich vermute, er hat ein Lungenödem.« Wasser in der Lunge ist ein Symptom akuter Höhenkrankheit; der Betroffene muss umgehend nach unten gebracht werden.

Toan hatte sich, da die Yaks am Abend zuvor bereits zum Basislager zurückgekehrt waren, seinen Rucksack und einen Teil der medizinischen Ausrüstung über den Rücken geworfen, doch jetzt benötigte er seine ganze Kraft für den Abstieg. Gavin schickte einen der Küchenjungen hinunter, um Toan beim Tragen zu helfen.

Eine Stunde später meldete sich Michael mit der Nachricht, die Kids seien gesund, und er könne sie getrost Stefanie und Olli anvertrauen. Er selbst müsse zusehen, dass Toan schneller runterkomme, sein Zustand verschlechtere sich dramatisch. Dann brach die Funkverbindung ab. Es war schon dunkel, Schnee fiel, und der Sturm heulte um die Zelte.

Noch lange saßen wir zusammen und warteten mit Bangen auf ein weiteres Funksignal, doch das Gerät blieb stumm.

»Er wird bei dem Wetter doch nicht durch die Nacht wandern!« Die Bergsteiger klangen beunruhigt.

»Keine Sorge«, meinte einer von ihnen, »Michael weiß, was er tut. Er hat neben Charlie die meiste Bergerfahrung im Team.« Das nächste Lebenszeichen Michaels erreichte uns ganze 24 Stunden später: »Die Kids und Toan sind in Sicherheit, ich bin in einer halben Stunde bei euch im ABC!«

»Der ist verrückt«, entfuhr es mir, »er hätte besser unten bleiben sollen!« Gleichzeitig war ich sehr erleichtert.

Dreißig Minuten später kam ein völlig abgekämpfter Michael ins Speisezelt gewankt. Wir konnten es nicht fassen. 16 Stunden hatte er sich mit Toan am Arm durch Schnee, Sturm und Dunkelheit nach unten gekämpft.

Toan hatte sich kaum noch aufrecht halten können. Wieder und wieder musste er eine Pause einlegen, sich hinsetzen und Atem schöpfen. Kurz vor dem Basislager, es war in den frühen Morgenstunden, wollte er nicht mehr weiter und ließ sich einfach in den Schnee fallen. Michael, selbst vollkommen am Ende, wurde wütend und riss ihn wieder hoch. Fast musste er ihn tragen, doch dann schaffte Toan die letzten zwei Kilometer aus eigener Kraft, bis sie in einem verrußten, aber warmen Teehaus am Rande des Everest-Basislagers angelangt waren.

Nur drei Stunden Schlaf gönnte sich Michael, dann machte er sich auf den Rückweg. Etwas oberhalb des Basislagers traf er auf die drei Jugendlichen und ihre Begleitung. Sie waren guter Dinge und freuten sich, in wärmere und menschenfreundlichere Zonen absteigen zu können. Der Bergführer beschloss, nicht bei ihnen zu bleiben, denn sie waren in Sicherheit. Er machte sich auf den Rückweg und bewältigte in nur acht Stunden die zwanzig Kilometer lange Strecke mit ihren 1200 Höhenmetern, eine Strecke, für die wir in kräftezehrender Wanderung drei lange Tage benötigt hatten.

»Ich wollte euch hier oben nicht alleine lassen«, japste er. »Es sind schon zu viele abgestiegen, und ihr braucht genügend Leute, um sicher hochzukommen!«

»Der Lhagpa Ri ist abgesagt«, meinte einer der Bergführer müde. »Es gibt keinen Gipfel mehr.«

34

Und doch, es gab einen Gipfel. Einen Gipfel einer anderen, ganz besonderen Art. Für die Jugendlichen war es der Höhepunkt der ganzen Expedition. Sie nannten ihn den »blind summit«, den Gipfel der Blinden.

»Es war wie ein Zauberpalast«, schwärmte Tendsin später, »ein Palast aus Eis und Schnee mit kleinen Höhlen statt der Zimmer, mit glatten Eiswänden und -fenstern. Alles glitzerte und blitzte wie Kristall. Da waren Figuren aus Eis, wie Menschen so groß, mit langen Affenarmen! Wir haben zwischen den Eismenschen gespielt und uns mit den Eispickeln an den glatten Wänden hochgezogen.«

»Es gab da Streitwagen und Elefanten aus Eis«, erinnerte sich Gyendsen. »Da hingen Schwerter und Lanzen, sie fühlten sich an wie aus Glas, doch sie schmolzen in der Hand! Ich war der König, Tendsin der Prinz, und Dachung, ozi la«, Gyendsen kicherte, »Dachung war die Prinzessin!«

Das war am zweiten Tag unseres Aufenthaltes im ABC. Der wütende Wind hatte einmal innegehalten, langsam war die wärmende Herbstsonne hervorgekommen. Doch nicht nur der Himmel hatte aufgeklart, auch die Stimmung im Camp hatte sich spürbar gebessert. »Hey, guys«, rief Erik gutgelaunt, »vergesst eure Eispickel und Trekkingstöcke nicht! Wir machen einen Ausflug!«

Es ging einen kleinen, steinigen Hügel am Rande des Camps hinauf. Oben war es flach, keine rollenden Steine, nur festgefrorener Schnee. Und hier, am Rande eines Gletscherfelds, stießen wir auf den Eispalast. Es war ein Durcheinander aus Eiszapfen und übereinandergeschobenen Eisblöcken, ein Dschungel aus baumgroßen Stalagmiten, kleinen Gängen, hausgroßen Türmen, kleinen Höhlungen und Löchern und wie aus Glas geformten Skulpturen.

Die Bergführer beschrieben uns das glitzernde und in der Sonne farbig schillernde Gewirr aus Eisstäben, die Fingern gleich in die Luft ragten, und dünnen, wie Äste geformten Eiszapfen, an denen gläserne Tropfen aufblitzten. Es gab Eisstatuen, die die Form von Drachen, Kamelen oder Elefantenköpfen hatten, und von oben, aus rundgeschliffenen Bogen, hingen durchsichtige Zapfen herab, wie Fische geformt.

Da wir das Ganze nicht mit eigenen Augen sahen, haben sich uns die von den Teamgefährten geschilderten Bilder als noch zauberhafter eingeprägt, als sie vielleicht in Wirklichkeit waren. Doch die Magie dieser Welt offenbarte sich uns nicht nur in visuellen Vorstellungen. Die splitternden und zerbrechenden Eisplatten und -zapfen erzeugten ganz besondere Klänge. Einer der Bergführer führte meine Hand in eine kleine höhlenartige Öffnung, in der ich hauchdünne Eisblätter ertastete. Die Blätter zersprangen unter meinen Fingern, und es klang, als schlage man die Saite eines Musikinstruments an.

Alles um uns her knirschte, knisterte und klirrte. Jeder Schritt auf den unterhöhlten Eisfeldern bewirkte einen eigenen Klang. Mal ertönte der Untergrund tief und dumpf, wie feuchter, lehmiger Boden, mal hohl und widerhallend, als bewege man sich über riesigen Eishöhlen.

»Wir waren so glücklich, dass wir alles vergessen haben, die Kälte und die Höhe und die Anstrengungen der letzten Tage. Das war uns plötzlich alles egal! Es war so schön, aber jetzt«, Tendsins Stimme wurde leise, so als sei er sich nicht ganz sicher, ob ich es hören sollte, »jetzt wollen wir lieber wieder runter!«

»Ja, wir wollen weg hier«, pflichtete ihm Gyendsen bei, »wir möchten auf die Farm. Ich möchte Romeo reiten, und Dachung will die Hunde trainieren!«

»Haltet noch ein bisschen durch«, versuchte ich sie zu trösten. »Sobald der Wind nachlässt, kommen die Yaks, und dann steigen wir zusammen ab.«

Das war vor mehr als 24 Stunden, und noch immer heult der Wind mit ohrenbetäubender Lautstärke um die Zelte.

Es ist der dritte Tag in Schnee und Sturm, doch mir kommt es so vor, als hätten wir Wochen hier oben im Schatten des Everest verbracht. Der Platz neben mir im Zelt ist leer. Wann werde ich wissen, ob Paul sicher im Basislager angekommen ist?

Paul ist am Morgen zusammen mit Mike abgestiegen. Mit Verdacht auf Gehirnödem war er der Siebte im Team, der evakuiert werden musste. Zurück bleibt nur eine klägliche Rumpfmannschaft, die ihre Zeit mit Essen, Schlafen und Warten vertreibt. Ja, jetzt erwarten alle, auch Erik, sehnsüchtig das Glockengeläut der Yaks, die unsere Zelte und Ausrüstungsgegenstände wieder hinuntertragen und uns aus unserer Misere befreien.

»Wir waren so nah«, höre ich Eriks Stimme, so deutlich, als wäre er in der Nähe. »Es tut weh, so kurz vorm Ziel umzudrehen – wir hatten den Gipfel beinahe geschafft!«

Der Wind zerrt an den Sicherheitsleinen und reißt an den Zeltplanen. Der Zelteingang ist aufgerissen. Die beiden Türlappen flattern im Sturm. Es fängt erneut an zu schneien. Der Schnee drängt ins Vorzelt und auch ins offene Innenzelt. Ich fühle mich lustlos und matt. Viel zu matt, um aufzustehen, die Reißverschlüsse des Vorzeltes wieder ineinanderzufädeln, Taschen und Stiefel vom Schnee zu säubern und schließlich das Innenzelt zu verschließen.

Draußen höre ich Schritte. Schnee knirscht, Steine rollen. »Are you there?«, höre ich Charlies Stimme. Fast scheint es in diesem Moment, als sei er der einzige andere Mensch auf diesem unwirtlichen Fleckchen Erde. Der Bergführer klopft den Schnee aus meinem Vorzelt. Mühsam richte ich mich auf. Mein

Gesicht ist taub von der Kälte, ich kann kaum sprechen. Schlimmer aber meine Hände: Ich schlage sie aneinander, doch ich habe kein Gefühl in den Fingerspitzen. Mir fallen wüste Geschichten von Erfrierungen an Zehen und Fingern ein. »Verdammt!«, fluche ich, »das kann ich mir nicht leisten! Ich brauche die Finger zum Lesen.«

»Keine Angst«, beruhigt mich Charlie und untersucht meine Hände eingehend. »Das Gefühl kommt wieder.« Er drückt mir eine Flasche mit heißem Wasser in die Hand und verschließt das Außenzelt. Dann verlieren sich seine Schritte im pfeifenden Sturm.

Dankbar trinke ich ein paar Schlucke des heißen Wassers und spüre augenblicklich, wie die Flüssigkeit mich mit neuem Leben erfüllt.

Charlie, Dachungs Bergführer, ein etwas schroffer und einsilbiger Geselle, gehörte mit Michael zu denjenigen, die das Wohl des Teams immer über die eigenen Bedürfnisse stellten. Charlie kümmerte sich besonders um Tendsin, Gyendsen und Dachung, die wie ich allein in ihren Zelten auf das Klingeln der Yaks horchten. Er brachte auch ihnen heißes Wasser, nahm sie mit zu den entfernt gelegenen Toilettenzelten und ordnete mit ihnen durcheinandergeratene Wanderstiefel und Trekkingstöcke.

Das war nicht selbstverständlich. »Wenn es auf dem Berg so richtig an die Reserven geht«, erklärte mir ein anderer der Bergsteiger, »wenn du also nur noch an Essen und Wärme denkst, dann gibt es keine demokratischen Prozesse, kein soziales Verantwortungsgefühl mehr. Dann gilt: Nur wer sich seinen Schokoriegel sichert, kommt weiter. Teilen und an andere denken ist die Ausnahme.«

Vierter Tag. Der Sturm hat inzwischen nachgelassen. Auf Eriks Vorschlag hin haben wir in Seilschaften und mit Steigeisen und

Eispickeln bewaffnet eine kleine Gletschertour unternommen. Davon hatte Erik seit Beginn unserer Expedition geschwärmt. »Ich sag's euch, Freunde, das wird euch nicht mehr loslassen!«

Vielleicht waren wir an diesem vierten Tag durch den Wind, die Kälte und die Höhe zu ausgezehrt, als dass wir seine Begeisterung richtig teilen konnten. Das ganze Gletscherfeld schien vollkommen unterhöhlt. Jeder Schritt war ein Schritt ins Ungewisse. Viele Male brachen wir durch den Schnee und hingen buchstäblich in den Seilen. Die drei Jungen hatten bald sichtlich genug. Gyendsen fluchte leise vor sich hin, und Dachung liefen vor Erschöpfung und Unbehagen Tränen übers Gesicht.

Was ist es bloß, frage ich mich später in meinem Zelt, das Erik und seine Bergkameraden immer wieder in diese lebensfeindlichen Höhen treibt?

»Es sind die Herausforderungen! Die Risiken und Abenteuer!«, höre ich Eriks Stimme in meinem dumpfen Schädel. »Erst in den Bergen spüren wir, dass wir leben!«

Sicher, denke ich, ihr habt gut reden, ihr lebt ein Leben im Komfort, mit sauberen Badezimmern und geheizten Fußböden. Bei euch zu Hause macht ihr keine Erfahrungen mit Hunger, Erschöpfung, Kälte oder Gefahren. Daher sucht ihr nach Abenteuern und Risiken. Diese Jugendlichen aber suchen nach Sicherheit, nach Freundschaften und Zusammenhalt. Da, wo sie herkommen, gibt es keinen Komfort, keine Sicherheiten. Sie brauchen sich nicht künstlich in Gefahr zu begeben. Ihr ganzes Leben ist voller Gefahren und Abenteuer.

Ich weiß nicht, ob es noch Tag ist oder schon Nacht. Ich habe jegliches Zeitgefühl verloren. Die Yaks sind vor ein paar Stunden endlich eingetroffen und mit ihnen ein Zettel von Paul: »Wir haben es geschafft und warten in der Farm auf euch. Seid vorsichtig beim Abstieg, der Weg ist rutschig und steil.«

Der Sturm hat wieder zugenommen, das Außenzelt knattert

ohrenbetäubend. Durch meinen Kopf rasen mit Windgeschwindigkeit Gedanken, traumähnliche Bilder, Farbmuster, Stimmen und Wortfetzen, die sich nicht einfangen lassen. Sobald ich mich auf einen Gedanken zu konzentrieren versuche, gleitet er mir weg, wie ein Stück feuchte Seife. »Trinken, trinken, trinken!«, höre ich Jeffs Stimme, irgendwo in meinem Kopf. Ich gehorche und trinke und bekomme augenblicklich ein wenig mehr Klarheit.

Plötzlich ist wieder Leben vor meinem Zelt. Ich höre trampelnde Wanderstiefel, und ich höre Stimmen. Reale Stimmen, darunter die von Erik: »Hey, guys! Wake up, let's go down!« Ich spüre bei ihm einen neu erwachten Enthusiasmus und seine Lebensfreude, die uns alle von Anfang an in ihren Bann gezogen hatte.

Langsam befreie ich mich aus meiner Lethargie. Ich will nicht mehr alleine vor mich hin brüten, ich will da sein, wo Menschen sind, und ich will runter, so schnell wie möglich! Ich wühle mich aus meinem Schlafsack, werfe alles, was sich im Zelt befindet, in die Tasche, steige in meine Wanderstiefel und krieche hinaus in die beißende Kälte.

Ich lausche den Stimmen von Tendsin, Gyendsen und Dachung. Sie singen, und ich freue mich, dass sie gesund und guter Dinge sind. Einen Augenblick horche ich auf den Gesang, dann folge ich der Melodie, die mal kräftig, mal übertönt vom pfeifenden Wind, irgendwo weit vor mir schwerelos über die Felsen zu tanzen scheint. »We don't belong! We don't belong!«, höre ich die krächzenden Jungenstimmen, die sich erstaunlich schnell von mir wegbewegen. Ich kenne das Lied, es ist von Eric Clapton und gehört zu ihren Lieblings-Inji-Songs; hier auf der Expedition hat es seine ganz eigene Färbung bekommen:

»We must be strong and carry on, 'cause we know, we don't belong on this mountain! Wir müssen stark sein und dürfen nicht aufgeben, denn wir wissen, dass wir auf diesem Berg nichts verloren haben!«

Epilog

Die warme Luft ist erfüllt vom Sirren der Insekten, von süßen Düften tropischer Früchte, Gewürzkräuter und Blumen. Im kühlen Schatten der Kokospalmen genießen Paul und ich die Ruhe und die Wärme. Wir sitzen am Ufer eines tropischen Süßwassersees. Von der anderen Seite des Wassers ertönt leise Tempelmusik, hin und wieder pfeift ein Uppan, ein in diesem Landstrich heimischer Tropenvogel, und Fische springen nach Insekten – sonst ist es still um uns. Es ist ein kleines Paradies, ein Stückchen Land, das bald unser neues Zuhause sein wird. Hier in Kerala, im Süden Indiens, wollen wir ein neues Projekt starten.

In einem Interview mit der *New York Times* hatten wir vor Jahren von unseren Zukunftsplänen erzählt, von einer internationalen Schule für Entwicklung und Projektplanung, in der engagierte blinde und sehgeschädigte Erwachsene ausgebildet werden sollten. Auf die Idee waren wir gekommen, nachdem wir aufgrund der vielen Medienberichte über unsere Arbeit in Tibet Tausende von Zuschriften bekommen hatten. Oft wurde dabei angefragt, ob Paul und ich mit unserer Organisation »Braille ohne Grenzen« nicht auch in diesem oder jenem Land ein Projekt nach dem tibetischen Modell starten könnten. Irgendwann stöhnte Paul auf: »Die glauben wohl, wir seien eine Großorganisation. Nein, nein, wir können vielleicht noch drei, höchstens vier solcher Projekte ins Leben rufen. Aber dann sind wir alt und grau.«

Wir kamen schnell auf die Idee, dass es langfristig viel klüger ist, Blinde und Sehgeschädigte weltweit selbst in die Lage zu versetzen, ihre eigenen Projekte wie Schulen, Trainingszentren usw. zu initiieren oder bereits bestehende Projekte auszubauen.

Wenn ich von unseren ersten Ideen erzählte, wurde mir oft

entgegengehalten: »Ach, bleib doch auf dem Teppich. Die Kraft und Initiative, solche Projekte zu realisieren, hast du gehabt – aber für die meisten Menschen ist das nichts.«

»Schaut euch doch nur mal um!«, erwidere ich dann, »im Langdünhaus wimmelt es nur so von blinden Jugendlichen, die schon längst angefangen haben, ihre Träume in die Tat umzusetzen.«

Tatsächlich sind heute viele unserer Schüler bereits auf dem besten Wege, ihre Ideen, die sie damals in der »Traumfabrik« ausgebrütet hatten, zu realisieren. Kyila ist zusammen mit ihrem Mitschüler Wangdü für ein Jahr nach Europa gegangen und hat in Totnes, im Süden Englands, Englisch studiert. Sie bereitet sich gerade auf ihr Cambridge Certificate vor, einen der anspruchsvollsten Englischtests für Nichtmuttersprachler, will aber dann zurück nach Tibet kommen, um zusammen mit Yudon, Gyendsen und Norbu unsere Arbeit zu übernehmen und weiterzuführen. Tashi hat mit Tendsin und einigen anderen Jugendlichen Kyilas medizinische Massagepraxis übernommen und ausgebaut. Es ist die bisher einzige behördlich anerkannte Praxis dieser Art in Tibet und damit auch die größte, so wie Tashi es sich vor Jahren erträumt hat. Gyendsen und Yudon sind zu Weltenbummlern geworden. Sie wollen in asiatischen und europäischen Ländern Sprachen lernen und Erfahrungen für ihre Arbeit in Tibet sammeln. Bungzo hat sich als eine der ersten blinden Schülerinnen in Tibet recht erfolgreich in eine reguläre Mittelschule integriert. Sie ist Klassensprecherin und sowohl bei ihren Lehrern wie auch bei ihren sehenden Mitschülern sehr angesehen und auch ein bisschen gefürchtet. Im Sommer 2008 möchte sie nachAmerika gehen, um Englisch zu lernen. Dachung erhielt von der chinesischen Behinderten-Organisation ein Stipendium für einen Massage- und Computerlehrgang in Peking. Und Norbu hat mit 15 Jahren als erster in seinem Heimatdistrikt einen Reisepass beantragt. Im Sommer 2006 reiste er nach Europa und lernte im nordholländischen Ommen alles über Rinderhaltung und Käseherstellung. Seine Spezialitäten sind ein milder »Lhasarella« und ein würziger »Tibetino« mit Walnüssen, tibetischen Kräutern oder scharfem Chili.

Die Erfahrungen mit unseren tibetischen Schülern zeigten uns, dass wir uns auf das Engagement und den Einfallsreichtum der Blinden verlassen können. Ja, wir glauben sogar, dass es von Vorteil ist, Blinde und Sehgeschädigte in die Entwicklungshilfe mit einzubeziehen, denn sie können sich aus eigener Erfahrung in komplexe Probleme einfühlen und dafür die entsprechenden Lösungen finden.

Jim Yardley, der freundliche Journalist der *New York Times*, war einer der Ersten, die unsere Pläne für das Internationale Ausbildungszentrum ernst nahmen. »Und wo wollt ihr das Projekt ansiedeln?«, erkundigte er sich.

»In Südindien«, erklärten wir kurzerhand, einfach, weil wir uns nach Wärme und tropischem Wohlgefühl sehnten. Auch ist der Süden Indiens für Studenten aus der ganzen Welt leichter zu erreichen als das tibetische Hochplateau.

Ein paar Tage, nachdem der Artikel erschienen war, meldete sich Navin Ramachandran, ein in den USA lebender Inder, der aus dem südindischen Kerala stammt:

> *Liebe Sabriye, lieber Paul,*
> *ich habe die* NY Times *seit mehr als einem Jahr nicht mehr gelesen, doch am Samstag habe ich sie mir wieder mal gekauft … und als ich Euren Artikel las, wusste ich, warum. Es gibt einige Ziele, die ich verwirklichen möchte, und eines davon ist jetzt, Euch beiden dabei zu helfen, das Trainigszentrum in Indien zu realisieren …*
> *Mit den besten Grüßen,*
> *Navin*

Bald darauf saßen wir zusammen mit Navin und seiner deutschen Freundin Daniela bei Ananas und kühlem Bier inmitten einer Kautschukplantage und schmiedeten Pläne für die Zukunft. Dieses wunderschöne Fleckchen Erde wurde dank Navins Freundschaft und der Hilfe seiner Familie und vieler Bekannter schnell zu einem neuen Zuhause für uns.

Paul und ich hatten uns bereits mehrere Wochen nach geeigneten Grundstücken umgesehen, bis uns dann im Winter 2005 ein Stück Land für den Bau der internationalen Schule angeboten wurde. Wir wussten gleich, dass wir unser kleines Wunderland gefunden hatten. »Nicht lächeln«, raunte Paul mir auf Deutsch zu, »sonst geht der Preis hoch.«

Der Handel ging erstaunlich schnell über die Bühne; die Besitzer freuten sich, dass wir das Land für ein soziales Projekt nutzen wollten. Die Nachricht über das neue Projekt mit Namen »International Institute for Social Entrepreneurs (IISE)« machte weltweit schnell die Runde. Bald gab es Anmeldungen aus Afrika, Asien, Europa und den USA.

»Das ist der Anfang eines neuen Lebens«, sagte Paul. Wir saßen am Ufer des Sees, genossen die leichte Brise und das leise Plätschern der Wellen und dachten an die vergangenen sieben Jahre, die wir in einer so ganz anderen Welt verbracht hatten. Mit einem lachenden und einem weinenden Auge erinnerten wir uns an die vielen Schwierigkeiten zu Beginn unseres gemeinsamen Abenteuers in Tibet, an die Erlebnisse mit den Kindern und Mitarbeitern – und nicht zuletzt an die Ereignisse des siebten Jahres.

Ja, das siebte Jahr war ein besonders aufregendes und doch auch ein beispielhaftes Jahr für unsere Zeit in Tibet. Es war ein Jahr voller Überraschungen. Ein Jahr, in dem vieles, was wir zu kennen glaubten, sich uns plötzlich von einer ganz anderen, mal erschreckenden, mal wunderschönen Seite zeigte. Im siebten Jahr erkannten wir, dass wir in diesem Land, das uns oft so vertraut erschienen war, immer staunende Fremde bleiben werden. Durch die Berichte der Kinder erfuhren wir Dinge, die uns all die Jahre verborgen geblieben waren; es waren erschütternde Schilderungen, die jede für sich aber auch etwas Hoffnungsvolles bargen. Auf unserem Ritt mit den neu erworbenen Pferden für die Farm zeigte sich Tibet auch von seiner grausamsten Seite. Dann aber das überwältigende Abenteuer am Lhagpa Ri – und für uns Blinde der eigentliche Höhepunkt: der Eispalast!

»Ich habe meinen Namen ins Eis geschrieben«, erinnerte sich Tendsin später. »Es ist ein Versprechen, dass ich irgendwann einmal zurückkommen werde.«

Und Gyendsen überlegte: »Ich wäre ja gerne weitergeklettert, aber traurig darüber, dass wir umkehren mussten, war ich nicht. Es war so schön, Kyila, Bungzo, Paul und Tashi wiederzutreffen!«

Am 19. Oktober 2004 waren wir nach 24 Tagen erschöpft, aber gesund und reich an Erfahrungen wieder in Lhasa eingetroffen, wo wir von einer übermütigen Kinderschar erwartet wurden. Die Kinder begrüßten uns mit einem alten tibetischen Volkslied, das auf wunderbare Weise die »Lehren« des siebten Jahres von Gemeinschaftsgeist und Optimismus zusammenfasste:

Im Hochtal Tashi freuen sich die Menschen ihres Lebens.
Sie bauen einen goldenen Schrein und sind glücklich und freuen sich des Lebens.
Drei Jahre fällt Regen, dennoch freuen sie sich des Lebens.
Sie malen drei Bilder, sind glücklich und freuen sich des Lebens.
Auch wenn die Bilder verbleichen, sie beginnen einfach neu, sind glücklich und freuen sich des Lebens.
Im Hochtal Tashi freuen sich die Menschen ihres Lebens …

བཀྲ་ཤིས་ལྷུན་པའི་ཞུ་ལ་དགའ་བ་ལ།

གསེར་གྱིས་མཆོད་རྟེན་བཞེངས་ཡོད་སྐྱིད་པ་ལ།

གསེར་གྱིས་མཆོད་རྟེན་བཞེངས་ཡོད་དགའ་བ་ལ།

ལོ་གསུམ་ཆར་པ་བབས་ཀྱང་དགའ་བ་ལ།

རི་མོ་རྣམ་གསུམ་བྲིས་ཡོད་སྐྱིད་པ་ལ།

རི་མོ་རྣམ་གསུམ་བྲིས་ཡོད་དགའ་བ་ལ།

གལ་སྲིད་རི་མོ་ཞུབ་ཀྱང་དགའ་བ་ལ།

མགོ་ནས་ཕྱག་གི་བྲིས་མཆོག་སྐྱིད་པ་ལ།

མགོ་ནས་ཕྱག་གི་བྲིས་མཆོག་དགའ་བ་ལ།

བཀྲ་ཤིས་ལྷུན་པའི་ཞུ་ལ་དགའ་བ་ལ།

གསེར་གྱིས་མཆོད་རྟེན་བཞེངས་ཡོད་སྐྱིད་པ་ལ།

གསེར་གྱིས་མཆོད་རྟེན་བཞེངས་ཡོད་དགའ་བ་ལ།

Mein Dank geht an all die vielen Menschen, die uns und Braille ohne Grenzen unterstützen und an unsere Ideen glauben.

Besonders danke ich Sybil Robson, die mir so großzügig die Abschriften der für den Film »Blindsight« geführten Interviews zur Verfügung gestellt hat.

Sabriye Tenberken

Mein Weg führt nach Tibet

Die blinden Kinder von Lhasa

In Tibet sind sie Ausgestoßene: blinde Kinder. Seit die damals 27-jährige Sabriye Tenberken in der Hauptstadt Lhasa gegen hartnäckigen Widerstand die erste Blindenschule Tibets gründete, gibt es Hoffnung – und eine Zukunft. Kelsang Meto, »Glücksblume«, wird sie von den Kindern genannt. Und sie weiß, wie ihre Schützlinge sich fühlen – sie ist selber blind. Von ihrem großen Abenteuer, das häufig vor dem Scheitern stand, erzählt Sabriye Tenberken in ihrem ungewöhnlichen Bericht mit viel Humor und Zuneigung zu den Tibetern und ihrer so ganz anderen Kultur.

»Mit viel Einfühlsamkeit schafft es die Autorin, dass ihr Erfahrungsbericht Sehenden die Augen öffnet.«
Brigitte

Knaur Taschenbuch Verlag

Rupert Neudeck
Abenteuer Menschlichkeit

Erinnerungen
Gebunden

Von Cap Anamur bis zum Kosovo, von Afghanistan bis Palästina: Die Erinnerungen von Rupert Neudeck

»Rupert Neudeck, der Theologie studierte, weil es das ›Radikalste ist, was man machen kann‹; der sich den Jesuiten anschloss und sich ihren Exerzitien so kompromisslos unterwarf, dass er schwer erkrankte; der nach dem Urteil seiner Frau ›geizig gegen sich selbst ist‹, weil er nur ein Paar Schuhe und niemals Urlaub braucht – dieser Rupert Neudeck ist ein lebensfroher Asket, ein milder Radikaler im humanitären Dienst, mit dem man prächtig streiten und lachen kann. Auch ein Abenteurer, der das Leben in ›unserer Luxus-Gesellschaft‹ in einer Weise behütet findet, dass ›es zum Heulen ist‹.« *Matthias Naß, DIE ZEIT*